기독교문서선교회 (Christian Literature Center: 약칭 CLC)는 1941년 영국 콜체스터에서 켄 아담스에 의해 시작되었으며 국제 본부는 미국 필라델피아에 있습니다.
국제 CLC는 59개 나라에서 180개의 본부를 두고, 약 650여 명의 선교사들이 이동 도서차량 40대를 이용하여 문서 보급에 힘쓰고 있으며 이메일 주문을 통해 130여 국으로 책을 공급하고 있습니다. 한국 CLC는 청교도적 복음주의 신학과 신앙 서적을 출판하는 문서선교기관으로서, 한 영혼이라도 구원되길 소망하면서 주님이 오시는 그날까지 최선을 다할 것입니다.

김 성 수 박사
고려신학대학원 구약학 교수

존경하고 사랑하는 동역자인 윤철민 목사님이 한국교회 목회자들과 성도들에게 정말 유익한 책을 쓰셨습니다. 그래서 즐거운 마음으로 독자들에게 이 책을 추천합니다.
『하나님의 집에 같이 살기』라는 제목부터 심상치 않습니다. 이 책의 제목과 내용은 기존의 어떤 책보다 '성막의 신학'을 선명하게 드러내고 있습니다. 이 책의 제목에는 하나님의 백성들을 광야에 내버려두지 않고 그들 가운데 집을 짓고 함께 사시기를 원하셨던 하나님의 마음이 잘 나타나 있습니다. 이것이 성막신학의 핵심입니다.
출애굽기에 대한 강해집은 많이 있지만 이런 책들에서 늘 아쉬웠던 점은 성막에 대한 해설이 지나치게 난해하거나 지나치게 영적(?)이라는 것입니다. 그것은 출애굽기의 문맥과 역사적인 배경 가운데서 성막의 의미를 해설하고 그것을 그리스도와 신약 교회에 적절하게 적용하기보다는, 학문적으로 고대 근동의 자료들과만 연결시키거나 자의적이거나 영적인(?) 의미만을 과도하게 부과하는 경우가 많기 때문입니다.
출애굽기의 성막 부분에 대한 설교만을 따로 묶은 이 책 『하나님의 집에 같이 살기』는 그런 아쉬움을 잘 해소해 주는 책입니다. 그것은 역사적인 배경이나 출애굽기와 신구약 전체의 문맥에 대한 설명을 적절하게 제공하면서 자연스럽게 구속사적이거나 영적인 의미와 연결시키고 있기 때문입니다.
성막을 하나님이 거하시는 집인 창조 세계의 모형으로 설명하는데 이것은 신구약 전체를 꿰뚫는 매우 중요한 신학적 주제입니다. 하나님의 집이 창조 세계로부터 지성소, 성막, 이스라엘, 그리스도, 교회, 새 하늘과 새 땅으로 발전되는 그림이 신구약을 이어주고 성경 전체의 신학의 핵심을 잘 드러내는데, 윤철민 목사님은 이런 신학적 감각을 가지고 성막 전체와 성막을 이루는 각 요소들에 대한 탁월하고 적절한 해설을 제공하고 있습니다.
그러므로 설교자들이 이 책을 옆에 두고 성막에 대한 설교를 할 수 있다면 매우 균형 잡히고 유익한 설교를 제공할 수 있을 것이라 확신합니다. 동시에 일반 독자들도 이 책을 통해서 성막에 대한 선명한 그림과 이해를 갖게 될 것이라 믿기에 강력하게 이 책의 일독을 추천합니다.

성 기 문 박사
웨스트민스터신학대학원대학교 외래교수

이 책의 저자 윤철민 목사님은 이미 두 권의 책인 『개혁신학 vs 창조과학』(CLC, 2018, 증보판), 『창조과학과 세대주의』(CLC, 2017)로 독자들과 뜻깊은 만남을 가졌습니다. 저자의 첫 책의 서평을 쓴 인연으로 윤철민 목사님이 다시 연락을 해 왔습니다. 자신이 쓴 원고를 검토해 달라는 것이었습니다. 저는 그 요청에 흔쾌히 응답하였습니다. 저자에 대한 신뢰와 아울러 그 주제가 제 관심 분야이기도 했기 때문입니다.

이 책은 자칭 '무명 목사'이자 '신학소매상'인 윤철민 목사님의 출애굽기 성막 설교집입니다. 자신에 대한 설명은 겸손하지만 사실 그 내용은 깊고도 넓습니다. 성막에 대한 알레고리 해석과 성막의 신약적 의미에 몰두하는 경향이 있는 요즘, 저자는 성막의 구약적 의미를 추구합니다.

사실 모세오경은 구약을 넘어 신약의 기초가 되는 책입니다. 많은 사람들은 그것을 율법이라고 말하지만, 저는 특별히 오경의 제의법이 가장 중요하다고 봅니다. 이번 만남은 단순한 검토를 넘어 성막법에 대한 심도 있는 교감과 논의로까지 발전되었습니다.

이 책의 특징은 다음과 같습니다.

첫째, 성막과 그 구성요소들에 대한 정확하고 적절한 해설이 있습니다.

둘째, 에덴 동산과 성막(성전) 및 새 하늘과 새 땅을 연결하는 요소들을 설명합니다.

셋째, 성막을 통하여 구약과 신약을 연결해 주는 적용점을 제공해 줍니다.

이 책을 통하여 성막과 속죄의식과 관련된 여러 가지 오해와 부족한 점들이 채워질 것으로 기대합니다. 그런 점에서 윤철민 목사님의 『하나님의 집에 같이 살기』를 독자 여러분에게 자신 있게 추천합니다.

하나님의 집에 같이 살기

출애굽기 성막 본문(25-31장) 강해설교

Living Together in the House of God: The Expository of the Tabernacle Texts in Exodus
written by Cheolmin Yoon
All rights reserved.
Korean Edition Copyright ⓒ 2019 by Christian Literature Center, Seoul, Korea

하나님의 집에 같이 살기: 출애굽기 성막 본문(25-31장) 강해설교

2019년 5월 24일 초판 발행

지은이		윤철민
편집		정재원
디자인		박성준
펴낸곳		(사)기독교문서선교회
등록		제16-25호(1980.1.18)
주소		서울특별시 서초구 방배로 68
전화		02-586-8761~3(본사) 031-942-8761(영업부)
팩스		02-523-0131(본사) 031-942-8763(영업부)
이메일		clckor@gmail.com
홈페이지		www.clcbook.com
송금계좌		기업은행 073-000308-04-020 (사)기독교문서선교회

ISBN 978-89-341-1984-5 (03230)

이 도서의 국립중앙도서관 출판예정도서목록(CIP)은 서지정보유통지원시스템 홈페이지
(http://seoji.nl.go.kr)와 국가자료공동목록시스템(http://www.nl.go.kr/kolisnet)에서 이용하실 수 있습니다.
(CIP제어번호: CIP2019017698)

이 책의 저작권은 저자와 (사)기독교문서선교회가 소유합니다. 신저작권법에 의하여 한국 내에서 보호
받는 저작물이므로 무단 전재와 무단 복제를 금합니다.

출애굽기 성막 본문(25-31장) 강해설교

하나님의 집에 같이 살기

윤철민 지음

CLC

목차

추천사	김 성 수 박사, 고려신학대학원 구약학 교수	1
	성 기 문 박사, 웨스트민스터신학대학원대학교 외래교수	2
저자 서문		10

제1부 성막 준비 15
  1. 성막의 재료 16
  2. 하나님이 거하시는 성소 27

제2부 지성소 41
  3. 증거궤 42
  4. 속죄소 53

특강 성막신학 65

제3부 성소 84
  5. 진설상 85
  6. 등잔대 99

제4부 회막　　　　　　　　　　　　　　　　111

    7. 성막 덮개　　　　　　　　　　　　　112

    8. 널판과 휘장　　　　　　　　　　　　124

제5부 뜰　　　　　　　　　　　　　　　　138

    9. 제단　　　　　　　　　　　　　　　139

    10. 성막의 뜰　　　　　　　　　　　　149

제6부 대제사장　　　　　　　　　　　　　159

    11. 대제사장의 의관: 에봇　　　　　　160

    12. 대제사장의 의관: 판결 흉패　　　　172

    13. 대제사장의 의관: 우림과 둠밈　　　179

    14. 대제사장의 의관: 겉옷　　　　　　191

    15. 대제사장의 의관: 순금패　　　　　203

    16. 제사장들의 위임식　　　　　　　　215

    17. 위임식 이후　　　　　　　　　　　227

제7부 성막 마무리　　　　　　　　　　　　236

    18. 분향단　　　　　　　　　　　　　237

    19. 속전과 물두멍　　　　　　　　　　250

    20. 거룩한 향기름　　　　　　　　　　261

    21. 기술자와 안식일　　　　　　　　　271

사랑하는 아내 김영미와

표지를 디자인해 준 사랑하는 내 딸 윤인아에게

항상 미안한 마음으로

이 책을 바칩니다.

저자 서문

　무명의 목사가 낸 설교집에 대한 반응은 대게 무반응입니다. 팔리지도 않을 책을 낸다는 냉소적인 반응이 당연합니다. 더군다나 그 설교집이 성막에 대한 강해라면, 또 하나의 자기도취식의 설교집이 나왔다는 반응도 상당할 것 같습니다. 제 자신의 반응이 그러했습니다. 그러던 제가 성막 강해 설교집을 냈습니다.

　먼저 이 글의 독자가 저의 책들을 읽어보신 분이라면, 이렇게 변명해 보겠습니다. 어떻게 하다 보니 창조과학을 비판하는 책을 두 권이나 썼는데, 그러고 보니 성막은 창조과학만큼이나 어이없는 해석이 난무하는 주제인 것 같습니다. 그래서 저는 창조과학만큼 성막을 연구했습니다. 앞선 저의 책들에서 창조과학의 성경 해석을 신랄하게 비판했던 그 필력이 유익했다고 느끼신 독자라면, 같은 필력으로 집필한 이 책도 유익할 것 같습니다.

　반대로 앞선 두 책에서 저의 신랄한 필력에 어이없다고 느끼셨던 독자라면, 제가 성경을 어떻게 해석하길래 창조과학의 성경 해석을 그렇게 비판했는지, 이 강해집을 통해 확인해 보셔도 좋을 것 같습니다. 창조과학의 성경 해석을 '2등급'이라고 판정했던 저의 성막 본문 강해가 독자들에게서 '1등급'으로 판정받을 수 있기를 감히 기대해 봅니다.

　이 책의 출발점은 제가 2년간 주일 강단에서 선포한 출애굽기 강해입니다. 성막 본문을 직접 강해하기 전까지, 제가 접해본 성막 강해들은 한마디로 믿기 힘든 것들이었습니다. 지금 당장 인터넷을 검색해 보아도 성막에 관한 수많은 정보들을 얻을 수 있습니다. 성막은 의외로 제법 인기가 있는 주제입니다. 독자들 중에서도 이미 성막이나 성전에 관한 강의나 설교를 들어보신 분이 있을 것입니다.

그런 강해들에 대해 저는 2가지 부정적인 반응을 가지고 있었습니다.

첫째, 성막의 상징성에 관한 해석 수준을 신뢰하기 힘들었습니다. 저에게는 밑도 끝도 없이 삼위일체 하나님을 끼워맞추는 추리게임 같았습니다. 설교자는 자신의 설교 속에서 자신의 자의적 해석을 너무 자유롭게, 아주 편리하게 허용합니다. 흔히 접하는 성막 강해는 그야말로 기상천외한 아이디어가 상징 해석을 좌지우지하고 있었습니다.

둘째, 성막은 구약적인 주제인데도, 너무 신약적으로 해석·적용되고 있었습니다. 성막은 단지 신약 성도들을 위한 모델하우스 같았고, 그런 신약을 위한 성막은 이스라엘 백성들에게는 단지 성전으로 가기 전의 간이 건축물처럼 보였습니다. 성막 자체를 이해시키기보다는 상징 해석을 빙자한 기발한 신약적 적용들이 넘치고 있었습니다. 한국에서 강해 설교가로 유명한 분의 강해마저 예외없이 실망스러웠습니다.

이런 부정적인 인상들이 저의 성막 강해에 유익한 자극이 되었습니다.

첫째, 저는 제 자신의 상상력이 아니라 저명한 학자들의 연구에 천착하기로 했습니다. 성막의 상징에 관한 해석들이 다양하기 마련이지만, 그중에서 제가 설득당하여서, 제가 믿기로 결심한 가장 좋은 해석들을 중심으로 강해의 줄기를 잡았습니다.

둘째, 성막의 구약적 의미를 찾는 데 힘썼습니다. '성경은 우리들을 위해 쓰여진 책이지만, 우리에게 쓰여진 책은 아니다'라는 대전제에 따르면, 성막은 우리들을 위한 장막이지만, 출애굽을 체험한 자들에게 주어진 장막이기 때문입니다. 성막이 출애굽 한 이스라엘 백성들에게 어떻게 받아들여졌고,

그들에게 무엇을 상징하는지를 찾아보았습니다. 그런 구약적 의미를 발견한 것에 근거하여, 오늘날 우리들에게 의미하는 바를 적용해 보았습니다.

이렇게 출애굽기 강해를 마치고 보니 성막 본문 강해만은 설교 시간에 다룰 수 없었던 신학적인 내용을 더 첨가하여, 출판할 가치가 있다는 확신이 들었습니다. 저명한 학자들의 연구서는 너무 현학적이기에, 일반 성도들이 접근하기 어렵습니다. 특히 구약신학에는 일반 성도 입장에서는 무의미하고 무익한 신학정보들이 많습니다. 반면에 일반 성도들이 쉽게 접할 수 있는 성막 강해는 '가짜뉴스'처럼 신뢰할 수 없는 수준입니다.

그래서 저는 신뢰할 수 있는 학자들의 연구와 그 연구에 접근하기 힘든 일반 성도들 사이에 다리를 놓았습니다. 어려운 학자들의 연구서에 접근하기 힘들지만, 신뢰할 수 있는 성막 연구를 접하고 싶은 일반 성도들에게 이 책은 충분한 대안이 되리라 확신합니다.

저의 두 번째 책에서도 자처했듯이, 저는 신학자가 아니라 '신학소매상'입니다. 특히 설교의 의무가 있어서, 저명한 학자들의 연구서에서 신학적인 정보를 얻어 가르치는 목사입니다. 성막 강해를 위해 공부하였던 연구서들은 다음과 같습니다.

그레고리 빌,『성전 신학』(새물결플러스, 2014).
_____ ,『NIGTC 요한계시록』(새물결플러스, 2016).
기동연,『성전과 제사에서 그리스도를 만나다』(생명의 양식, 2008).
김서택,『현대인의 출애굽기 시리즈』(두란노, 1998-2002).
빅터 해밀턴,『출애굽기』(솔로몬, 2017).
_____ ,『오경개론(제2판)』(CH북스, 2007).
송병헌,『엑스포지멘터리 출애굽기』(국제제자훈련원, 2017).
아란 콜,『틴델 구약 주석 출애굽기』(CLC, 1990).

알렉 모티어, 『BST 출애굽기 강해』 (IVP, 2017).

제임스 브루크너, 『UBC 출애굽기』 (성서유니온, 2015).

제임스 B. 조르단, 『성경적 세계관』 (로고스, 2002).

존 더햄, 『WBC 출애굽기』 (솔로몬, 2000).

크리스토퍼 모건·로버트 피터슨, 『하늘』 (부흥과개혁사, 2018).

피터 J. 레이하르트, 『새로운 관점의 구약성경 읽기』 (CLC, 2010).

김경열, 『레위기의 신학과 해석』 (새물결플러스, 2016).

성기문, 『키워드로 읽는 레위기』 (세움북스, 2016).

정희경, 『레위기의 속죄 사상』 (CLC, 2019).

이 연구서들의 성막 해석에서 제가 설득되어 믿기로 결정하는 과정은 또 다른 결정 요인들에 의해 결정됩니다. 제가 이미 내재적으로 소유하고 있는 신앙 스타일, 내재적으로 축적된 해석적 소양, 심지어는 타고난 문학적 감각 등이 좋은 해석 결정 과정을 결정합니다. 좋은 해석을 선택하는 과정에 관한 제 자신의 내재적 소양에 대해서는 이미 저의 두 권의 책이 잘 보여주었다고 자평해 봅니다.

성경신학적인 면에서는 저명한 신학자인 그레고리 빌에게서, 전체적인 주석 면에서는 빅터 해밀턴에게서 깊은 영향을 받았습니다. 저의 모교인 고려신학대학원에서 구약학을 가르치시는 기동연 교수의 저서는 성경신학과 주석 모두 잘되어 있어 큰 도움을 받았음을 밝혀둡니다.

신학대학원에서 수학할 때, 은사님이 강조하신 가르침이 있습니다. 설교 원고를 작성할 때, 출판을 염두에 두고 작성하라는 것이었습니다. 꼭 출판되지 않더라도, 설교를 준비하는 자세가 달라진다는 가르침이었습니다. 저는 이 가르침을 설교 준비의 원칙으로 삼고 항상 실천해 왔습니다. 담임목사가 되어 혼자서 교회의 일주일치 모든 설교들을 준비하다 보니, 이 원칙을 지키기가 너무 어려웠습니다. 설교를 판매하는 메일들을 자주 받고 있는데, 이것들을 스팸 처리할 때 간혹 '한번 구입해 볼까' 하는 유혹도 받았습니다.

이 설교집은 저의 설교 원칙을 끝까지 지켜 가려는 제 자신의 다짐이며, 스스로에게 주는 훈장입니다. 이런 자기만족을 넘어서, 성막을 알고 싶은 독자들에게도 도움이 되고, 존재할 가치가 있는 설교집이 되기를 소망해 봅니다.

추천사를 써주신 김성수 교수님과 성기문 교수님에게 진심으로 감사드립니다. 두 분은 감수까지 해주셔서 구약에 취약한 저의 오류를 줄여주셨습니다. 이 책을 출간해 주신 기독교문서선교회(CLC) 대표 박영호 목사님과 직원들에게도 감사드립니다.

제1부 성막 준비

1. 성막의 재료

2. 하나님이 거하시는 성소

1. 성막의 재료

출애굽기 25:1-7

성경은 하나님을 건축자로 묘사하곤 합니다. 사실 창세기 1장은 전지전능한 건축자 하나님이 집을 짓는 과정이라고 봐도 무방합니다. 하나님은 자신이 머물 집을 짓는 데 관심을 가지신 분이십니다. 이 세상은 하나님이 지으신 집이며, 심지어 구약의 이스라엘 민족도 하나님이 머무시는 집이라고 할 수 있습니다.[1]

집을 짓는 이스라엘 백성

특히 출애굽기는 사실상 건축으로 시작해서 건축으로 끝나는 성경입니다.[2] 출애굽기가 건축으로 시작한다고 했는데, 출애굽기 1장에 건축 이야기가 있었나 의문스러우시죠?

> 감독들을 그들 위에 세우고 그들에게 무거운 짐을 지워 괴롭게 하여 그들에게 바로를 위하여 국고성 비돔과 라암셋을 건축하게 하니라(출 1:11).

---

1 피터 J. 레이하르트의 『새로운 관점의 구약성경 읽기』(*A House For My Name*, CLC, 2010)는 영어 제목처럼 성경 전체를 하나님의 집이라는 관점에서 통찰해 본 흥미로운 책이다.
2 빅터 해밀턴, 『오경개론(제2판)』(CH북스, 2007), p. 282.

이스라엘 민족이 이집트의 왕 바로, 즉 파라오의 집을 건축하고 있는 것으로 출애굽기는 시작합니다. 이스라엘 민족의 주인은 파라오였습니다. 그래서 이스라엘은 주인 파라오의 집을 짓고 있었던 것입니다. 그러던 이스라엘 백성들은 출애굽기 40장에서는 하나님의 집을 완성했습니다.

중간에 무슨 일이 있었습니까?

하나님이 이스라엘을 구원하시고 백성 삼으셨던 것입니다.

파라오의 집을 지었던 이스라엘은 이제 출애굽기 24장에서 하나님의 백성이 되는 언약식을 체결 중입니다. 하나님과 이스라엘의 대표들은 언약을 축하하는 식사까지 했습니다. 이제 모세는 40일간 시내 산 정상에서 하나님에게서 계시를 받습니다. 바로 25장부터 31장까지 성막 설계도를 받습니다. 그리하여 이스라엘은 새로운 주인이신 여호와를 위해 집을 지을 것입니다.

일곱 종류의 재료

오늘 본문에서 하나님은 먼저 성막에 사용될 재료를 소개합니다. 우리에게 이것이 낯설고 남일처럼 여겨지는 이유들 중에 하나는 성막의 재료에 대해서조차 우리가 너무 무지하기 때문입니다. 그럴 수밖에 없습니다. 3,500년 전의 건축재료가 낯설지 않은 것이 이상하겠죠. 그래서 우리는 조금만 시간을 투자하여 재료를 먼저 알아야 합니다. 그러면 성막에 대해 친숙해지기가 쉽습니다.

출 25:3 너희가 그들에게서 받을 예물은 이러하니 금과 은과 놋과

첫 번째 준비물은 3절의 "금과 은과 놋" 같은 광물입니다. '놋'이라고 번역했지만, '구리'가 더 좋은 번역입니다. 엄밀하게 놋은 놋쇠, 즉 구리와 아연으로 합금된 황동(黃銅, brass), 즉 누런 색깔의 구리를 가리킵니다. 그러나 성

막의 재료는 황동이 아니라, 구리와 주석이 합금된 청동(靑銅, bronze), 즉 푸른 구리입니다.

출 25:4   청색 자색 홍색 실과 가는 베 실과

두 번째 준비물은 4절 상반절 '염료'입니다. 우리말 성경에 "실"이라는 단어가 작게 인쇄되어 있습니다. 히브리어 성경에는 실이라는 단어가 없는데, 한글성경 번역자가 실을 뜻한다고 생각하여 없는 단어를 첨가했기 때문에 작게 인쇄한 것입니다. 대한성서공회에서 출판한 성경과는 다르게 일반 출판사에서 출판한 성경들은 이런 인쇄 작업을 무시하는 경향이 있어 유감스럽습니다.

4절의 "청색, 자색, 홍색"은 실을 준비하라는 명령이 아니라, 염료를 준비하라는 명령으로 이해해야 합니다.[3] 3,500년 전에는 천연 염료뿐이었고, 당연히 매우 귀했습니다. 그래서 재료 목록에서도 상위를 차지하고 있습니다. 색을 표현하기 힘든 현실, 그리고 굳이 색을 정교하게 구별해야 할 필요성이 없는 현실 때문에 히브리어는 다른 언어에 비해 색을 표현하는 단어가 적습니다. 오늘날 우리 눈과 필요에 의해 갈색으로 구별되는 색도 구약성경에서는 홍색으로 구별됩니다.

첫 번째 염료는 청색입니다. 가장 비싼 염료인데, 고대에 청색 염료는 뿔고둥(murex snail)이라고 불리는 바다달팽이에게서 추출되었습니다. 1만 2천 마리의 달팽이에서 1.4g의 염료가 생산되었다고 합니다. 그래서 청색, 자색, 홍색의 순서는 값비싼 순서입니다.

두 번째 염료는 자색입니다. 자색의 헬라어는 원래 조개를 뜻합니다. 조개

---

3   제임스 브루크너, 『UBC 출애굽기』(성서유니온, 2015), p. 370.

에서 자색 염료를 만들었기 때문입니다.

세 번째 염료는 홍색입니다. 히브리어의 뜻은 붉은 벌레입니다.

왜 붉은 벌레가 홍색이겠습니까?

연지 벌레, 혹은 깍지벌레가 붉은 색을 내는 염료이기 때문입니다. 고대 잉카제국과 아스텍제국에서도 붉은색 염료로 사용했던 유서 깊은 재료입니다. 이 벌레는 지금도 붉은색을 띠는 코치닐(cochineal) 색소의 주원료이며 천연 색소로서 인체에 거의 무해하기 때문에 딸기우유에 첨가됩니다.

세 번째 준비물은 4절 중반절의 "가는 베 실"입니다. 3,500년 전에는 실도 귀했습니다. 히브리어로는 '세쉬'인데, 우리말 성경은 "가는 베"라고 번역했습니다. 히브리어로는 '여섯'을 뜻합니다. 꼰 베 실이 여섯 가닥이었음을 뜻합니다.

일단 베는 삼베, 대마포를 뜻합니다. 대마의 줄기에서 실을 뽑은 것이죠.

대마의 잎과 꽃에서는 마약을 만들지 않습니까?

그런데 "가는 베"라고 했습니다. 그럼 세마포는 삼베보다 더 가는 아마포, 즉 모시를 뜻합니다. 실의 밀도에 따라서 굵은 삼베는 저렴하고, 가는 모시는 비싸지 않습니까. 세마포가 지닌 흰색을 그대로 이용할 수 있고, 염료를 이용해서 염색실과 천을 만들어 사용했을 것입니다.

고대 이집트는 세마포를 많이 사용하였고, 이집트 벽화에는 아마의 재배부터 제직에 이르는 모든 기술적 절차가 자세히 묘사되어 있습니다. 이집트는 당대 최고의 마직(麻織) 기술을 가졌다고 하는데, 1cm당 무려 80가닥의 실이 들어가는 가는 세마포를 짰다는 보고가 있을 정도입니다. 이집트의 마직 기술은 유럽으로 건너가서 모직, 면직 기술의 근간이 되었습니다. 이스라엘 백성들도 이집트에서 노예생활 하는 동안 마직 기술을 익혔겠지만, 광야생활 도중에는 세마포를 짜기 힘들었을 것입니다. 성막용 세마포는 이집트에서 가지고 나온 것인 것 같습니다.

출 25:4　염소 털과

출 25:5　붉은 물 들인 숫양의 가죽과 해달의 가죽과 조각목과

네 번째 준비물이 가죽입니다. 4절 마지막 단어는 "염소 털"인데, 역시 "털"이란 단어가 작게 인쇄되어 있죠?

역시 히브리어 성경에는 없는데 번역자가 생각하기에 털이라고 판단하고 털을 집어넣은 것입니다. 4절의 마지막 단어에서 "털"을 생략하고 "염소"만 5절과 붙여서 읽어보면, "염소와 붉은 물 들인 숫양의 가죽과 해달의 가죽"이 됩니다.

그렇다면 염소는 곧 염소 가죽을 뜻합니다. 염소 가죽, 숫양 가죽, 해달 가죽을 준비하라는 명령입니다. 해달은 성경 각주에도 안내되어 있듯이, 돌고래나 홍해의 독특한 돌고래 듀공(dugong)인 것 같습니다. 돌고래 듀공은 현재 멸종 위기 동물입니다. 이 세 종류의 가죽이 성막의 덮개를 만드는 재료로 사용됩니다.

다섯 번째 준비물은 나무입니다. 5절 마지막에 있는 "조각목"은 아카시아 나무입니다. 히브리어로는 '아쩨 쉿팀'인데, 싯딤나무라고도 부릅니다. 조각목이라는 번역은 중국어 성경의 잔재입니다. 중국에서는 아카시아나무와 비슷한 나무를 조각자나무라고 불렀습니다. 고대 근동 지역의 아카시아나무는 척박한 기후 속에서 살아남기 위해 가시가 많았고, 벌레가 파먹기 어려울 정도로 단단했습니다.

고대 애굽인들은 이 나무를 불멸을 상징하는 거룩한 나무로 간주했고, 이 나무를 이용해 관을 만들었습니다. 헬라어 구약성경은 "썩지 않는 나무들"로 번역했고, 포로이후의 유대인들은 에덴 동산의 생명나무를 아카시아나무로 번역하기도 했을 정도입니다. 가볍고, 단단하고, 내구성이 있기 때문에, 또한 시내 광야에는 아카시아나무가 많았기 때문에 싯딤나무는 성막의 골격 프레

임 재료로 쓰였습니다.

> 출 25:6 등유와 관유에 드는 향료와 분향할 향을 만들 향품과

여섯 번째 준비물은 6절에 등불을 밝히기 위한 기름과 향품을 위한 향료입니다. 고대엔 아마 참깨와 같은 식물에서 또는 짐승의 지방에서 기름을 추출해서 조명용 기름으로 사용했는데, 가장 좋은 것은 사람이 먹기에도 좋은 감람유, 즉 올리브 유였습니다.

21세기는 '향기 산업'의 시대입니다. 다양한 향기를 너무 많이 만들어 파는 바람에 '향기 알레르기'까지 있을 정도입니다. 그러나 불과 100년 전만 해도 인류는 악취와 더 친숙했습니다. 고대 사회는 염료와 마찬가지로 향료도 천연 제품이었기에 당연히 대단히 비쌌습니다. 향기 제품들은 보석과 다를 바 없었습니다. 그래서 고대 동서양 무역의 중요 품목이 향료였습니다. 인도에서 수입되는 순전한 나드 향유와 같이 고수익 아이템이었기 때문이죠.

> 출 25:7 호마노며 에봇과 흉패에 물릴 보석이니라

일곱 번째 준비물은 7절 호마노와 보석입니다. 금은을 언급한 3절에서 언급하지 않고 7절에서 따로 언급한 이유는 에봇과 흉패에 달리게 될 중요하고 의미있는 보석이기 때문입니다. 보석 이름의 경우, 히브리어 성경의 광물이름이 헬라어로, 라틴어로, 영어로, 우리말로 차례대로 번역되면서 히브리어가 가리키는 그 광물로 정확하게 번역되었는지 장담할 수 없습니다. 새번역과 공동번역은 홍옥수로 번역합니다. 호마노에 관해서는 에봇과 흉패를 강해할 때 설명하겠습니다.

중요한 원리 하나를 말씀드리겠습니다. 성막의 상징성에 관해 알고자 할

때, 우리는 재료에 근거해야 한다는 원리입니다. 성막의 상징성은 재료와 깊이 연결되어 있습니다. 그래서 성막 본문은 재료를 제일 먼저 자세히 소개하고 주목받게 합니다. 상징과 재료의 관계는 강해를 진행하면서 거듭 주목받을 것입니다.

방금 정리해 보았던 성막 건축 재료들의 품목 갯수를 헤아려 보면 흥미롭게도 일곱 가지입니다.[4] 성막 건축 과정은 천지 창조의 칠 일처럼 숫자 칠을 의식하고 있습니다. 성막 건축과 천지 창조의 관계는 자세히 말씀드릴 기회가 있을 것입니다.

부담되지 않는 성막

이처럼 성막은 당시의 희귀하고 진귀한 재료들로 지어야 했습니다. 이를 위해 이스라엘은 귀금속, 귀금속만큼 비싼 향유, 그만큼 비싼 세마포, 향품 등 각종 귀중품을 바쳐야 했습니다. 그러면, '금은 보석 같은 귀중품들이 노예 생활 하다가 광야로 나온 이스라엘 백성들이 소유하고 있었는가? 괜히 가지고 있지도 않은 귀중품들을 바치라고 하셔서, 백성들에게 큰 부담을 지우게 하는 것은 아닐까?' 이런 생각이 들 수도 있습니다.

그러나 실상은 그렇지 않습니다. 이스라엘은 출애굽 하면서, 많은 재물을 얻어 나왔습니다.

> 이스라엘 자손이 모세의 말대로 하여 애굽 사람에게 은금 패물과 의복을 구하매 여호와께서 애굽 사람들에게 이스라엘 백성에게 은혜를 입히게 하사 그들이 구하는 대로 주게 하시므로 그들이 애굽 사람의 물품을 취하였더라 (출 12:35, 36).

---

[4] 염료와 실을 구별하지 않으면 6개 품목이 구분된다. 기동연, 『성전과 제사에서 그리스도를 만나다』(생명의 양식, 2008), p. 35.

하나님이 이스라엘이 애굽에서 못 받은 노예 임금을 받게 해주신 것입니다. 결국 하나님이 선택하신 성막 재료는 백성들이 이미 소유하고 있는 재물이었습니다.

만일 백성들에게 없는 재료를 지정하면 어떻게 됩니까?

광야길에 엄청난 부담이 됩니다.

사막길 가기 바쁜데 어디 가서 재료를 구해 오란 말입니까?

그래서 하나님은 성막을 손쉽게 짓도록 하기 위해, 이미 가지고 있는 것으로 재료 삼게 하신 것입니다. 솔로몬의 성전을 지을 때도 마찬가지입니다. 하나님은 다윗과 솔로몬 때에 이스라엘 역사상 가장 부유한 나라로 만들어 주셨습니다. 그때 성전을 짓게 하신 것입니다.

부담 없는 텐트

그럼 지금 하나님이 성전이 아니라 성막, 즉 텐트를 짓게 하신 이유도 마찬가지입니다. 창조주이시며, 우주의 주관자이신 하나님이 자신의 궁정을 텐트 속에 두신다는 것은 어울리지 않습니다. 솔로몬 성전과 같은 규모는 아닐지라도, 아름다운 성전을 짓게 하셔야 할 것 같은데, 하나님은 어울리지 않는 텐트를 짓게 하셨습니다. 그것도 고작 18평 정도의 텐트입니다.

왜 그러셨을까요?

가장 큰 이유는 이스라엘이 광야에서 돌아다녀야 했기 때문입니다. 이스라엘을 광야에서 순례하게 만들어 놓으신 분이 바로 하나님이십니다. 그렇게 여행 중인 백성들과 함께하시려면, 하나님의 거처도 움직이기 쉬워야 합니다.

조그만 건물일지라도 성전 형태의 건물을 짓는다고 생각해 보십시오. 한 곳에 머무르면, 바로 건물부터 지어야 합니다. 그러다가 다시 그 자리를 뜨게 되면, 그 건물은 무용지물이 됩니다. 낭비한 셈입니다. 광야길에 있는 이스라엘 백성에게, 아무리 작은 건물일지라도, 성전을 짓게 하는 것은 낭비밖에 되지 않습니다. 그러므로 가장 현명한 방법은 텐트 형태의 성막 건축이 될 수밖에 없습니다.

하나님은 지금 당신의 백성 중에 거하시면서 백성들을 인도하시기 원하십니다. 건물을 짓게 하여서 백성들의 발목을 잡는 하나님이 아니라, 백성들의 발을 인도하시는 하나님이 되기를 원하시는 것입니다. 아무리 자신의 궁정이라 할지라도, 백성들의 발목을 잡아서는 안 된다는 것이 하나님의 현명한 판단이셨던 것입니다.

그런데 한국교회의 하나님은 백성들에게 부담을 줘서 소위 '성전'을 짓게 하시는 분이신 것 같습니다. 심지어 빚을 내서라도 소위 '성전 건축' 헌금을 짜내는 분이신 것 같습니다. 이런 하나님을 소개하는 주의 종들은 속히 떠나는 것이 상책입니다. 이런 종들 주위에 성도들이 계속 남아있으니 계속 쥐어짜내는 것입니다.

하나님을 돈만 밝히고 어떻게 해서든 돈 한푼이라도 더 뜯어갈까 고민하는 분으로 만들지 마십시오. 하나님은 먼저 후히 주시는 분이십니다. 그리고 감사하라고 명령하시는 분이십니다.

기쁨의 부담

그렇다고 하나님이 이스라엘에게 전혀 부담을 주지 않은 것은 아닙니다. 2절을 보십시오.

> 출 25:2　이스라엘 자손에게 명령하여 내게 예물을 가져오라 하고 기쁜 마음으로 내는 자가 내게 바치는 모든 것을 너희는 받을지니라

하나님은 자신의 성막을 짓는 일을 백성들에게 맡기셨습니다. 하나님의 임재는 은혜입니다. 그 은혜를 보존하고, 지속적으로 누리려면, 내가, 우리가,

자원하여 대가를 지불해야 합니다. 첫 번째 은혜는 무차별적으로 말 그대로 공짜로 주어집니다. 그런데 그 은혜를 지속적으로 내가 소유하고 즐기려면, 내가 기쁨으로 대가를 지불해야 합니다. 기도의 은혜를 누리고 싶다면, 내가 기도하기 위한 여러 가지 대가를 지불해야 하듯이 말입니다.

그럼 대가를 지불한다고 해서 은혜가 손상됩니까?

은혜를 누리기 위한 대가는 내가 자원하여 지불하는 것입니다. 기도의 은혜를 누리고 싶어서, 내가 자원하여 새벽이고 밤이고, 내가 시간을 드리고, 내가 절제하는 생활하지 않습니까?

대가를 지불하기 싫으면 은혜를 거부하면 됩니다. 그래서 공짜로 주어지는 은혜는 사실상 값비싼 은혜입니다. 은혜를 지속적으로 누리길 원하면서, 값비싼 대가를 지불하기 싫다면, 사실상 은혜를 발로 차버리는 꼴입니다. 은혜가 그만큼 귀하지 않으니, 없어도 그만이다고 은혜를 거부하는 꼴입니다. 공짜로 주어지는 은혜는 사실상 값비싼 은혜임을 명심하시기 바랍니다.

사랑과 희생

사랑은 희생과 헌신을 요구합니다. 사랑으로 희생하고 헌신할수록 책임감도 커져갑니다. 나의 마음과 물질이 희생되었고, 헌신되었기 때문입니다. 이렇게 희생과 헌신하는 사랑이야말로 깊은 사랑이며, 참된 사랑입니다. 희생하지 않고, 헌신하지 않는 사랑은 곧 바닥을 드러냅니다.

하나님께서 이스라엘 백성들에게 성막 비용을 자원하여 부담하게 하신 것은 이스라엘에게 성숙할 기회를 주신 것입니다. 하나님을 진정으로 사랑할 수 있는 기회를 주시는 것입니다. 희생하고 헌신할 수 있는 사랑, 한 단계 성숙한 사랑을 할 수 있는 기회를 주시는 것입니다.

지금까지 이스라엘은 하나님께 받기만 하였습니다. 누구나 자라면서, 사랑을 받기만 할 때가 있습니다. 문제는 언젠가는 받기만 하는 시기를 벗어나야 한다는 것입니다. 자기 것을 줄 줄 알고, 희생할 줄을 알고, 헌신할 줄 아는 시기에 들어가야 합니다. 내가 희생하고 헌신할수록 사랑이 깊어진다는 평범한 진리를 실천할 때가 와야 합니다.

물론 한국교회에선 예배당을 지으면서, 성전 건축이라는 미명하에 헌금을 강요할 때 이런 식의 설교를 하겠죠. 그런 설교를 하는 목사의 의도가 뻔하고, 교회가 성전이 아닌 것도 분명합니다.

하지만 부인할 수 없는 진리는 무엇입니까?

정말로 하나님을 사랑하는 마음으로 대가를 지불한 성도들은 하나님과 남다른 교제를 누린다는 것입니다.

하나님은 먼저 스스로 백성들을 위해 헌신하셨습니다. 이제 하나님은 이스라엘 백성들이 헌신하길 원하십니다. 이스라엘은 지금 한 층 성숙한 사랑을 배우기 시작한 것입니다. 하나님께 받기만 하였으나, 이제 하나님의 성막을 위해 자기 것을 내어놓는 그런 희생과 헌신의 사랑을 배우기 시작한 것입니다.

많은 그리스도인들이 하나님을 우리에게 무언가 주시는 분으로만 생각하고 있습니다. 영적 아이 수준에 머물러 있습니다.

하나님을 진정으로 사랑하십니까?

그렇다면, 이제는 여러분이 하나님을 위해 희생하고 헌신할 차례입니다.

하나님이 얼마나 많은 것을 먼저 주셨습니까?

이제 우리가 드려야 할 차례입니다. 이제 내가 하나님을 사랑할 차례입니다. 하나님의 은혜가 값비싼 은혜임을 아시고, 헌신하고 희생하시는 사랑을 하시는 여러분들이 되시길 바랍니다.

2. 하나님이 거하시는 성소

출애굽기 25:8-9

하나님과 이스라엘은 지금 언약 조인식(調印式)을 치르고 있습니다. 시내산에서 하나님과 이스라엘이 언약식을 맺는 것을 결혼식에 비유하자면, 성막을 짓는 것은 하나님께서 신부 이스라엘과 동거할 집을 짓는 것입니다. 하나님은 이스라엘 백성들이 자원하는 마음으로 당신의 집을 짓기를 원하셨습니다. 하나님은 그렇게 할 수 있도록 애굽에서 나올 때 수많은 성막 건축 재료들을 챙겨 나오게 하셨습니다. 먼저 주시고, 기쁘게 바치게 하셨던 것입니다.

출 25:8   내가 그들 중에 거할 성소를 그들이 나를 위하여 짓되

하나님은 성막의 재료들을 열거하신 다음에 성막이 무엇인지, 무엇을 위한 것인지 8절에서 설명하십니다.

우리가 먼저 성막과 관련된 히브리어 용어들을 아는 것이 유익합니다. 기본적으로 장막(帳幕, 히브리어 '오헬'[tent])은 고대 근동의 유목민들이 일반적으로 사용하였던 이동용 가옥을 뜻합니다.

하나님은 이스라엘과 먹고 마실 장막이 필요했습니다. 그래서 성막은 '회막'(會幕, 히브리어 '오헬 모에드'[meeting tent])이라고 불립니다. 성막의 주기능이

백성과의 만남이기 때문에 모세오경은 교제를 강조하는 회막이라는 단어를 가장 많이 사용합니다.

또한 성막은 하나님이 거하시는 곳, 곧 "거처"입니다. 그래서 하나님이 거주할 목적을 나타내고자 할 때 성막은 "거처"라고 불립니다. '거하다'를 뜻하는 히브리어(샤칸)의 문자적인 뜻은 '장막을 치다'입니다. 장막을 친 결과 명사형으로 완성된 거처가 '미쉬칸,' 즉 성막입니다. 영어로 '태버내클'(tabernacle)이라고 합니다.

성막의 또 다른 이름은 8절에서처럼 "성소"(聖所)입니다. 성막은 거룩하신 하나님이 거주하시는 구별된 장막입니다. 그래서 성막은 그 거룩함을 강조할 때 '성소'라고도 불립니다. 성소의 히브리어(미크다쉬) 역시 '거룩하다'의 히브리어(카데쉬)에서 나왔습니다. 여호와가 임재하는 모든 장소는 거룩해지면서 '성소'가 됩니다. 거처(미쉬칸)가 '임재'를 강조하는 단어라면, 성소(미크다쉬)는 '거룩함'을 강조하는 단어입니다.

> 출 25:9 무릇 내가 네게 보이는 모양대로 장막을 짓고 기구들도 그 모양을 따라 지을지니라

성소 중에서 특별히 하나님이 디자인하신 장막이 성막입니다. 9절을 보니, 하나님께서는 모세에게 어떤 "모양"(히브리어 '타브니트')을 보여주셨습니다. 40절에서 보여주는 "양식"도 히브리어상으로는 같은 단어입니다. 출애굽기 26:30, "너는 산에서 보인 양식대로 성막을 세울지니라"에서 "양식"의 히브리어는 '미스파트'인데 결정을 뜻합니다.

하나님이 모세에게 보여주신 것은 오늘날의 설계도면 같은 것은 아닌 것 같습니다. 아마도 하나님은 모세에게 지상 성막의 원형, 즉 천상의 성막을 보여주신 것 같습니다. 이미 완성된 천상의 성막을 보여주시면서 설명해 주신

것 같습니다. 그래서 천상의 성막을 복제한 것이 지상의 성막입니다. 실제로 고대인들은 지상의 신전을 천상의 원형을 본뜬 것으로 믿었습니다. 이런 고대의 믿음을 플라톤은 '이데아 이론'으로 철학화했습니다.

고대 근동인들의 텐트

8절의 '거하다'는 히브리어(샤칸)의 문자적인 뜻이 '텐트를 친다'인 것을 말씀드렸습니다. 그런데 '거하다'는 뜻을 가진 히브리어 단어에는 '야사브'란 단어가 있습니다. 이 히브리어의 기본적인 뜻은 '앉는다'입니다. 그러니까 '앉는다'는 뜻을 가진 '거한다'와 '텐트를 친다'는 뜻을 가진 '거한다,' 이렇게 2개의 단어가 있는데, 하나님은 '앉는다'가 아니라 '텐트를 친다'를 선택하셨습니다.[1]

'앉는다'와 '텐트를 친다'의 차이점이 무엇일까요?

'앉는다'는 '잠시 머문다'는 뜻이 있습니다. 곧 떠날 것입니다. 그런데 고대에 '텐트를 친다'는 의미는 현대의 의미와 다릅니다. 오늘날 우리 생각에 텐트는 임시 거처입니다. 잠시 머무르는 임시 숙소입니다.

그러나 3,500년 고대 근동 사람들에게 '텐트를 친다'는 말은 요즘 말로 '집을 짓는다'는 뜻입니다. 그들에게 텐트가 곧 집이기 때문입니다. 한번 텐트를 치면 별일이 없으면, 한 계절을 그 자리에서 보냅니다. 그리고 계절이 바뀌면 텐트를 옮깁니다. 그래서 '텐트를 친다'는 뜻을 가진 히브리어(샤칸)가 "거주한다"로 번역되었던 것입니다.

그러니 여러분들, '하나님께서 이스라엘 가운데 거하겠다, 텐트를 치겠다'는 말은 '잠시 같이 머물겠다'는 뜻이 아니라, '이제 한 식구가 되어서 같이 여행하겠다'라는 뜻임을 명심하시기 바랍니다. 하나님은 이스라엘과 함께 살

---

[1] 제임스 브루크너, 『UBC 출애굽기』, p. 373.

기 위해 텐트를 치셨던 것입니다.

하나님은 왜 이렇게까지 이스라엘 가운데 거주하시려 할까요?

출애굽기 24장에서 이제 하나님이 아버지가 되시고, 이스라엘이 하나님의 자녀가 되는 언약을 맺었기 때문입니다. 하나님은 이스라엘 가운데 잠시 머물기 위해서가 아니라 이스라엘과 함께 살기 위해 오셨습니다. 하나님은 이제 언약 백성들 속에 거하시고자, 하나님의 집을 이스라엘 가운데 짓기를 원하십니다. 이 집에서 인간들과 교제를 나누시길 원하십니다. 너희들은 하나님의 집을 가진 언약 백성이며, 이 집에서 나와 교제를 나누는 언약 백성이다는 사실을 시각적으로 증거하는 것이 바로 성막입니다.

성막과 신약

이렇게 자기 백성 가운데 거하시길 원하시는 하나님은 광야시대의 성막에 이어서 왕국시대에는 성전 가운데 임재하셨습니다.

그러면 신약 시대는 어떻게 됩니까?

신약도 성막의 존재 의미를 잘 이해하고 있어서, 예수님이 새로운 장막(성막)을 지으셨다고 해석합니다.

> 그리스도께서는 장래 좋은 일의 대제사장으로 오사 손으로 짓지 아니한 것 곧 이 창조에 속하지 아니한 더 크고 온전한 장막으로 말미암아 염소와 송아지의 피로 하지 아니하고 오직 자기의 피로 영원한 속죄를 이루사 단번에 성소에 들어가셨느니라(히 9:11-12).

오늘날 우리들에게는 물질적인 장막이 아니라, 신학적이고 영적인 성막이 있음을 믿으시기 바랍니다.

특히 요한복음은 성막이란 단어를 직접 언급하진 않지만, 예수님의 생애를 성막과 관련된 단어로 묘사합니다. 놀랍게도 요한복음 1장의 유명한 선언 속에 성막이 숨겨져 있습니다.

> 말씀이 육신이 되어 우리 가운데 거하시매 우리가 그의 영광을 보니 아버지의 독생자의 영광이요 은혜와 진리가 충만하더라(요 1:14).

출애굽기 25:8에서 하나님은 성막을 "그들(이스라엘) 중에 거할 성소"라고 하셨습니다. '중에 거한다'의 히브리어 '샤칸 베토크'는 이미 말씀드렸다시피 '가운데 텐트를 친다'는 뜻입니다. '가운데 텐트를 친다'의 뜻을 담은 간단한 단어가 바로 내주(內住, dwelling in)입니다. 요한복음 1:14의 "가운데 거하셨다"(dwell in)로 번역된 헬라어는 '스케노'입니다. '거하다'와 '장막'를 뜻하는 히브리어들이 같은 단어의 동사형, 명사형이듯이, 요한복음 1:14의 "가운데 거하다"와 "장막"를 뜻하는 헬라어들도 같은 단어의 동사형(스케노), 명사형(스케네)입니다.

그러니까 요한복음 1:14의 '가운데 거하다'의 헬라어도 문자적으로는 '장막을 친다'(tabernacle)를 뜻합니다. 하나님께서 이스라엘 가운데 성막을 치신 일이 신약에서는 예수님이 교회 가운데 성막을 치는 것으로 재현됩니다.

아버지 집에 우리가 거할 곳

예수님이 성막에 대해 직접 언급하신 적은 없습니다. 그러나 고별설교 중에 예수님은 새로운 하나님의 집에 관해 직접 예고합니다.

> 내 아버지 집에 거할 곳이 많도다 그렇지 않으면 너희에게 일렀으리라 내가 너희를 위하여 거처를 예비하러 가노니 가서 너희를 위하여 거처를 예비하면 내가 다시 와서 너희를 내게로 영접하여 나 있는 곳에 너희도 있게 하리라(요 14:2-3).

요한복음 14장은 고난주간 목요일 저녁에 예수님이 하셨던 고별설교의 일부입니다. 예수님이 떠나겠다고 선언하시자, 제자들은 고아처럼 버림받는 것이 아닌가 근심하고 있었습니다. 이런 제자들에게 예수님은 제자들을 떠나는 것, 즉 십자가, 부활, 승천에 이르는 일련의 과정이 제자들을 버려두는 것이 아니라 다른 목적이 있음을 설명해 주십니다.

예수님이 떠나시는 그곳은 "내 아버지 집"이었습니다. 예수님 입장에서는 처음에 떠나오셨던 거처로 돌아가시는 일일 뿐입니다. 그러나 예수님에겐 또 다른 목적이 있었습니다. 예수님이 "아버지 집"으로 돌아가는 진정한 목적은 그곳에 제자들이 거할 곳을 예비하러 가시는 것입니다.

그런 후 예수님은 돌아오실 것입니다. 돌아오시는 것이 바로 예수님의 재림입니다. 예수님이 돌아오시는 목적은 "너희를 영접하여 나 있는 곳에 너희도 있게 하리라"입니다. 이 말씀은 마치 신랑이 신부를 위한 거처를 아버지 집에 마련하는 관습을 연상하게 합니다. 이 말씀에 관한 가장 큰 오해는 2절의 아버지의 집과 거할 곳에 관한 오해입니다.

아버지 집

예수님이 돌아갈 곳인 아버지의 집은 무엇을 가리킬까요? 예수님은 이미 요한복음 2장에서 성전을 청소하시면서 아버지의 집을 언급한 적이 있습니다.

> 비둘기 파는 사람들에게 이르시되 이것을 여기서 가져가라 내 아버지의 집으로 장사하는 집을 만들지 말라 하시니(요 2:16).

성전이 하나님 아버지의 집입니다. 그러면 예수님이 돌아가실 아버지의 집은 지상의 성전이 아니라 하늘의 성전입니다.

하늘의 성전에 관해서는 요한계시록에서 알 수 있습니다.

> 성 안에서 내가 성전을 보지 못하였으니 이는 주 하나님 곧 전능하신 이와 및 어린 양이 그 성전이심이라 (계 21:22).

지상에 있는 성전은 금과 돌로 지었지만 하늘에 있는 하나님의 집, 하늘 성전은 전능하신 이와 어린 양이 성전 그 자체이십니다. 이처럼 하늘에 있는 하나님의 집은 영적인 건물임을 믿으시기 바랍니다.

집이 의미하고 상징하는 것이 무엇입니까?

집은 가족이 모여 사는 곳입니다. 집은 안식을 누리는 곳입니다. 예수님이 말씀하신 하나님의 집은 성도들이 하나님의 가족으로 함께 거할 곳이기 때문에 집이라고 표현하신 것입니다. 예수님은 집이란 이미지를 통해 예수님과 영원히 동행·동거하는 복을 말씀하고 계십니다.

그러니 요한복음 14:2의 "아버지의 집"을 물질적인 건물로 이해하시면 안 됩니다. 물질적인 건물로 이해하는 바람에 생긴 촌극이 바로 천국에 가면 금으로 만든 집이 있다느니, 대리석으로 만든 집이 있다느니 떠드는 것입니다.

거할 곳

이런 오해에는 번역도 한몫했습니다. 요한복음 14:2의 "거할 곳(들)"의 헬라어 '모나이'는 '거하다, 머물다'를 뜻하는 헬라어 '메노'에서 파생되었습니다. 말 그대로 '거처'라는 뜻입니다. 그런데 중세 때 번역된 라틴어성경이 이 "거할 곳들"을 '만시오네스'(*mansiones*, 머무는 곳들)로 번역했습니다.

그런데 16세기 틴데일 영어성경과 17세기 킹제임스역(KJV)은 "거할 곳"을

'맨션'(mansions)이라고 번역했습니다.² 이때 이미 맨션은 장원 영주의 저택을 뜻하는 말이었습니다. 단지 '거처'를 뜻하던 단어가 영어로 번역되면서 갑자기 고급스러운 대저택을 뜻하는 것으로 돌변해 버린 것입니다. 20세기, 21세기를 사는 사람들도 옛날 영어 번역 '맨션'을 보고, 예수님이 우리를 위해 천국에 대저택을 준비해 놓으셨다고 오해하게 된 것입니다. 심지어는 내가 천국에서 그런 황금 대저택, 대리석 대저택을 봤다고 떠들고 다닙니다. 속지 마십시오.

본문을 다시 한번 보십시오. "아버지 집에 거할 곳(거처)이 많도다"입니다.

만약 "거할 곳"을 대저택으로 간주하면, 번역이 어떻게 됩니까?

'내 아버지 집에 대저택이 많도다,' 즉 집 안에 대저택이 또 있다는 이상한 뜻이 되어버립니다. 예수님이 말씀하시는 바는, 하나님의 영적인 성전에 우리 성도들이 거할 자리가 많다는 뜻입니다. 그래서 오늘날 최신 영어성경은 거할 곳을 룸(room)으로 번역하고 있습니다.

구약 시대 성막과 성전을 생각해 보십시오. 성막과 성전 안에는 제사장들만 거할 곳이 있었습니다. 일반 성도들은 들어오지 못하니까 성막 안의 거처가 작아도 문제없었습니다. 그러나 이제 신약 시대를 여시는 예수님은 성전 안에 모든 민족에서 구원받은 모든 성도들이 얼마든지 거할 수 있는 자리를 마련하시기 위해 십자가에 올라가신 것입니다.

모든 성도들이 거할 수 있는 자리를 마련하기 위해서는 성전 안의 공간이 넓어져야 합니다. 성막 안의 공간은 지성소와 성소가 1 대 2의 크기로 분리되어 있습니다. 그런데 지성소의 휘장이 성막 안의 공간 1/3을 사용금지로 만들어 놓았고, 나머지 공간은 제사장들만의 거처입니다. 예수님은 이렇게 금지되고 제한된 거처인 성막 속에 모든 성도들이 거할 수 있는 거처를 마련하

---

2   D. A. 카슨, 『PNTC 요한복음』(솔로몬, 2017), p. 905; 레온 모리스, 『NIC 요한복음(하)』 (생명의 말씀사, 1996), p. 271.

기 위해 세상을 떠나셨던 것입니다.

내 집에 너희도 있게 하리라

요한복음 14:3도 거처에 관한 말씀입니다.

> 내가 다시 와서 너희를 내게로 영접하여 나 있는 곳에 너희도 있게 하리라 (요 14:3).

여기서 "내게로 영접하다"는 말은 문자적으로는 '내 자신에게 영접하다'는 뜻입니다. 그런데 '내 자신'은 헬라어의 특별한 용법으로서 '내 집'을 뜻합니다. "내게로 영접하여"란 표현은 '내 집으로 영접하여'란 뜻입니다. 3절은 이렇게 번역될 수 있습니다.

"내가 다시 와서 너희를 내게로, 내 집으로, 영접하여 나 있는 곳에, 내 집에, 너희도 있게 하리라."

2절에서는 아버지의 집에 제자들의 거처를 만들겠다고 하셨습니다. 그런데 3절에서는 예수님의 집에 제자들을 영접하여 같이 있겠다고 하십니다.

그렇다면 100평짜리 금으로 만든 하나님 아버지의 집이 있고, 90평짜리 은으로 만든 예수님의 집이 따로 있단 말씀입니까?

그럼 우리는 아버지의 집에 가야 합니까, 아니면 아들의 집에 가야 합니까?

이런 고민 역시 영적인 '집'을 문자적인 건물로 해석하면 생기는 촌극입니다. 다시 한번 최후의 성전을 주목해 봅시다.

> 성 안에서 내가 성전을 보지 못하였으니 이는 주 하나님 곧 전능하신 이와 및 어린 양이 그 성전이심이라(계 21:22).

"주 하나님 곧 전능하신 이와 및 어린 양"이 곧 성전이십니다. 예수님이 부활 승천하여서 하늘 아버지의 상속자가 되시고 만유의 주가 되시면서, 이제 성전도 하나님과 예수님 두 분이 공통으로 거주하시는 영적인 공간이 된 것입니다. 그래서 천국은 하나님의 집도 되고, 예수님의 집도 되는 것입니다.

그리고 마지막 때에 예수님이 우리 성도들을 영접하여서 우리들이 영원히 살게 되면, 하늘의 집은 이제 누구의 집도 됩니까?

바로 저와 여러분들의 집도 되는 것을 믿으시기 바랍니다.

부활 이후의 거처

그런데 예수님은 고별설교에서 한 번 더 부활 이후의 거처에 대해 말씀하십니다.

> 예수께서 대답하여 이르시되 사람이 나를 사랑하면 내 말을 지키리니 내 아버지께서 그를 사랑하실 것이요 우리가 그에게 가서 거처를 그와 함께 하리라 (요 14:23).

23절의 마지막 문장, "우리가 그에게 가서 거처를 그와 함께 하리라"를 주목해 봅시다.

여기서 "그"는 누구입니까?

땅에서 사랑으로 계명과 말씀을 잘 지키는 제자입니다.

그러면 "우리"는 또 누구입니까?

아들 되신 예수님, 아버지 되신 하나님, 또 다른 보혜사이신 성령님, 즉 삼위일체 하나님이십니다. 부활 이후에는 우리가, 즉 삼위일체 하나님께서, 그에게, 즉 사랑으로 계명과 말씀을 지키는 제자에게 가서 "거처를 그와 함께" 하시겠다는 뜻입니다.

"거처를 예비하러 가겠다"는 요한복음 14:3의 '거처'는 분명히 하늘에 있는 미래의 거처입니다.

그럼 요한복음 14:3의 말씀대로라면, 하늘에 거처를 예비하여, 미래에 제자들과 영원히 동거할 때까지, 현재 땅에서는 하나님과 동거할 거처는 어떻게 됩니까?

구약 시대에는 성막과 성전이 있었는데, 신약 시대에는 어떻게 됩니까?

주후 70년에 성전마저 무너졌는데, 그럼 주님이 재림하실 때까지는 제자들과 주님이 함께 있을 거처가 없다는 뜻입니까?

요한복음 14:23의 "우리가 그에게 가서 거처를 그와 함께 하리라"는 바로 땅에 있는 새로운 거처, 새로운 하나님의 집에 관한 말씀입니다. 땅에서는 예수님을 사랑하는 그에게 주님이 가서 거처를 그와 함께하겠다는 것입니다.

예수님이 처음 강림하시기 전까지 이 땅에서 하나님의 거처는 어디였습니까?

성막과 성전이었습니다. 신자가 성전에 계신 하나님을 찾아가야 했습니다. 그러나 부활 이후의 이 땅의 거처는 어떻게 됩니까?

삼위일체 하나님이 신자에게 찾아가서, 신자를 거처 삼으십니다. 그리곤 "거처를 함께 하리라"고 약속하십니다. 하나님의 거처는 거처대로 따로 있고, 신자는 신자의 거처대로 따로 있는 것이 아닙니다. '거처를 함께하겠다'는 것은 '동거하겠다,' '같이 살겠다'는 뜻입니다.

어디서요?

성전에서요?

"그에게 가서," "신자 속에 가서"입니다. 예수님이 부활하신 이후에는 신자와 예수님의 교제가 이렇게 이루어질 것입니다.

그럼 하나님이 찾아오신 우리 몸은 어떻게 됩니까?

사도 바울이 분명하게 가르쳤습니다.

> 너희는 너희가 하나님의 성전인 것과 하나님의 성령이 너희 안에 계시는 것을 알지 못하느냐(고전 3:16).

우리가 땅에서 사는 동안, 주님과 동거할 거처인 성전은 우리 몸인 줄 믿으시기 바랍니다.

마지막 때의 거처

그럼 우리와 삼위일체 하나님이 동거하는 하나님의 집은 마지막 때엔 어떻게 될까요?

역시 요한계시록은 우리와 하나님이 함께 거할 하나님의 집의 마지막 모습을 보여줍니다.

> 또 내가 보매 거룩한 성 새 예루살렘이 하나님께로부터 하늘에서 내려오니 그 준비한 것이 신부가 남편을 위하여 단장한 것 같더라 내가 들으니 보좌에서 큰 음성이 나서 이르되 보라 하나님의 장막이 사람들과 함께 있으매 하나님이 그들과 함께 계시리니 그들은 하나님의 백성이 되고 하나님은 친히 그들과 함께 계셔서(계 21:2-3).

새로운 하나님의 집은 하늘에서 우리에게 내려올 것입니다. 이 요한계시록 22:3의 "하나님의 장막"과 요한복음 14:3의 "내가 다시 와서 너희를 내게로 영접할 너희를 위한 거처"를 비교해 보십시오. 예수님의 재림은 새로운 하나님의 집과 함께 내려오는 재림입니다. 그리고 마지막 때의 새로운 집이 상징하는 바는 요한계시록 21장에 잘 요약되어 있습니다.

> 하나님의 장막이 사람들과 함께 있으매 하나님이 그들과 함께 계시리니 그들

은 하나님의 백성이 되고 하나님은 친히 그들과 함께 계셔서(계 22:3).

"함께 있겠다"는 표현이 무려 세 번이나 반복되고 있습니다. 하나님의 집은 건물이 중요한 것이 아니라, 하나님이 친히 우리들과 함께 있음이 중요한 것입니다. 그리하여 우리와 함께 계신 '임마누엘의 하나님'(God with us)을 약속한 신약(마 1:23)은 '우리 속에 계신 하나님'(God within us)이 되셨고, 마침내 영원히 '친히 함께 계실' 하나님이 되실 것을 믿으시기 바랍니다.

집을 지으시는 하나님

이처럼 신구약성경의 관심사는 변함없습니다. 신구약성경을 통틀어서 하나님은 집을 지으시는 분이십니다. 특별히 하나님은 백성 가운데 집을 지으셔서 백성들과 함께 살고 싶어 하십니다. 이것이 에덴 동산을 지으신 목적입니다. 그러나 인간은 하나님의 거처에서 쫓겨났습니다. 죄를 지었기에 거룩하신 하나님의 존전에서 쫓겨난 것입니다. 이런 죄인들 가운데 하나님은 다시 살기로 작정하시고 성막 집을 지으셨습니다.

그러나 성막은 알고 보면 위험한 거처입니다. 죄 많은 인간이 거룩하신 하나님과 동행·동거한다는 것은 은혜로운 일이기도 하지만, 죽음을 각오해야 할 대단히 위험한 일이기도 합니다. 그래서 성막은 죄많은 인간이 하나님의 집에서 직면할 수밖에 없는 죄의 한계 상황을 각성시킵니다. 동시에 그런 한계 상황을 뛰어넘을 수 있는 은혜의 방편들도 함께 알려줍니다. 성막에는 거룩하신 하나님과 죄많은 이스라엘이 함께 살 수 있는 비법들이 간직되어 있습니다. 이런 구약의 한계 상황을 영원히 해결하기 위해 더 좋은 성막, 온전한 하나님의 집을 짓기 위해 오신 분이 예수 그리스도이십니다.

앞으로 우리가 성막 강해를 통해 알아야 할 것이 무엇입니까?

하나님이 얼마나 우리와 동거하고 싶어하시는 분이신지를 아는 것입니다.

성경의 역사는 하나님의 집이라는 관점에서 보자면, 죄짓고 아버지의 집에서 쫓겨난 자녀들, 아버지와 도저히 살 수 없는 자녀들을 아버지가 어떻게 해서든 집으로 돌아오게 해서 같이 살려고 노력하시는 아버지의 역사입니다. 신약의 탕자 비유에 등장하는 아버지가 바로 그런 하나님이십니다.

우리도 그와 같은 하나님의 열성으로 하나님과 동거하는 은혜를 입고 있습니다. 그러면 우리는 하나님과 어떻게 동거하는지를 배워야 합니다.

첫째, 과거 구약의 성도들은 어떻게 하나님의 집에서 하나님과 동거했는지를 먼저 알아야 합니다.

둘째, 오늘 나는 어떻게 하나님의 집에서 동거할 수 있는지도 알아야 합니다.

셋째, 과거와 지금의 차이를 알고, 하나님이 나와 동행, 동거하심이 얼마나 신묘막측한지를 깨달아야 합니다. 그 깨달음의 핵심은 오늘날 우리에게 성막과 성전이 없음에도 과거 이스라엘이 성막과 성전을 통해서 누렸던 하나님과의 동거보다 더 영적이고 완전한 하나님의 집에서 하나님과의 동거를 누리고 있다는 것입니다.

이 성막 강해를 통해 하나님과 동거함을 깨닫고 누리시는 여러분들이 되시길 바랍니다.

제2부 지성소

3. 증거궤

4. 속죄소

3. 증거궤

출애굽기 25:10-16

모세는 지금 십계명을 새긴 돌판과 성막 설계도를 받기 위해 시내 산 정상 구름 속에서 하나님의 계시를 받고 있습니다.

성막을 설계하신 하나님의 제일 관심사는 무엇일까요?

우린 건축 설계를 생각하면 건물의 뼈대부터 먼저 생각합니다. 그러나 하나님은 예상 밖으로 그 공간에 들어갈 기구부터 먼저 설계하십니다.

출 25:10　그들은 조각목으로 궤를 짜되 길이는 두 규빗 반, 너비는 한 규빗 반, 높이는 한 규빗 반이 되게 하고

출 25:16　내가 네게 줄 증거판을 궤 속에 둘지며

10절에서 하나님은 제일 먼저 직사각형 모양의 궤, 즉 나무 상자에 대해서 말씀하십니다. 이 궤의 치수도 정해져 있습니다. 길이를 재는 자가 없었던 고대에는 '규빗'이라는 단위를 사용하였습니다. 어른 팔꿈치에서 가운데 손가락 끝까지입니다. 누구나 가지고 있는 휴대용 자였습니다. 오늘날 1규빗은 45cm로 계산합니다.

그러면 증거궤의 사이즈는 가로 112cm, 세로 67cm, 높이 너비 67cm의 직

사각형 모양입니다. 흥미롭게도 소위 황금 비율 직사각형과 일치합니다. 가장 안정적이고 편안한 직사각형의 비율이 1.6 대 1입니다. 그래서 명함의 비율도 이 '황금 비율'대로 제작된다고 합니다. 이 비율의 사각형에서 그릴 수 있는 나선 모양이 자연에서 발견되는 아름다운 '나선 비율'이라고 합니다.

증거궤, 언약궤, 법궤

이 나무 상자를 22절에서는 "증거궤"라고 부릅니다.

이 나무 상자의 이름이 왜 증거궤입니까?

16절을 보시면 "내가 네게 줄 증거판을 궤 속에 두라"고 명합니다. 판은 역시 작은 글자로 인쇄되어 있습니다. 증거를 보관하는 나무 상자이기 때문에 증거궤라고 부릅니다.

그럼 증거는 무엇이냐?

성경을 보시면 "각주 4"가 인쇄되어 있고, 증거는 "법"으로도 번역가능하다라고 인쇄되어 있습니다.

그럼 증거는 무슨 법일까요?

하나님이 직접 십계명을 새겨 놓은 돌판이 법이었습니다. 모세가 시내 산에 하나님께 받아온 십계명 돌판이 이 나무궤에 보관되었던 것입니다.

그래서 22절의 증거궤는 "법궤"로도 부를 수 있다고 각주에 소개되어 있습니다. 십계명이라는 증거를 보관했기 때문에 '증거궤'라고도 했고, 십계명이라는 법을 보관했기 때문에 '법궤'라고도 했고, 십계명이라는 언약을 보관했기 때문에 '언약궤'라고도 불렀던 것입니다. 나중에는 증거궤라는 말보다는 오히려 법궤나 언약궤라는 말이 더 자주 사용됩니다.

고대 세계에서는 중요한 계약서나 법적인 문서들을 신성한 장소에 보관했습니다. 하나님이 만들어 주신 십계명이 새겨진 돌판도 신성한 장소에 보관되어야 했습니다. 그래서 나무궤가 필요했던 것입니다.

그럼 십계명이 중요합니까, 궤가 중요합니까?

증거궤가 귀중한 이유는 십계명 돌판이 그 안에 보존되기 때문입니다. 사실 궤는 궤 이상 아무런 의미가 없습니다. 궤의 히브리어 단어는 창세기 50:26에서는 시신을 담는 "관"으로 번역되었고, 열왕기하 12:10에서는 "금고"로도 번역되었습니다. 궤는 그 속에 무엇을 담느냐에 따라 가치가 달라집니다. 성막 안에 있는 궤는 십계명을 보관하면서 증거궤, 법궤, 언약궤가 되었기에 덩달아 귀한 것이 되었습니다.

증거궤의 가치

그럼 증거궤가 성막에서 차지하는 비중을 헤아려 봅시다. 아시다시피 성막은 성막 뜰, 성소, 지성소 이렇게 3중 구조로 되어 있고, 그중에 가장 내밀하고 거룩한 공간이 지성소입니다. 이 지성소에 유일하게 안치되는 기구가 바로 증거궤입니다. 한마디로 성막은 증거궤를 안치하는 공간이라고 할 수 있습니다. 증거궤가 성막의 핵심입니다. 성막은 증거궤를 보존하기 위해 필요했지, 증거궤가 성막을 채우기 위해 필요한 것은 아니었습니다.

증거궤가 부자연스럽게 성막 설계상 제일 먼저 보이는 것도 이 때문입니다. 자연스러운 순서는 실제로 성막을 지을 때의 순서입니다. 증거궤가 안치될 공간이 먼저 있어야 하니까, 작업의 편의상 성막부터 먼저 만들고(출 36:8-38) 나서 증거궤를 만들었습니다(출 37:1-9). 그러나 설계도에서는 증거궤부터 소개됩니다. 제일 중요하니까요.

> 출 25:11 너는 순금으로 그것을 싸되 그 안팎을 싸고 위쪽 가장자리로 돌아가며 금 테를 두르고

11절은 아카시아나무로 만든 이 상자 안과 밖을 금박으로 입히고, 특히 상

자 입구 주변에는 금 테를 두르라는 명령입니다. 이 금테는 뚜껑을 고정시킵니다. 테두리가 있어야 뚜껑을 고정시키지 않겠습니까. 그런데 증거궤 본문에는 뚜껑이 없습니다. 설계도면상으로는 뚜껑이 없는 나무궤입니다. 뚜껑에 대해서는 다음 시간에 말씀드리겠습니다.

출 25:12 금 고리 넷을 부어 만들어 그 네 발에 달되 이쪽에 두 고리 저쪽에 두 고리를 달며

12절을 보니, 이 궤에는 발 4개가 있습니다. 발이 있으니 궤는 바닥에 닿지 않겠죠. 그리고 이 궤의 네 발에 금 고리를 달았습니다. 고리 2개당 한 개의 채를 끼워 넣어 채 2개로 이 증거궤를 들고 갈 수 있게 했습니다. 이 궤를 옮길 임무를 맡은 레위인만이 옮길 수 있었고, 다른 사람이 만지면 죽임을 당했습니다. 심지어 궤가 떨어지는 것을 막아보려는 좋은 의도로 일반인이 손을 대도 죽임을 당했습니다(삼하 6:7).

출 25:13 조각목으로 채를 만들어 금으로 싸고

13절은 증거궤를 옮기게 하는 채마저도 금박을 입히라는 명령입니다. 궤와 채는 조각목, 즉 아카시아나무로 만들되 금박을 입혔고, 궤의 테두리와 고리는 금으로 만들었습니다.

금이 이렇게 많이 사용되는 이유는 하나님이 금을 좋아하시기 때문이 아닙니다. 하나님의 임재를 상징하기 위함입니다. 하나님이 지상에 임재하시면 그 특징이 빛을 발하는 것이었습니다. 오늘날에는 빛을 발하는 전자 전기 발광체가 흔하지만, 고대에는 지상에서 빛나는 것은 보석뿐이었습니다. 보석의 빛은 하나님의 임재와 영광을 상징합니다. 그래서 하나님이 임재하시는 성막

에는 빛나는 하나님의 임재를 나타내기 위해 빛나는 순금을 많이 사용했습니다.

순금을 사용하는 원칙이 있습니다. 하나님이 임재하시는 장소, 즉 지성소에 가까운 곳에 위치하는 성막 기구에는 금과 같은 귀한 재료가 사용되고, 하나님이 임재하시는 장소에서 먼 곳에 위치하는 성막 기구에는 청동과 같은 덜 귀한 재료가 사용됩니다.

증거궤 위에 임재하신 하나님

하나님은 증거궤를 통해 구약의 이스라엘 백성들에겐 어떤 영적 교훈을 주셨고, 오늘 우리들에겐 어떤 영적 교훈을 주실까요?

출애굽기 25:22을 보십시오.

> 거기서 내가 너와 만나고 속죄소 위 곧 증거궤 위에 있는 두 그룹 사이에서 내가 이스라엘 자손을 위하여 네게 명령할 모든 일을 네게 이르리라 (출 25:22).

다음 주에 속죄소와 두 그룹에 대해서 말씀드리겠지만, 일단 분명한 것은 하나님은 증거궤 위에 임재하셔서 말씀하신다는 사실입니다. 하나님의 임재의 장소는, 성막 안의 지성소 안의 증거궤 위입니다.

물론 이것은 물리적인 묘사가 아니라 영적인 묘사입니다. 하나님께서 증거궤 위에 임재하신다는 사실은 영적으로 의미심장한 교훈을 줍니다. 증거궤는 아무것도 아닙니다. 증거궤 안에 있는 십계명이 중요합니다. 하나님이 증거궤 위에 임재하신다는 것은, 하나님이 십계명 위에 앉아 계신다는 뜻입니다. 이것은 하나님이 자신이 발언하고 약속하신 말씀과 법 위에 임재하시겠다는 뜻입니다. 이것은 2가지 영적 원칙을 뜻합니다.

첫째, 십계명 위에 임재하신 하나님은 십계명대로 행하시는 분이십니다. 이 사실은 이런 하나님을 섬기는 이스라엘에게 유익합니다. 하나님이 어떻게 행하실지 이스라엘은 예상할 수 있었습니다. 십계명과 율법을 통해 기본적으로 하나님이 어떻게 행하실지 백성들에게 다 알려져 있기 때문입니다.

물론 율법에 기록되지 않은 일을 모세가 물어보면, 하나님이 대답하실 경우도 있습니다. 그러나 중요한 삶의 원칙들은 이미 다 알려져 있습니다. 인간이 살아가는 데 중요한 실천사항들에 관해 하나님의 뜻이 무엇인지는 누구나 알 수 있고 예상할 수 있습니다.

둘째, 십계명 위에 임재하신 하나님은 십계명대로 행하는 백성들 가운데 임재하시는 분이십니다. 하나님의 뜻은 다 알려져 있습니다.

어떻게 하면 하나님의 임재와 그 혜택을 누릴 수 있습니까?

하나님의 뜻대로 순종하면 됩니다.

어떻게 하면 하나님의 도우심을 입을까요?

간단합니다. 말씀에 순종하면 됩니다.

이처럼 십계명 돌판 위에 임재하신 하나님은 말씀의 하나님이심을 보여줍니다. 하나님께서는 자신이 선포한 말씀대로 행하실 것이며, 하나님의 백성들은 하나님의 말씀에 순종할 때, 하나님의 임재의 복을 누릴 것입니다.

계명보다는 부적으로

그런데 사람 입장에서는 말씀에 순종하기는 싫고, 도우심을 입고 싶습니다.

그래서 이스라엘이 생각해낸 것이 무엇입니까?

계명에 순종하는 것이 아니라 증거궤만 숭배하면 된다고 생각했습니다. 사무엘상 4장에서 이스라엘이 블레셋에게 패하자 그 원인을 이렇게 분석합니다.

> 백성이 진영으로 돌아오매 이스라엘 장로들이 이르되 여호와께서 어찌하여 우리에게 오늘 블레셋 사람들 앞에 패하게 하셨는고 여호와의 언약궤를 실로에서 우리에게로 가져다가 우리 중에 있게 하여 그것으로 우리를 우리 원수들의 손에서 구원하게 하자 하니 (삼상 4:3).

하나님의 말씀에 순종할 생각은 안하고, 증거궤만 찾았습니다. 증거궤 자체에서 능력이 나온다고 우상시 한 것이다. 자신들이 하나님께 불순종한 것은 없는지 성찰하지 않고 증거궤, 언약궤만 있으면 승리할 줄로 믿었습니다. 언약궤를 '승리의 부적'으로 여겼던 것입니다.

부적이라는 것이 왜 생겼습니까?

사람이 아무것도 안 해도, 간단하게 신의 보호를 누리는 방법으로 생각해 낸 것이 부적입니다. 말씀에 순종하지는 않고도, 하나님의 임재의 복을 누려 보려고 꼼수를 부리는 신자들은 오늘날에도 알게 모르게 기독교적인 부적을 만들어 냅니다. 말씀에 순종하지 않으면서도 말씀을 축복의 부적, 승리의 부적으로 삼는 신앙생활을 멀리하시기 바랍니다.

이렇게 이스라엘 백성들이 하나님의 말씀에는 순종하지는 않고, 언약궤나 성전처럼 물질적인 것을 승리의 부적처럼 여기는 신앙생활을 하니까 하나님께서는 언약궤가 없어질 것이라고 예언하셨습니다.

> 여호와의 말씀이니라 너희가 이 땅에서 번성하여 많아질 때에는 사람들이 여호와의 언약궤를 다시는 말하지 아니할 것이요 생각하지 아니할 것이요 기억하지 아니할 것이요 찾지 아니할 것이요 다시는 만들지 아니할 것이며 (렘 3:16).

하나님께서는 언약궤가 필요없는 시대를 준비하셨던 것입니다. 결국 언약궤는 주전 586년 예루살렘 멸망과 함께 사라져 버렸습니다. 그래서 "잃어버린 성궤를 찾아서"(Raiders of the Lost Ark)라는 영화가 만들어지기도 했습니다.

언약궤가 왜 사라졌을까요?

주후 70년에 성전이 무너진 것은 성전이 필요없어졌기 때문에 하나님이 없애신 것입니다. 십계명 돌판과 언약궤가 사라진 것도 용도 폐기되었기 때문입니다.

그럼 십계명 돌판 위에 임재하신 하나님은 언약궤가 사라진 이후에는 어디에 임재하실까요?

예레미야 선지자가 정확하게 예언해 놓았습니다.

> 여호와의 말씀이니라 보라 날이 이르리니 내가 이스라엘 집과 유다 집에 새 언약을 맺으리라 이 언약은 내가 그들의 조상들의 손을 잡고 애굽 땅에서 인도하여 내던 날에 맺은 것과 같지 아니할 것은 내가 그들의 남편이 되었어도 그들이 내 언약을 깨뜨렸음이라 여호와의 말씀이니라 그러나 그 날 후에 내가 이스라엘 집과 맺을 언약은 이러하니 곧 내가 나의 법을 그들의 속에 두며 그들의 마음에 기록하여 나는 그들의 하나님이 되고 그들은 내 백성이 될 것이라 여호와의 말씀이니라 그들이 다시는 각기 이웃과 형제를 가르쳐 이르기를 너는 여호와를 알라 하지 아니하리니 이는 작은 자로부터 큰 자까지 다 나를 알기 때문이라 내가 그들의 악행을 사하고 다시는 그 죄를 기억하지 아니하리라 여호와의 말씀이니라(렘 31:31-34).

이 예언은 새 언약, 즉 신약에 관한 것으로 유명합니다. 이 말씀에서 하나님이 십계명 돌판 대신 임재하실 곳을 알 수가 있습니다. 새 언약은 "애굽 땅에서 인도하여 내던 날에 맺은 것과 같지 않아서," 돌판이 아니라 "마음에 기록"되는 언약입니다. 그러므로 언약궤가 필요없습니다.

구약에서 하나님께서 언약의 십계명 돌판 위에 임재하셨다면, 신약에선 언약이 새겨진 마음에 임재하시겠죠?

그럼 우리 마음에 언약이 어떻게 새겨집니까?

다름 아니라 우리가 영접한 예수님이 말씀이 육신이 되신 분이셨습니다. 또한 성령께서 생명의 성령의 법이 되어 우리 안에 거하시면서 새로운 법에 순종하게 도와주고 계십니다.

여러분 언약궤가 중요한 것이 아니라 언약궤 안에 안치되어 있는 말씀이 중요함을 믿으시기 바랍니다. 말씀에 순종하지는 않고, 어떻게 복 받아 볼려고 하나님의 언약궤를 찾는 신앙이 바로 기복 신앙입니다. 순종하지 않고도 복 받는 방법 개발하려고 애쓰지 말고, 말씀에 순종하는 것이 복 받는 방법임을 믿으시기 바랍니다.

채를 궤의 고리에 꿴 대로 두라

언약궤에 관한 마지막 교훈은 14, 15절에 있습니다.

> 출 25:14 그 채를 궤 양쪽 고리에 꿰어서 궤를 메게 하며
> 출 25:15 채를 궤의 고리에 꿴 대로 두고 빼내지 말지며

특이한 명령입니다. 채를 궤의 고리에 꿴 채로 두고 빼내지 말라고 하십니다. 여기에 특별한 영적 교훈이 담겨 있습니다.

자동차를 생각해 보십시오. 사람을 내려주려고 잠시 섰습니다. 그런데 운전자가 시동을 끄지 않고, 자동차키를 꽂아둔 채로 같이 내렸습니다.

무슨 뜻입니까?

잠시 내렸을 뿐이지 곧 차를 출발시킬 계획을 가지고 있는 것입니다.

반대로, 시동을 끄고, 자동차키를 빼서, 같이 내렸습니다.

이건 무슨 뜻입니까?

내린 사람과 함께 조금이라도 더 오래 볼일이 있어서 내린 것입니다.

증거궤도 마찬가지입니다.

만약 채를 빼내서 보관하게 되면, 지금 어떤 상황으로 보입니까?

오랫동안 움직이지 않거나, 아예 움직일 일이 없는 것처럼 보입니다.

반대로, 채가 고리에 꿴 채로 보관되어 있으면, 어떤 상황으로 보입니까?

곧 움직일 예정이거나, 지금 움직이는 중에 있는 것처럼 보입니다.

하나님이 증거궤의 고리에 채를 꿴 채로 두라고 하신 것도 바로 이와 같습니다. 이 채는 영원히 궤에서 떨어져 있지 않습니다. 영원히 채를 꿴 채로 증거궤는 보관됩니다. 그러니까 하나님은 영원히 움직이시는 분으로 기억되길 원하십니다. 한시도 멈춰 서 계신 하나님으로 기억되길 거부하신 것입니다. 하나님은 가나안으로 이동하고 있는 이스라엘과 함께 동행하실 하나님이시기 때문입니다.

이스라엘 백성들은 하나님의 증거궤를 생각할 때마다 무엇을 떠올립니까?

항상 움직일 준비를 하고 계신 하나님, 우리 앞에서 우리를 인도하시는 하나님이십니다. 언제나 백성들을 위해, 활약하고 계시는 하나님이십니다.

항상 고리에 채가 꿰어져 있는 증거궤는 오늘날 나에게 무엇을 의미하고 있습니까?

하나님이 오늘도 나의 앞길에서 나를 위해 활동하고 계시다는 것을 말하고 있습니다. 하나님은 정지해 있는 하나님, 잠잠하신 하나님이 아닙니다. 잠시 일손을 놓고 쉬어야만 다시 일하실 수 있는 그런 하나님이 아니십니다. 하나님은 끊임없이 우리를 위해 일하시는 분이십니다. 증거궤에 항상 꿰어져 있는 채가 그것을 말하고 있습니다.

시편 121편은 성전에 올라가면서 부르는 노래입니다. 성전의 지성소에는 영원히 채가 꿰어져 있는 증거궤, 언약궤가 있습니다. 이스라엘은 채가 꿰어져 있는 증거궤 위에 임재해 계신 하나님께 이렇게 찬양했습니다.

> 내가 산을 향하여 눈을 들리라 나의 도움이 어디서 올까 나의 도움은 천지를 지으신 여호와에게서로다 여호와께서 너를 실족하지 아니하게 하시며 너를 지키시는 이가 졸지 아니하시리로다 이스라엘을 지키시는 이는 졸지도 아니하시고 주무시지도 아니하시리로다 여호와는 너를 지키시는 이시라 여호와께서 네 오른쪽에서 네 그늘이 되시나니 낮의 해가 너를 상하게 하지 아니하며 밤의 달도 너를 해치지 아니하리로다 여호와께서 너를 지켜 모든 환난을 면하게 하시며 또 네 영혼을 지키시리로다 여호와께서 너의 출입을 지금부터 영원까지 지키시리로다(시 121:1-5).

다양하고 수많은 문제로 고민하고 있는 주의 백성들에게 영원히 채가 꿰어져 있는 증거궤는 소망을 주고 있습니다. 하나님이 항상 앞길에 서서 우리를 위해 일하고 계심을 말하고 있는 것입니다.

하나님이 묵묵부답, 아무런 말씀이 없는 것 같습니까?

하나님이 멈춰 서 계신 것 같습니까?

아닙니다. 하나님은 여전히 채를 끼운 채로 계십니다. 하나님이 우리를 위해 작전을 수행하고 계시는데 우리가 느끼지 못할 뿐입니다. 이번 한 주간도 우리를 위해 항상 일하고 계신 하나님과 함께 승리하시는 여러분들이 되시기 바랍니다.

4. 속죄소

출애굽기 25:17-22

지난 시간에 우리는 증거궤에 대해서 살펴보았습니다. 이것의 실상은 아카시아나무에 금박을 입힌 상자일 뿐입니다. 이것이 중요한 이유는 그 속에 십계명 돌판을 보존하기 때문입니다. 16절까지 언약궤가 소개된 다음에 17절부터는 갑작스럽게 속죄소에 관해 말씀합니다.

뚜껑이 속죄소

속죄소(히브리어 '카포레트')라고 하니, 꼭 성막 안에 따로 마련된 어떤 장소를 가리키는 것 같습니다. 하지만 21절에 의하면 속죄소는 증거판이 보관된 "궤 위에" 얹는 것입니다.

그렇니까 속죄소는 증거궤의 무엇이라고 말할 수 있습니까?

뚜껑입니다. 엄밀하게 정의해서 증거궤는 뚜껑이 없는 나무 상자였습니다. 이 나무 상자 입구에는 뚜껑을 고정시키기 위해 금테까지 둘러쳐져 있었지만, 정작 설계도면상으로는 뚜껑이 없었습니다. 속죄소는 성막 안에 따로 마련된 별개의 장소가 아니라, 특별한 용도를 지닌 증거궤의 덮개입니다.

출 25:17 순금으로 속죄소를 만들되 길이는 두 규빗 반, 너비는 한 규빗 반이 되

게 하고

그래서 속죄소의 길이와 넓이는 증거궤의 것과 똑같을 수밖에 없습니다. 이 속죄소는 벌써 재료에서부터 특별합니다. 17절과 18절을 보시면 덮개의 재료는 순금뿐입니다. 증거궤가 아카시아나무에 금박을 입혔던 것에 비해, 덮개인 속죄소는 오로지 순금으로만 제작되었습니다.

성막 재료에서 금이 사용되는 원칙이 있었죠, 무엇입니까?

하나님이 임재하시는 지성소에 가까운 기구일수록 더 빛나는 재료를 사용한다는 것입니다. 하나님의 임재를 빛으로 상징하기 위함입니다.

속죄소의 경우 가로 112cm, 세로 67cm에 달하는 순금 덩어리입니다. 그 위에는 2개의 금 형상까지 있어야 했습니다. 그러다 보니 성막에서 금이 가장 많이 사용된 기구가 바로 속죄소입니다. 즉 재료만으로 따져보면, 성막에서 가장 귀중한 것은 증거궤가 아니라 속죄소입니다.

증거궤가 먼저 소개될 때에는 증거궤가 제일 중요한 것 같았는데, 알고 보니 증거궤가 먼저 소개된 것은 속죄소라는 뚜껑의 받침대 역할을 하기 때문이었습니다. 그래서 우리는 수정해야 합니다. 하나님은 증거궤보다 속죄소를 더, 아니 가장 중요하게 여기셨습니다. 속죄소라가 불리는 이 뚜껑이 성막 전체의 핵심입니다.

> 출 25:18 금으로 그룹 둘을 속죄소 두 끝에 쳐서 만들되
> 출 25:19 한 그룹은 이 끝에, 또 한 그룹은 저 끝에 곧 속죄소 두 끝에 속죄소와 한 덩이로 연결할지며

그럼 속죄소가 왜 이렇게 중요한지는 18절부터 나오는 속죄소의 디자인을 보면 알 수 있습니다. 속죄소와 그룹 형상을 따로 만들어서 그룹 형상을 속

죄소에 붙이는 방식이 아니라 한 덩어리의 금에서 속죄소와 2개의 그룹 형상을 만들게 하셨습니다. 이것은 그룹과 뚜껑이 하나이지 별개가 아니라는 뜻입니다.

가장 쉽게 말하자면, 그룹은 천사입니다. 우리는 천사라고 하면 젖살이 통통한 아기들을 생각하는 선입견이 있습니다. 그러나 고대인들이 믿고 있었던 그룹은 얼굴과 몸이 사람과 동물의 것이 섞여 있는 존재였습니다. 그래서 에스겔이 표현한 그룹은 2개, 혹은 4개의 얼굴들을 가졌는데, 그 얼굴들은 사람, 사자, 독수리의 얼굴이었습니다(겔 10:14; 41:18-19).

우리가 잘 알고 있는 이집트의 스핑크스도 애굽사람들이 믿고 있는 그룹이었습니다.

사람의 얼굴에 사자의 몸을 하고 있지 않습니까?

이것은 그룹들이 지상에 있는 존재가 아님을 뜻합니다. 지상에는 없는 천상적인 존재인데, 지상적인 존재들로 천상적인 존재를 표현하다 보니 다소 괴기스러운 형상으로 표현된 것입니다.

그룹의 임무

그럼 이 그룹들이 하는 일이 무엇일까요?

성경을 보면, 그룹들은 여호와의 보좌 주변에서 경호를 서면서, 여호와를 섬기는 존재들입니다. 에스겔 10장은 그룹들의 이상한 형상을 보여주고 있는데, 눈에 띄는 것이 보좌에 달린 바퀴입니다. 에스겔 10장의 그룹들은 하나님이 타고 다니시는 마차에 비유되고 있습니다. 그래서 시편 기자도 마차 같은 그룹을 타고 다니시는 하나님을 찬양했습니다.

그룹을 타고 다니심이여 바람 날개를 타고 높이 솟아오르셨도다(시 18:10).

고대에는 왕이 움직이면, 수많은 인원들이 동원되어 왕의 행렬을 성대하게 만듭니다. 그리고 왕이 머물거나 앉는 자리에는 항상 왕의 보좌와 발등상, 발판이 있어야 했고, 그것이 없으면 종들이 보좌와 발등상이 되어야 했습니다. 그래서 왕은 종들 위에 앉아 있을 수 있고, 종들을 밟고 말을 타기도 했습니다.

이런 관습을 알고 20절부터 보여주는 그룹들의 자세를 보시면, 이 자세가 무엇을 뜻하는지 잘 이해할 수 있습니다.

> 출 25:20 그 날개를 높이 펴서 그 날개로 속죄소를 덮으며 그 얼굴을 서로 대하여 속죄소를 향하게 하고

20절은 이 그룹들이 취하고 있는 자세까지 지정하셨습니다. "날개로 속죄소를 덮으"려면, 날개를 펴서 속죄소를 덮어야 했고, "얼굴을 서로 대하"게 하려면 속죄소 위에서 서로 마주 보게 있어야 했으며, "얼굴을 속죄소를 향하게" 하려면 고개를 숙인 채로 속죄소를 보게 해야 했습니다.

그러면 이 그룹들이 엎드린 채 날개를 편 것은 무엇을 의미하느냐?

22절을 읽어 보겠습니다.

> 출 25:22 거기서 내가 너와 만나고 속죄소 위 곧 증거궤 위에 있는 두 그룹 사이에서 내가 이스라엘 자손을 위하여 네게 명령할 모든 일을 네게 이르리라

하나님이 이 그룹들 사이에 임재하셔서, 이 그룹들 사이에서 말씀하십니다. 하나님이 임재하시니 그룹들은 하나님의 얼굴을 보지 않기 위해, 경배하기 위해 날개를 펴서 고개를 숙이고 있는 것입니다. 그룹들의 변함없는 자세는 하나님이 변함없이 이곳에 임재해 계심을 뜻합니다.

그룹들을 보좌로 삼으신 하나님

그럼 왜 하나님은 그룹들 사이에 좌정해 계셔야 할까요?
그룹들이 없으면 하나님이 임재하시지 못하는 것입니까?
답은 에스겔 1장에서 찾을 수 있습니다. 에스겔은 천상의 성전에 계신 하나님의 모습을 보았습니다.
천상의 성전에 계신 하나님의 모습은 어떻습니까?
에스겔이 묘사한 천상의 성전에 계신 하나님의 모습은 어떨까요?

> 그(그룹들의) 머리 위에 있는 궁창 위에 보좌의 형상이 있는데 그 모양이 남보석 같고 그 보좌의 형상 위에 한 형상이 있어 사람의 모양 같더라 (겔 1:26).

즉 하나님은 천상의 성전에서 그룹들의 시중을 받으시며 좌정해 계셨습니다. 천상의 성전에는 보좌가 그룹들 머리 위에 있었습니다.

지상의 성막은 하나님이 거하시는 천상의 성소를 축소한 것이며 재현한 것이었습니다. 지성소는 하나님께서 천상의 집무실에 계신 모습을 재현한 장소입니다. 그런데 지상의 성전에는 하나님의 보좌가 없습니다.

보좌가 없으니 누가 보좌 역할을 해야겠습니까?

그룹들이 하나님이 좌정하시는 보좌 역할을 합니다. 그룹들은 하나님이 행차하실 때, 하나님이 타고 다니는 마차와 같은 역할을 맡고 있기 때문입니다. 그래서 성막의 지성소에서 하나님은 그룹들을 보좌로 삼아 좌정해 계시는 것입니다. 사실상 그룹의 날개가 보좌인 셈입니다. 그래서 구약성경에는 하나님께서 그룹들 사이에 좌정해 계신다고 말씀하는 구절이 많이 있습니다.

발등상

고대인들은 왕이 임재하는 곳에는 보좌와 발등상이 꼭 있어야 한다고 믿었습니다. 하나님이 임재하시는 성전에도 보좌가 있으니 발등상도 있어야 합니다. 시편은 이스라엘 백성들에게 예배드리라고 권하면서 이렇게 권합니다.

> 너희는 여호와 우리 하나님을 높여 그의 발등상 앞에서 경배할지어다 그는 거룩하시도다(시 99:5).

> 우리가 그의 계신 곳으로 들어가서 그의 발등상 앞에서 엎드려 예배하리로다 (시 132:7).

분명히 성전 안으로 들어가서 그의 발등상 앞에서 예배하라고 권합니다. 그러면 성전 안에 임재하신 하나님의 발이 놓여 있는 발판, 즉 발등상으로 간주되는 성전 기구가 있었던 것입니다. 하나님이 앉아 계시는 보좌는 속죄소의 그룹입니다. 그렇다면 하나님의 발이 놓이는 곳은 자연스럽게 속죄소일 수밖에 없습니다. 하나님은 그룹을 보좌 삼아 앉아 계시고, 속죄소를 발등상 삼아 발을 올려놓고 계신 것입니다.[1] 그래서 하나님의 임재를 직접적으로 접촉하는 보좌와 발등상이 순금 덩어리로 만들어진 것입니다. 성막 안에서 가장 거룩한 곳이기 때문입니다.

증거궤와 속죄소와의 관계를 최종적으로 정리해봅시다. 속죄소의 그룹은 하나님의 보좌, 속죄소 자체는 하나님의 발등상입니다. 증거궤는 보좌와 발

---

[1] 속죄소와 발등상의 관계는 언어적으로도 가능하다. 빅터 해밀턴은 히브리어 '카포레트'가 단지 레 16장 외에는 속죄와 무관한 사실을 주목하며, '카포레트'와 속죄 간의 연결을 의심한다. 그런 후, 밀그롬이 '카포레트'를 발바닥 또는 발이 쉬는 곳을 뜻하는 애굽어 '카푸리(에)트'와 연결시킨 것을 슬쩍 제안한다. 빅터 해밀턴, 『출애굽기』, pp. 722-723. 해밀턴과 밀그롬이 옳다면, 속죄소는 발등상으로 번역되어도 괜찮다.

등상을 올려놓은 이동용 단상이라고 할 수 있습니다. 하나님의 임재를 접촉함에 있어서 증거궤는 보좌와 발등상보다는 못합니다. 그래서 순금이 아니라 나무에 금을 입혔습니다. 보좌와 발등상이 놓여 있기에, 속죄소가 얹혀 있기에, 증거궤는 하나님의 임재를 상징하는 기구가 될 수 있습니다. 그런 의미에 이스라엘의 광야길에서 궤가 움직인다는 것은 곧 하나님이 움직인다는 뜻이었습니다(민 10:35, 36).

> 출 25:21 속죄소를 궤 위에 얹고 내가 네게 줄 증거판을 궤 속에 넣으라
> 출 25:22 거기서 내가 너와 만나고 속죄소 위 곧 증거궤 위에 있는 두 그룹 사이에서 내가 이스라엘 자손을 위하여 네게 명령할 모든 일을 네게 이르리라

22절은 속죄소의 두 그룹 사이에 임재하신 하나님이 모세에게 말씀하시겠다고 예고하십니다. 이 예고가 실제로 실행되는 장면을 민수기 7장이 중계합니다.

> 모세가 회막에 들어가서 여호와께 말하려 할 때에 증거궤 위 속죄소 위의 두 그룹 사이에서 자기에게 말씀하시는 목소리를 들었으니 여호와께서 그에게 말씀하심이었더라(민 7:89).

속죄소로 번역된 히브리어 단어 '카포레트'는 '속죄하다'란 뜻을 가진 단어 '카파르'에서 파생된 단어로, 속죄소는 말 그대로 '속죄하는 곳'이란 뜻입니다. 그래서 유대인들은 구약성경을 헬라어로 번역할 때에는 '힐라스테리온,' 즉 속죄소로 번역했고, 라틴어도 '프로피티아토리움'(*propitiatorium*), 속죄소로 번역했고, 이후의 번역도 속죄소라고 번역했습니다. 그래서 우리 한글

성경도 속죄소로, 그리고 각주에는 시은좌(施恩座, mercy-seat), 곧 "은혜를 베푸는 자리"도 가능하다고 소개해 놓았습니다.

왜 뚜껑이 속죄소?

도대체 이 뚜껑 위에 무슨 일이 벌어졌기에 "속죄소"라고 번역했을까요?

이스라엘에는 1년에 한 번 속죄일이 있습니다. 증거궤의 덮개, '카포레트'에 피를 뿌리기 때문에 '욤 키푸르,' 즉 속죄의 날이라고 불렀습니다. 이스라엘 백성들의 죄를 속죄하는 날이란 뜻입니다.

죄를 어떻게 속죄하겠습니까?

레위기 16장에 자세히 설명되어 있습니다.

> 또 백성을 위한 속죄제 염소를 잡아 그 피를 가지고 휘장 안(지성소)에 들어가서 그 수송아지 피로 행함 같이 그 피로 행하여 속죄소 위와 속죄소 앞에 뿌릴지니 곧 이스라엘 자손의 부정과 그들이 범한 모든 죄로 말미암아 지성소를 위하여 속죄하고 또 그들의 부정한 중에 있는 회막을 위하여 그같이 할 것이요(레 16:15-16).

이스라엘의 죄를 속죄하려고 대신 죽은 속죄제 염소의 피를 언약궤의 덮개와 언약궤 앞에 뿌리면, 이스라엘의 죄를 하나님이 용서해 주셨던 것입니다. 그래서 언약궤의 덮개를 속죄소라고 해석했던 것입니다.

하나님이 자기 백성 가운데 거하시는 데 항상 문제되는 것이 무엇입니까?

거룩한 하나님이 죄로 더럽혀진 인간들 속에 거하실 수 없다는 것입니다. 거룩하신 하나님은 죄를 소멸하시는 불과 같은 분이십니다. 사람의 죄 문제가 해결되지 않는 상태에서 하나님이 그에게 임하면, 죄많은 인간이 하나님의 거룩하심을 견디지 못하고 죽을 수밖에 없습니다. 그래서 지성소에는 사람의 죄를 속죄할 장소, 속죄소가 필요했던 것입니다.

속죄소에서 백성들의 죄가 속죄되었기 때문에 하나님은 이스라엘 백성들 가운데 임재하실 수 있었습니다. 그래서 하나님은 속죄의 장소인 속죄소 위에 강림하시고, 그 위에서 말씀하시는 것입니다. 사람들의 죄를 속죄하는 속죄소야말로 서로 만날 수 없는 거룩하신 하나님과 죄 많은 이스라엘의 만남을 가능하게 하는 다리와 같은 것입니다.

속죄소에 피를 뿌려라

그런데 레위기 16장에 나오는 속죄일의 행사 중에 충격적인 것은 속죄제 염소의 피를 뿌리는 데가 다름 아니라 하나님이 임재해 계신 속죄소라는 것입니다. 반드시 속죄소 위와 속죄소 앞에 피를 뿌려야 했습니다. 그러고 보면 증거궤는 아름답지 않습니다. 그 위에 피가 뿌려졌고, 피가 그대로 말라버린 상태로 있습니다. 속죄소 위에 피를 뿌리는 것은 피를 하나님에게 뿌리는 것과 다를 바 없습니다.

왜 하나님은 속죄제의 피를 자신에게 뿌리라고 하셨을까요?

속죄제 염소는 이스라엘의 죄를 담당하는 염소였습니다. 사람은 자신의 죄를 해결할 수가 없습니다. 하나님만이 우리 죄를 해결하실 수 있는 분이십니다. 그런데 하나님은 반드시 죄를 심판하셔야 하는 거룩한 하나님이십니다. 그러나 또한 사랑의 하나님이시기에 이스라엘을 직접 심판하시지 않으시고, 이스라엘의 죄를 담당하는 속죄제 염소에게 사망의 심판을 내리셨습니다.

이 염소의 피는 죄를 씻는 정결한 피였습니다. 이 피를 하나님께 뿌립니다. 하나님은 사람의 죄를 담당하고 대신 죽은 생명의 피를 보시고, 우리의 죄를 속죄하십니다. 이 속죄제의 피를 하나님께 뿌리는 것은 하나님의 명령대로 속죄제가 흘린 피의 효험을 내가 믿는다는 표현입니다. 이 속죄제가 흘린 피로 인해 하나님께서 내 죄를 용서해 주신다는 것을 믿음으로 하나님께 뿌리는 것입니다.

하나님은 뿌려진 피를 통해 이스라엘의 믿음을 확인하십니다. 하나님의 약속의 말씀을 믿고 말씀대로 속죄제의 피를 뿌리는 이스라엘의 믿음을 보시고 이스라엘의 죄를 용서해 주시는 것입니다.

속죄소 뚜껑 대신

여러분, 오늘날 저와 여러분들에게 언약궤의 뚜껑 속죄소가 없습니다. 그러나 여러분, 성막의 속죄소의 원리는 오늘날 신약 백성들에게도 마찬가지입니다. 성막의 옛 언약 위에 임하신 하나님은 오늘날에도 새 언약의 속죄소 위에 임하십니다. 증거궤에 관해 강해하면서, 예레미야 선지자의 새 언약에 관한 예언을 읽어보았습니다. 새 언약에서 하나님의 법이 성도들 마음에 기록됩니다. 옛 언약에서는 증거궤 위에 임재하셨던 하나님은 새 언약에서는 성도들 마음 속에 임재하십니다.

어떻게 우리 속에 죄가 있음에도 불구하고, 거룩하신 하나님이 우리 속에 거하실 수 있습니까?

우리 속에 죄를 해결하는 속죄소가 있기 때문입니다. 다름 아니라 예수 그리스도가 우리의 속죄소입니다. 예수님은 우리의 속죄소가 되시기 위해 우리 가운데 들어오셨습니다. 그래서 하나님은 예수 그리스도라는 속죄소 위에 임재하셔서 우리에게 말씀하시는 것입니다.

속죄소이신 예수님은 또한 우리를 위해 피를 흘리신 속죄제물이시기도 합니다. 하나님은 매년 죄를 속하기 위해 드려야 하는 동물 속죄제물이 아니라 영원한 속죄의 효험이 있는 속죄제물로 성자 하나님을 이 땅에 보내셨습니다. 그리하여 예수님은 십자가에서 피를 흘리셨습니다. 그리스도의 피가 뿌려졌기 때문에, 하나님은 그 피를 보시고 우리의 죄를 용서하시는 것입니다. 흘리신 그리스도의 보혈 때문에, 하나님이 그 위에서 우리의 죄를 간과하시고, 우리와 함께 거하시면서, 우리에게 말씀하시는 것입니다.

오늘 우리들을 위한 속죄소와 속죄소 위에 뿌려질 속죄의 피가 있음을 믿으시기 바랍니다. 속죄소인 그리스도의 은혜로 우리의 죄가 용서받았음을 믿으시기 바랍니다. 예수 그리스도가 우리를 위한 속죄소라는 진리, 예수 그리스도의 피가 나의 죄를 용서하기 위해 뿌려진 피라는 진리를 믿는 자는 하나님이 그의 죄를 용서하여 주십니다. 그리고 그를 그리스도 안에서, 속죄소 안에서 만나주시는 것입니다.

십계명 위의 있는 속죄소!

마지막으로 우리는 십계명이 보관되어 있는 증거궤를 속죄소가 덮고 있는 은혜로운 디자인을 곱씹어 봐야 합니다. 십계명은 죄를 지적합니다. 십계명을 사람이 완벽하게 지킬 수 있다면, 십계명은 사람을 의인으로 만듭니다. 그러나 그럴 수 있는 사람이 없습니다. 결국 십계명은 사람을 죄인으로 만듭니다. 이것이 율법의 역할입니다. 율법은 사람을 구원할 수가 없습니다.

고대 이집트의 벽화 중에 죽은 자의 신 오시리스가 저울 양쪽에 죽은 자의 심장과 깃털을 올려놓고 심판하는 장면을 그린 것이 있습니다. 이집트인들은 사람이 죄를 지으면 심장이 무거워진다고 믿었습니다. 그래서 장례를 치를 때 죽은 자의 다른 장기들은 꺼내서 따로 단지에 보관했지만, 심장만은 시신 속에 두었습니다. 심장으로 재판을 받아야 하기 때문입니다. 깃털보다 무거운 심장을 가진 자는 '아무트'라는 괴물에게 잡아먹혀야 했습니다.

깃털보다 가벼운 심장을 가진 자, 그만큼 죄를 짓지 않은 자가 있을까요?[2]

참으로 희망없는 신학이지 않습니까?

마찬가지로 십계명 위에 서 계신 하나님에게 우리는 절망해야 합니까?

---

[2] 기동연, 『성전과 제사에서 그리스도를 만나다』, p. 53.

십계명만 보면 하나님은 우리에게 희망을 주지 않는 분 같습니다. 그러나 십계명 위에 속죄소가 있습니다. 우리가 믿는 하나님은 십계명 위에 임재하신 분이셨지만, 정작 하나님이 앉아 계시고 발을 올려놓은 곳은 속죄소입니다. 속죄소는 십계명이 고발한 죄를 덮습니다. 십계명이 정죄한 죄인을 보좌인 속죄소가 용서합니다. 속죄소가 죄인을 구원합니다. 그래서 속죄소는 은혜를 베푸는 보좌, 곧 시은좌입니다.

우리의 속죄소이신 예수 그리스도를 믿고, 그 안에서 하나님의 자녀가 되시기 바랍니다. 우리의 죄를 덮어주는 유일한 피, 유일한 속죄소는 예수 그리스도뿐입니다. 그리스도 안에서 이번 한 주간도 하나님과 신령한 교제를 누리시는 여러분들이 되시길 바랍니다.

특강

성막신학

성막에 관해 설교하면서, 꼭 언급하지 않으면 설교를 진행할 수 없는 신학적인 논제들이 있었습니다. 그러나 설교인지라 간단하게 언급할 수밖에 없었고, 어떤 설교는 신학적인 정보를 제법 포함하고 있었습니다. 그러나 책으로 펴내면서, 성막에 관한 신학들을 논설 형식으로 한 장으로 묶어서 정리하는 것이 가능해졌고, 이렇게 설명하는 것이 더 좋다고 판단했습니다. 그러면서 나머지 설교들은 더 설교답게 다듬어졌습니다.

성막에 관한 신학은 간단하게 말하자면, 주로 성막 본문 전후로 성막과 닮은꼴을 찾아보는 성경신학입니다. 이런 신학 안에서 성막 기구들의 상징성이 결정됩니다. 저는 제임스 B. 조르단의 『성경적 세계관』에서 이런 해석을 접하기 시작했고, 피터 J. 레이하르트의 『새로운 관점의 구약성경 읽기』를 거쳐, 최근에는 그레고리 빌의 『성전신학』에까지 이르렀습니다.

뿐만 아니라 제임스 브루크너도 『UBC 출애굽기』에서 '성막과 창조,' '성막과 성육신' 등의 주제를 다루고 있고,[1] 빅터 해밀턴도 『오경개론(제2판)』에서 '창조기사와 성막의 기록 사이의 유사성,' '시내 산과 성막간의 유사성' 등의 주제를 다루고 있습니다.[2] 거듭 말씀드리지만, 제가 설득당한 성막신학들을 모아서 요약해 보겠습니다.

---

1 제임스 브루크너, 『UBC 출애굽기』, pp. 359-367.
2 빅터 해밀턴, 『오경개론(제2판)』, pp. 289-292.

1. 성막과 일반 천막

하나님의 성막은 고대 근동 사람들이 사용했던 이동용 가옥의 특징을 그대로 가지고 있는 텐트입니다. 고대 근동의 텐트에는 부인들이 거주하는 내실과 남자들의 공간인 외실이 있었습니다. 그리고 텐트 바깥에는 가축들이 머무는 공간이 있었습니다. 성막에는 내실 같은 지성소가 있으며, 외실 같은 성소가 있으며, 그리고 성막의 바깥에는 뜰과 울타리도 있었습니다.

그레고리 빌은 이 3단계의 텐트가 이집트의 군 막사에 적용된 것이 성막과 거의 유사함을 지적합니다.

> (성막은) 이집트의 이동용 군용 막사-치수도 동일하고, 거의 정확하게 같은 삼중 구조물로 이루어졌으며 동쪽을 향하고 있는-를 모델로 만들어졌다는 점이다(이집트의 군용 막사는 안뜰, 내부 응접실, 가장 안쪽 방으로 이루어지고, 가장 안쪽 방에는 신격화된 파라오의 초상 양 옆에 날개 가진 생물들이 자리하고 있다!). 성막 주변에 진을 친 이스라엘 지파의 네 부대(민 2장)와 마찬가지로 이집트의 군용 막사가 네 부대로 나누어진 군대로 둘러싸여 있었음을 보여주는 증거도 있다. 야웨는 파라오가 자신의 군대를 이끌고 전쟁터에 나간 것과 유사하게 행동하셨다…이스라엘의 성막은 주께서 모든 대적을 물리칠 때까지 자신의 군대를 지휘하시는 이동용 전쟁 사령부로 인식되었다. 대적들이 격퇴되면 솔로몬의 통치 기간에 이루어졌듯, 대적으로부터의 하나님의 주권적인 휴식을 나타내는 보다 항구적인 초소를 건축할 수 있었다.[3]

빌이 주장하는 바의 핵심은 첫째, 성막은 군사용 막사이며, 둘째, 이 성막

3　그레고리 빌, 『성전신학』, p. 85.

이 성전으로 변경되었을 때는 전쟁이 끝나고 평화, 즉 안식이 임했음을 상징한다는 것입니다.

2. 성막과 천지 창조

고대 근동 사람들은 '성전이 하늘과 땅 전체의 축소판'이라고 믿었습니다. 히브리인들도 마찬가지입니다. 시편 78:69에서 그런 신앙을 표현하고 있습니다.

> 그의 성소를 산의 높음같이, 영원히 두신 땅같이 지으셨도다(시 78:69).[4]

그렇다면 성막을 만드는 일은 천지를 만드는 일과 유사합니다. 그래서인지 창세기의 천지 창조 이야기와 성막 건설 이야기에는 유사한 점들이 있습니다.[5]

---

4 그레고리 빌, 『성전신학』, pp. 42-43.
5 빅터 해밀턴의 『오경개론(제2판)』, p. 290에서는 히브리어를 문자적으로 번역하여 두 본문 간의 동일성을 선명하게 보여주는 표를 제시하고 있다.

하나님이 그 지으신 모든 것을 보았다. 보라, 그것이 보시기에 심히 좋았다(창 1:31).	모세가 그 모든 것을 보았다. 보라, 그들이 것을 행하였다. 여호와께서 명하신 대로 그들이 행하였다(출 39:43).
천지와 만물이 다 이루어졌다(창 2:1).	성막 곧 회막의 모든 일이 다 이루어졌다(출 39:32).
하나님이 지으시던 그 일을 마치셨다(창 2:2).	모세가 그 일을 마쳤다(출 40:33).
하나님이 일곱째 날을 복 주셨다(창 2:3).	모세가 그들을 축복하였다(출 39:43).

천지 창조	성막 건축
히브리어 '아사'(만들다) 7회(창 1-3장)	히브리어 '아사'(짓다) 7회(출 25-31장)
"이르시되" 후 "좋았더라" 평가 7회(창 1장)	설계 때, "여호와께서 모세에게 말씀하여 이르시되" 7회(출 25-31장) 건축 때, "여호와께서 모세에게 명령하신 대로 되니라" 7회(출 40장)
유대력의 시작	출 40:2, 17, "너는 첫째 달 초하루에 성막 곧 회막을 세우고…둘째 해 첫째 달 곧 그 달 초하루에 성막을 세우니라"

첫째, 창세기 1, 2, 3장에서 "만들다"로 7번 번역된 히브리어 '아사'(창 1:7, 16, 25-26, 31; 2:3-4, 18; 3:21)가 출애굽기 성막 본문에서는 "지으라"로 번역되었는데, 역시 정확하게 7회 나옵니다(출 25:8; 30:11, 17, 22, 34; 31:1, 12).

둘째, 천지 창조 때 "이르시고" "좋았다"고 7번 평가하셨듯이, 성막 설계 때 "여호와께서 모세에게 이르시되"가 7회, 성막 제작할 때인 출애굽기 40장에선 "여호와께서 모세에게 명령하신 대로 되니라"가 7회 나옵니다.

셋째, 천지 창조로 인해 유대달력이 시작되었습니다. 그런데 출애굽기 40장에 가면 성막을 세울 날을 하나님이 정해주시는 본문이 있습니다.

> 너는 첫째 달 초하루에 성막 곧 회막을 세우고…둘째 해 첫째 달 곧 그 달 초하루에 성막을 세우니라(출 40:2, 17).

유월절이 있는 달이 음력 정월입니다. 이스라엘은 출애굽 첫 번째 해에 세 번째 달에 시내 산에 도착해서 9개월을 체류했습니다. 이 기간에 성막에 관한 모든 내용물이 분해된 채 완성되어야 했습니다. 그리고 두 번째 해 음력 1월 1일에 성막을 조립하고 기구들을 안치시켜야 했습니다. 달력이 시작하는 날에 성막 조립이 시작했던 것입니다. 결국 천지 창조가 유대력의 시작이듯이, 성막 조립도 유대력이 시작하는 날 시작했습니다.

넷째, 출애굽기의 성막 본문은 7개의 단락으로 이루어져 있습니다. 그리고 마지막 일곱 번째 단락인 출애굽기 31장의 주제는 안식일입니다(출 31:12-18). 이런 구성은 천지 창조의 7일 구성과 딱 들어맞습니다.

천지 창조(창 1장)			성막 설계(출 25-31장)	
성령		1	지성소	궤, 속죄소 (25:1-22)
		2	성소	진설병, 상, 등잔대 (25:23-40)
		3	성막	덮개, 널판, 휘장 (26:1-37)
		4	뜰	번제단, 울타리 (27:1-19)
		5	제사장	옷, 위임식 (27:20-29:45)
사람		6	추가	분향단, 물두멍, 직공 + 성령 (30:1-31:18)
안식일		7	안식일	안식일(31:17-21)

3중의 세상과 3중의 성막

이렇듯 천지 창조의 과정과 성막 건축의 과정이 유사하다면, 상징적으로 연결이 될 것입니다. 고대 근동인들의 믿음, 즉 '성전은 하늘과 땅 전체의 축소판'이라는 믿음이 상징적으로도 맞아야 합니다. 당연하게도 성전은 하나님이 창조하신 천지를 훌륭하게 상징하고 있습니다.

앞서 우리는 성막이 지성소, 성소, 뜰 이렇게 3중 구조임을 알았습니다. 그런데 성경은 이 세상도 3층으로 보고 있습니다. 그래서 출애굽기 20:4은 세계의 만물을 "위로 하늘에 있는 것이나 아래로 땅에 있는 것이나 땅 아래 물 속에 있는 것"으로 구분합니다. 성경은 세계를 하늘, 지상, 지하(+물) 3층 집으로 이해합니다. 피터 J. 레이하르트는 성경이 세계를 3층 집으로 그리고 있

음을 탁월하게 설명합니다.[6]

아시다시피 세계의 축소판인 노아의 방주도 3층 구조입니다. 법궤와 방주는 헬라어로는 똑같이 '키보토스'로 번역됩니다. 하나님께서 설계를 가르쳐 준 최초의 건축물이 방주이며, 두 번째가 성막입니다. 이처럼 작은 세상인 방주는 물론이거니와, 성막과 천지는 3중 구조라는 점에서 일치합니다.

하늘과 성막의 덮개

세계와 성막 사이의 연결성이 이것 하나뿐이라면 연결성을 논하기에 궁색하겠죠?

또 있습니다. 하늘은 성막의 천장 역할을 하는 휘장과 연결됩니다. 이 하늘을 상징하는 휘장은 흥미롭게도 청색, 자색, 홍색으로 만들어졌습니다.

이 삼색과 하늘은 어떻게 연결될까요?

색상에 있어서 시각적으로 절묘하게 맞아떨어집니다. 청색과 자색은 하늘의 청색과 어두운 구름의 짙은 청색을, 홍색은 불타는 듯한 번개와 태양의 빛깔을 모방한 것임에 틀림없습니다.[7]

천장 휘장뿐만 아니라, 지성소의 휘장, 성막문의 휘장, 뜰 울타리문의 휘장 또한 삼색으로 만들어졌는데, 이는 모두 하늘로 들어가는 문들이기 때문입니다.

광명체와 등잔불

하늘을 상징하는 것이 성막에 있다면, 하늘의 광명체는 어떨까요?

창세기 1장에서 "광명체"로 번역된 히브리어 '마오르'는 창세기 1장에서 5번 언급되었습니다(창 1:14, 15, 16[3회]). 그 이후 출애굽기, 레위기, 민수기에

---

6   피터 J. 레이하르트, 『새로운 관점의 구약성경 읽기』, pp. 46-52.
7   그레고리 빌, 『성전신학』, p. 51.

서 총 10번 광명체(마오르)가 등장하는데, 모두 다 성막의 성소 안에 놓여 있는 등잔대의 등불을 가리키고 있습니다(출 25:6; 27:20; 35:8; 35:14[2회]; 35:28; 39:37; 레 24:2; 민 4:9, 16).[8] 히브리어상으로는 창세기의 광명체와 출애굽기의 등잔대 등불은 동일합니다. 4중 덮개로 캄캄한 성막 안에서 등불이 광명체였습니다.

그러면 7개의 등잔대 불, 아니 광명체는 고대인들도 주목해 왔던 황도대의 가장 밝은 별 7개, 즉 해, 달, 수성, 금성, 화성, 목성, 토성과 연결됩니다. 등잔대가 성소의 남쪽에 위치한 것도 광명체의 운행 방향과 연결시킬 수 있습니다. "이스라엘의 시각에서 볼 때, 하늘에 있는 광명체들의 순환이 주로 남쪽을 향한다는 사실과 일치"하기 때문입니다.[9]

땅과 성막의 뜰

하늘과 성막 간의 연결성에 이어서, 땅과 성막 간의 연관성을 알아봅시다. 7개의 등잔대 불빛이 가시적으로 볼 수 있는 7개의 큰 광명체와 연결된다면, 성소는 가시적 하늘과 같은 공간이며, 지성소는 불가시적인 하나님이 계신 하늘을 뜻합니다. 그럼 성막의 뜰은 땅과 연결될 수밖에 없습니다.

뜰에 있는 성막 기구는 제단과 물두멍입니다. 원래 제단은 토단이나 석단이어야 했기에, 성막의 놋제단도 토단 위에 놓였을 것입니다. 제단이 땅과 연결된다면, 성막 뜰에 있는 물두멍은 당연히 물과 연결되며, 솔로몬 성전 뜰에서는 사이즈가 커져서 놋바다가 됩니다. 이처럼 뜰에는 땅과 물과 바다와 연결된 기구들이 있습니다.

---

[8] 그레고리 빌, 『성전신학』, p. 46.
[9] 그레고리 빌이 포이트레스의 해석을 인용한 것이다. 그레고리 빌, 『성전신학』, p. 47. 그레고리 빌은 유대인들의 믿음까지 소개한다. "쿰란에 살던 유대인들은 달과 같은 하늘의 광명체가 새벽에 사람들의 시야에서 사라졌다가 밤중에 나타나면, 실제로 비가시적인 하나님의 높은 성전으로 물러간다고 믿기까지 했다." 그레고리 빌, 『성전신학』, p. 51.

이처럼 성전이 우주, 세계, 하늘과 땅의 축소판으로 만든 이유는 이 성전이 하나님의 집이기 때문입니다. 하나님의 집은 하나님이 우주, 세계, 천지의 창조주요 통치자임을 표현하고 있습니다. 그래서 성전도 "그곳에서 예배되는 하나님의 우주적인 통치를 의미"합니다.[10]

3. 성막과 에덴 동산

에덴 동산은 성경의 상징 해석에 있어서 가장 원시적이고, 원형적인 장소입니다. 그레고리 빌은 성경의 상징 해석에 있어서 에덴 동산이 "처음" 혹은 "첫 번째"로 해석될 수 있는 10가지 이상의 주제들의 목록을 작성하고 있습니다. '처음 제사장의 자리,' '첫 번째 파수꾼 그룹의 자리,' '첫 번째 수목 형상 등잔대의 자리,' '이스라엘 성전에 담긴 동산 표상의 기초,' '최초의 물 근원,' '최초의 귀금속의 자리,' '최초의 신의 자리,' '최초의 지혜의 자리,' '최초의 동향 공간'에 이어서 이 목록의 마지막이 에덴 동산의 3중 구조입니다.[11]

에덴 동산의 3중 구조

우리는 창세기 2장이 알려주는 에덴 동산의 지형 정보를 쉽게 놓쳐버리곤 합니다.

> 여호와 하나님이 동방의 에덴에 동산을 창설하시고 그 지으신 사람을 거기 두시니라…강이 에덴에서 흘러 나와 동산을 적시고 거기서부터 갈라져 네 근원이 되었으니(창 2:8, 10).

---

10   그레고리 빌, 『성전신학』, p. 66.
11   그레고리 빌, 『성전신학』, pp. 88-100.

동방의 에덴이라는 곳에 동산 하나를 만드셨다는 말씀인데, 에덴에는 강이 발원하는 발원지가 있었습니다. 물은 높은 곳에서 낮은 곳으로 흐릅니다. 그래서 강의 발원지는 산에 있습니다. 그렇다면 강이 발원하는 에덴은 산입니다. 에덴이 산이라는 사실은 에스겔서에서 에덴을 "하나님의 산"이라고 부르고 있기 때문에 확정적인 사실입니다(겔 28:14, 16). 정리하자면, 에덴 산 높은 곳에서 발원한 물이 좀 더 낮은 곳인 동산을 적시고 동산에서 갈라집니다. 그래서 에덴 동산은 4개의 강의 근원이 되었습니다.[12]

에스겔 47:1의 성전 환상에 의하면 지성소 아래로부터 물이 흘러나옵니다. 요한계시록 22:1-2에서도 "생명수의 강이…하나님과 어린 양의 보좌로부터 나와서" 생명나무가 있는 곳으로 흘러갑니다. 강의 발원지인 에덴 산 정상은 성막의 지성소와 같은 곳입니다. 그 물이 흘러들어가 에덴 산 중턱 어딘가에 동산이 세워졌습니다. 성막의 성소와 같은 곳입니다. 마지막으로 에덴 산이 있었던 동방은 성막의 뜰에 해당합니다.

3중 구조		
세계	에덴	성막
하늘	수원지	지성소
지상	동산	성소
지하	동방	뜰

에덴 동산이 최초의 성전인 것을 입증하는 설명들은 사실 관련 연구서들에서 쉽게 발견할 수 있는 것으로, 새로운 것도 아닙니다. 에덴 동산을 묘사하는 데 사용된 히브리어가 성막과 깊은 관련이 있다는 제안들도 있는데, 정리

---

[12] "에덴은 물들의 원천이자 하나님의 거처이고, 그 동산은 하나님의 거처에 인접해 있는 것이라고 말할 수 있다…그리고 이런 급수 형태는 고대 세계에 이미 알려져 있었다." 존 월튼, 『NIV 적용주석 창세기』, pp. 238-239.

를 해보면 다음과 같습니다.

"경작하며 지키게 하시고"

가장 유명한 설명은 창세기 2:15에서 아담이 동산을 '경작하며 지킨다'의 히브리어 '아바드'와 '사마르'에 관한 것입니다. 이 두 단어는 15회 정도 함께 나오는데, 10회는 이스라엘 백성들이 하나님을 섬기고, 말씀을 지키는 행동을 가리키며, 5회는 레위인과 제사장이 성막-성전에서 봉사하는 행동을 가리킵니다(민 3:7-8; 8:25-26; 18:5-6; 대상 23:32; 겔 44:14). 동산을 돌보는 아담의 육체노동은 성소를 유지하고 보존하는 일과 같은 제사장적 활동이었습니다. 유대인들도 아담을 에덴 성소에서 섬기는 제사장으로 해석했습니다.

역대하 23:19에서 성전 문지기의 임무가 "무슨 일에든지 부정한 모든 자가 들어오지 못하게" 하는 것이었다면, 아담의 임무도 부정한 것이 들어오지 못하게 지키는 것이었습니다. 아담의 실패는 부정한 뱀이 동산에 들어오게 허용한 것에서 시작되었습니다. 결국 아담은 동산에서 쫓겨나고, 동산을 지키는 임무는 "그룹들과 두루 도는 불 칼"에게 맡겨집니다(창 3:24).

"에덴 동산에 두어"

창세기 2:15에 "여호와 하나님이 그 사람을 이끌어 에덴 동산에 두어 그것을 경작하며 지키게 하시고"에서 "경작하며 지키게"의 제사장적 의미는 비전문가들에게까지 잘 알려져 있지만, 그 앞에 있는 단어 "두어"는 그렇지 않습니다. 흥미롭게도 '두다'(put)로 번역된 히브리어는 흔히 '쉬다'(rest)로 번역되는 누아흐입니다.

이 단어는 역대하 4:8에서는 솔로몬이 성전 안에 상을 설치하는 것으로, 열왕기하 17:29에서는 사마리아인들이 우상을 신전에 설치하는 것을 가리킵니다(슥 5:5-11). 최초의 성전인 에덴 동산이 하나님에게 안식처였다면, 아담에게도 안식처였습니다. 창세기 2:15은, 마치 성전 기구를 성전 안에 두는 듯이 하나님께서 '제사장-아담'을 '성전-에덴 동산'에 두었으며, 제사장인 아담이 안식처이자 성전인 에덴 동산에서 안식과 사역을 조화롭게 누렸음을 뜻하고 있습니다.[13]

"동산에 거니시는"

창세기 3:8에 "동산에 거니시는 여호와 하나님"에서 "거니시는"으로 번역된 히브리어 '미트할렉'은 레위기 26:12의 "나는 너희 중에 행하여"에서 "행하여"로 번역되었습니다. 레위기 26:12의 "행하여"는 26:11과 비교할 때, 여호와가 성막중에 임재하셔서 이스라엘의 진영을 거니신다는 뜻입니다. 신명기 23:14은 이스라엘이 광야 여정 중임에도 대소변을 처리하는 일까지 예민할 것을 명하는데, 왜냐하면 여호와께서 "진영 중에 행하"시기 때문입니다. 여기 여호와의 "행하심"은 당연히 성막의 임재를 뜻합니다.

결정적인 것은 사무엘하 7:6-7입니다. 성막에 임재하셨던 과거를 회고하면서, 하나님은 "장막과 성막 안에서 다녔다"고 직접 말씀하십니다. 동산에 거니셨던 하나님은, 광야에 있는 이스라엘의 진영에서도 성막의 임재로 "거니시고, 행하시고, 다니셨습니다."

성막의 테마는 에덴 동산

'에덴 동산이 최초의 성전이다'라는 제안은 이미 진부한 것이 되었습니다. 지금 하나님께서는 이스라엘 백성들과 시내 산에서 언약을 체결하고 있습니다. 이것은 새로운 창조 과정입니다. 이스라엘 민족은 새로운 인류로 태어납니다. 그리고 하나님께서는 이 새로운 인류들 속에 에덴 동산을 복원하기 위

---

[13] 그레고리 빌, 『성전신학』, p. 93.

해 성막을 짓고 계신 것입니다. 그렇다면 성막은 에덴 동산을 테마로 삼고 재현하고 있다고 말할 수 있습니다.

이런 재현의 대표적인 예가 등잔대입니다. 등잔대는 기본적으로 나무 형상입니다. 7가지를 가졌고, 살구 꽃이 피어 있는 살구나무 모양으로 제작되었습니다. 이 등잔대는 에덴 동산의 생명나무를 상징합니다. 물론 생명나무가 살구나무였다는 것은 아닙니다.

또 성막의 출입문은 동쪽입니다. 에덴 동산은 동방에 세워졌는데, 생명나무에 이르는 길은 동쪽에 문이 있었습니다.

4. 성막과 에덴 동산의 보석

에덴 동산이 최초의 보석 매장지라는 사실은 성막에 많은 보석들이 필요한 이유를 설명해 줍니다. 역시 창세기 2장은 에덴 동산의 강 4개 중에 첫 번째 강과 강이 흐르는 지역의 보석을 소개합니다.

> 첫째의 이름은 비손이라 금이 있는 하윌라 온 땅을 둘렀으며 그 땅의 금은 순금이요 그 곳에는 베델리엄과 호마노도 있으며(창 2:11-12).

에덴 동산의 대표적인 보석은 금, 베델리엄, 호마노였습니다. 금과 호마노는 에덴 동산을 떠올리게 하는 상징적인 보석인데, 성막에서도 많이 사용됩니다.

지성소 안에 위치하거나 지성소 가까이 위치하는 성전 기구는 금으로 만듭니다. 지성소에서 멀리 떨어진 기구일수록 은이나 동으로 제작됩니다. 호마노는 대제사장만 입는 의관들 중 하나인 에봇의 어깨받이에 있었습니다. 거기다가 또 다른 대제사장의 의관인 판결 흉패에는 호마노를 포함하여 무려 12종류의 보석이 매달려 있었습니다. 호마노는 에봇과 판결 흉패 둘 모두를 장식했습니다.

성막의 재료를 소개하는 출애굽기 25:7, "호마노며 에봇과 흉패에 물릴 보석이니라"에서부터 호마노는 특별하게 취급받았습니다. 에덴 동산을 기억하게 하는 보석이기 때문입니다. 그래서 호마노는 12종류의 보석을 대표하는 보석입니다.

판결 흉패와는 달리 에봇의 어깨받이에는 12개의 보석을 달 수 있는 공간이 없었습니다. 그래서 열두 보석을 대표하는 단 하나의 보석만 달리게 되는데, 이 자리를 차지한 보석이 바로 호마노였습니다. 호마노가 정확하게 무엇이든, 이것이 중요한 이유는 에덴 동산에서 생산되었기 때문이며, 성막이 에덴 동산을 모방하고 있다면, 당연히 호마노가 많이 사용되어야 합니다.

보석 목록

출애굽기 외에도 성경에는 여러 가지 보석들을 나열한 보석 목록들이 에스겔 28장과 요한계시록 21장에도 있습니다.

> 네가 옛적에 하나님의 동산 에덴에 있어서 각종 보석 곧 홍보석과 황보석과 금강석과 황옥과 호마노와 창옥과 청보석과 남보석과 홍옥과 황금으로 단장하였음이여 네가 지음을 받던 날에 너를 위하여 소고와 비파가 준비되었도다 (겔 28:13).

> 그 성의 성곽의 기초석은 각색 보석으로 꾸몄는데 첫째 기초석은 벽옥이요 둘째는 남보석이요 셋째는 옥수요 넷째는 녹보석이요 다섯째는 홍마노요 여섯째는 홍보석이요 일곱째는 황옥이요 여덟째는 녹옥이요 아홉째

는 담황옥이요 열째는 비취옥이요 열한째는 청옥이요 열두째는 자수정이라 (계 21:19-20).

에스겔 28장의 목록은 금을 포함한 10개의 보석 목록인데, 판결 흉패의 보석 목록 중에서 홍보석, 황옥, 홍마노, 남보석 4개만 일치합니다. 요한계시록 21장, "새 예루살렘" 성의 12개 보석 목록과 판결 흉패의 보석 목록을 비교해 보면, 판결 흉패 보석들 중 8개만 일치합니다.

그러나 히브리어로 비교해 보면 전혀 다른 결과가 나옵니다. 요한계시록 21장은 헬라어로 쓰여진 본문인데, 히브리어로 번역된 사본도 있습니다. 그래서 히브리어로 출애굽기, 에스겔, 계시록의 보석 본문을 비교할 수 있습니다. 고려신학대학원 구약학 기동연 교수님의 책은 3가지 히브리어 본문이 똑같다는 것을 잘 보여주고 있습니다[14].

그런데 왜 번역상으로는 다르게 되었는지 의문이 생깁니다. 더군다나 한글 성경 새번역과 공동번역의 보석명은 개역개정의 보석명과 많이 다르기까지 합니다. 판결 흉패의 열두 보석을 가리키는 히브리어 단어는 헬라어로 번역된 70인역, 라틴어로 번역된 불가타역, 영어로 번역된 위클리프-틴델역을 거쳐서 오늘날 우리말로 번역되었습니다. 이 과정을 거쳐 오면서, 원래 가리키고자 했던 것을 현재 정확하게 번역했는지 확신할 수 없습니다.

고대 언어일수록 한 가지 단어가 지시하는 것이 다양합니다. 분류학이 없었기 때문입니다. 3,000년 전의 보석 이름이 오늘날처럼 세분화되어 있어서, 이름과 보석이 1:1로 분명하다고 생각하면 오산입니다. "벽옥"으로 번역된 보석만 해도 오늘날의 오팔이나 다이아몬드라고 주장됩니다.

출애굽기 28장의 히브리어로 된 12개의 보석 목록이 헬라어로 번역되면서,

---

[14] 기동연, 『성전과 제사에서 그리스도를 만나다』, pp. 114-115.

같은 보석을 생각하면서도 선택된 번역어가 다른 보석을 가리키게 되었거나, 히브리어가 의미하는 보석을 잘못 이해하고 번역어를 선택했을 수도 있었을 것입니다. 이런 변화의 과정이 한국어로 번역되기까지 누적되었기에, 우리가 보는 보석 목록들이 많이 달라져버린 것입니다.

확실한 것은 이 12개의 보석은 아마 다른 색깔을 가지고 있는 당대의 비싼 보석 12개라는 것뿐입니다. 어떤 성막론 강론에서는 이 열두 보석 하나하나에 특별한 색깔과 이름을 확정짓고, 그에 따른 상징적인 의미를 설명하기도 합니다. 그런 해석은 미확정적인 이름과 미확정적인 보석 색상에다가 지나친 상징적 교훈을 탐구한 것으로 신뢰해서는 안 됩니다.

보석 목록 활용법

이제 출애굽기 28장과 에스겔 28장, 요한계시록 21장의 보석 목록은 일치한다는 것을 알았으니 좀 더 깊이 들어가보겠습니다.

먼저 에스겔 28:13은 하나님이 창조하신 어떤 존재가 에덴 동산에서 금과 9개의 보석으로 단장했었다고 말합니다. 여기서 단장한 존재의 정체가 확실치 않습니다. 타락 이전의 아담이냐 사탄이냐 이견이 있습니다. 단장한 존재가 누구이든, 이 본문 역시 예언서의 일부로서 상징적으로 해석해야겠죠. 우리가 주목해야 할 점은, 에스겔 28장의 보석 목록들이 타락 이전 에덴의 존재를 상징하는 데 활용되었다는 점입니다.

그리고 요한계시록 21장은 새 하늘과 새 땅의 새 예루살렘 성에 관한 본문이니 역시 새 창조와 새로운 에덴 동산과 같은 환경에서 열두 보석의 목록이 사용된 것으로 충분히 이해할 수 있습니다. 이렇게 해서 우리는 성막 본문이 호마노나 열두 보석을 언급하는 이유도 에덴을 상징하기 위함임을 확정할 수 있습니다.

성막이라는 작은 공간에 이처럼 많은 금과 보석들이 동원되는 이유는 하나님께서 보석 애호가이기 때문이 아닙니다. 보석이 동원되는 이유는 별들로 가득한 하늘의 빛나는 광채와 영광을 표현하기 위함입니다. 오늘날에는 전자·전기로 빛을 만들어 내지만, 고대에는 빛을 발하는 것은 보석뿐이었습니다. 성막에 동원된 보석들은 단순히 물질적인 광채를 발하기 위함이 아니라 하나님의 빛나는 영광을 표현하기 위함입니다. 그래서 성막에 이어서 성전을 건축할 때에는 금 십만 달란트와 은 백만 달란트(대상 22:14) 외에도, "마노와 가공할 검은 보석과 채석과 다른 모든 보석과 옥돌이 매우 많이"(대상 29:2) 필요했습니다.

5. 성막과 시내 산

지금 언약이 체결되고 있는 장소인 시내 산도 에덴 동산처럼, 혹은 성막처럼 3층 구조로 구별되고 있습니다. 먼저 하나님은 당신이 임재하실 시내 산 주위에 경계를 정하셨습니다.

> 너는 백성을 위하여 주위에 경계를 정하고 이르기를 너희는 삼가 산에 오르거나 그 경계를 침범하지 말지니 산을 침범하는 자는 반드시 죽임을 당할 것이라 그런 자에게는 손을 대지 말고 돌로 쳐죽이거나 화살로 쏘아 죽여야 하리니 짐승이나 사람을 막론하고 살아남지 못하리라 하고 나팔을 길게 불거든 산 앞에 이를 것이니라 하라(출 19:12, 13).

경계로 구분된 시내 산은 울타리로 구별된 성막 뜰과 연결됩니다. 그런데 하나님께서는 언약 체결을 축하하기 위해 축하연을 베푸시는데 그 자리에 이스라엘의 대표로서 장로 70명을 산 중턱까지 올라오게 하십니다.

> 모세와 아론과 나답과 아비후와 이스라엘 장로 칠십 인이 올라가서 이스라엘의 하나님을 보니 그의 발 아래에는 청옥을 편 듯하고 하늘 같이 청명하더라 하나님이 이스라엘 자손들의 존귀한 자들에게 손을 대지 아니하셨고 그들은 하나님을 뵙고 먹고 마셨더라(출 24:9-11).

이것은 제사장들이 출입할 수 있었던 성막의 성소와 연결됩니다.

그런 다음 하나님은 모세에게 돌판과 성막의 설계도를 주시기 위해 모세만 시내 산 정상에 올라오게 하십니다.

> 장로들에게 이르되 너희는 여기서 우리가 너희에게로 돌아오기까지 기다리라 아론과 훌이 너희와 함께 하리니 무릇 일이 있는 자는 그들에게로 나아갈지니라 하고 모세가 산에 오르매 구름이 산을 가리며 여호와의 영광이 시내 산 위에 머무르고 구름이 엿새 동안 산을 가리더니 일곱째 날에 여호와께서 구름 가운데서 모세를 부르시니라 산 위의 여호와의 영광이 이스라엘 자손의 눈에 맹렬한 불 같이 보였고 모세는 구름 속으로 들어가서 산 위에 올랐으며 모세가 사십 일 사십 야를 산에 있으니라(출 24:14-18).

이것은 대제사장만이 출입할 수 있었던 지성소와 연결됩니다. 이처럼 경계가 세워진 산 아래, 장로들이 올라 갈 수 있는 산 중턱, 그리고 모세만 올라갈 수 있는 산 정상 이렇게 3단계, 3층 구조가 있었습니다. 특히 해밀턴은 성막이 움직이는 시내 산인 것처럼 설명합니다.[15]

---

15 빅터 해밀턴, 『오경개론(제2판)』, p. 291.

3중 구조			
세계	에덴산	시내 산	성막
하늘	수원지	정상	지성소
지상	동산	중턱	성소
지하	동방	산아래	뜰

6. 대제사장의 의관과 성막

제사장들이 입는 의관은 속옷, 허리띠, 머리에 쓰는 관, 속바지입니다. 여기에다가 대제사장은 겉옷, 에봇, 판결 흉패, 순금패 4가지를 더 입었습니다. 대제사장만 입는 의관도 성전 기구입니다.

대제사장의 의관에도 3중 구분이 유효할까요?

그레고리 빌은 애매하게 3중으로 구분합니다. 겉옷의 아랫부분은 석류가 수놓여 있는데, 비옥한 땅을 상징하며, 성막의 안뜰과 같다는 것입니다. 그 다음 대제사장의 의관들 중에 무엇이 각각 성소와 지성소에 연결되는지 불분명하게 제안합니다.[16]

그러나 제가 보기엔, 대제사장의 의관에는 땅을 상징할 수 있는 재료가 없습니다. 금과 열두 보석, 청색, 자색, 홍색 실 모든 재료가 다 하늘과 지성소를 상징하는 재료입니다. 그래서 저 개인적인 견해로는 대제사장의 의관을 3중 구분하는 것은 다소 억지스럽습니다. 대제사장의 의관의 특징은 단지 숫자 3이 아닙니다.

대제사장의 의관과 성막은 숫자적으로 일치하는 것들이 있습니다. 판결 흉

---

16 그레고리 빌, 『성전신학』, p. 53.

패 속에 보관된 우림과 둠밈은 지성소의 증거궤 속에 보관된 십계명 두 돌판과 연결됩니다. 열두 지파의 이름을 새긴 열두 보석은 성소의 열두 진설병과 연결됩니다. 판결 흉패는 지성소처럼 정사각형이었습니다. 대제사장의 의관 4개는 제사장의 의관 4개를 덮고 있습니다. 그렇다면 성막의 4중 덮개와도 비교될 수 있습니다. 4겹의 덮개가 성막을 덮고 있듯이, 4개의 대제사장 의관이 인간 대제사장을 덮고 있는 것입니다.

성막에서 정사각형이 사용된 것은 동서남북 사방의 하늘을 상징하기 위함입니다. 하나님께서는 사방의 하늘을 충만하게 채우시고 통치하시는 하나님이시기에, 하나님의 임재와 하늘을 상징할 때에는 정사각형과 숫자 4가 사용됩니다.

대제사장의 의관	성막
우림과 둠밈	십계명 두 돌판
4가지 의관	4가지 덮개
정사각형 판결흉패	정사각형 지성소, 제단
12개(4x3)의 보석	12개의 진설병

지금까지 저는 천지 창조부터 성막 건축까지의 시간대 안에서만 성막과 관련된 성경신학을 요약했습니다. 당연히 성막 이후에 등장하는 성전, 선지자들의 예언과 환상 속에 등장하는 성전으로 성막신학은 계속 확장됩니다.

그러나 저는 성막을 건축한 이스라엘 백성들이 성막과 그 기구들에 관해 할 수 있는 상징 해석이 무엇인지 알기 위해 성막 이전의 시간만 주목했습니다. 그 시간만이라도 잘 이해한다면, 우리는 성막을 건축한 이스라엘 사람들을 잘 이해할 수 있고, 그러면 성막 본문도 더 잘 이해할 수 있을 것입니다.

제3부 성소

5. 진설상

6. 등잔대

5. 진설상

출애굽기 25:23-30

　성막에서 하나님이 제일 관심을 둔 곳은 하나님이 임재하시는 장소인 지성소입니다. 지성소에는 하나님의 보좌와 발등상이 있어야 합니다. 하나님이 좌정하시는 보좌는 언약궤의 덮개에 새겨진 그룹들입니다. 하나님의 발등상은 속죄소입니다.
　이제 지성소 다음으로 거룩한 공간인 성소 안에 두실 기구들에 대해 설계도를 보여주십니다. 성소에 자리할 기구들은 3가지입니다.
　첫째, 성소의 북쪽에 놓일 기구는 진설병과 상입니다.
　둘째, 성소의 남쪽에 놓일 기구는 등잔대입니다.
　셋째, 성소의 서쪽, 지성소 바로 앞 공간에 놓일 기구는 분향단입니다.

진열해 놓은 떡

　하나님은 이 3가지 중에 제일 먼저 진설병을 두는 상에 대해 말씀하십니다. 진설병(陳設餠)이 무엇일까요?
　한자로는 늘어놓을 진(陳), 베풀 설(設), 떡 병(餠)으로, '진열해 놓은 떡'이란 뜻입니다. 영어권에서는 'showbread,' 즉 잘 보이도록 차려놓은 빵이라고 부릅니다. 진설병을 놓는 상은 쉽게 말하면 떡상에 지나지 않습니다.

그런데도 이 상은 성막 기구의 모든 목록에서, 진영을 이동하기 위해 성막을 해체할 때에도 항상 언약궤 다음에 두 번째로 언급될 정도로 중요합니다. 심지어는 이동할 때에도 다른 성막 기구들은 2중으로 포장하는데, 유독 진설병을 두는 상만은 언약궤처럼 3중으로 포장하게 했습니다(민 4:1-14). 오늘 우리는 떡상이 왜 이렇게 중요한지를 알아야겠습니다.

> 출 25:23 너는 조각목으로 상을 만들되 길이는 두 규빗, 너비는 한 규빗, 높이는 한 규빗 반이 되게 하고
> 출 25:24 순금으로 싸고 주위에 금 테를 두르고
> 출 25:25 그 주위에 손바닥 넓이 만한 턱을 만들고 그 턱 주위에 금으로 테를 만들고
> 출 25:26 그것을 위하여 금 고리 넷을 만들어 그 네 발 위 네 모퉁이에 달되
> 출 25:27 턱 곁에 붙이라 이는 상을 멜 채를 꿸 곳이며
> 출 25:28 또 조각목으로 그 채를 만들고 금으로 싸라 상을 이것으로 멜 것이니라

23, 24절을 보시면, 이 상은 언약궤와 마찬가지로 아카시아나무로 만들어서 금을 입힙니다. 대략 너비 45cm, 길이 90cm, 높이 67cm입니다. 언약궤보다 약간 작지만 높이는 같습니다. 25절을 보시면, 손바닥 넓이만큼, 대략 10cm 높이의 턱을 금으로 만들어 붙였습니다. 상 위에 진열되어 있는 것이 쏟아지는 것을 방지하는 턱입니다.

26절을 보면, 이 상에는 발이 4개 달려 있습니다. 언약궤와 마찬가지로, 이 상을 이동시킬 수 있도록 고리와 채도 있었습니다. 그 채도 금으로 입혔고, 고리는 금으로 만들었습니다.

> 출 25:29 너는 대접과 숟가락과 병과 붓는 잔을 만들되 순금으로 만들며

출 25:30 상 위에 진설병을 두어 항상 내 앞에 있게 할지니라

29, 30절에서는 이 상 위에 함께 올려두어야 할 것들이 소개됩니다. 순금으로 만든 대접, 숟가락, 병, 붓는 잔과 함께 진설병을 이 상 위에 올려두어야 했습니다. 그런데 정작 진설병에 관해서는 설명이 없습니다. 진설병은 레위기 24장에 자세히 소개되어 있습니다.

> 너는 고운 가루를 취하여 떡 열두 개를 굽되 각 덩이를 십분 이 에바로 하여 여호와 앞 순결한 상 위에 두 줄로 한 줄에 여섯씩 진설하고 너는 또 정결한 유향을 그 각 줄 위에 두어 기념물로 여호와께 화제를 삼을 것이며 안식일마다 이 떡을 여호와 앞에 항상 진설할지니 이는 이스라엘 자손을 위한 것이요 영원한 언약이니라 이 떡은 아론과 그 자손에게 돌리고 그들은 그것을 거룩한 곳에서 먹을지니 이는 여호와의 화제 중 그에게 돌리는 것으로서 지극히 거룩함이니라 이는 영원한 규례니라(레 24:5-9).

레위기 24:5은 재료에 관한 것입니다. 떡 한 개를 만드는 데 들어가는 밀가루 양도 10분의 2 에바로 정해놓았습니다. 이 분량이면 떡 한 개 만들기에 적당하다고 생각하겠지만, 1에바는 최소 22리터에서 35리터까지라고 주장되기도 합니다. 10의 1 에바는 광야에서 이스라엘이 만나를 배급받을 때 1인당 하루치 배급량이었습니다. 10분의 2 에바로 만든 떡이라면, 이틀치 만나 양과 같고, 진설병이 12개이니, 총 24일치 만나 양과 맞먹습니다.

상 위에 올려놓을 12개의 떡을 만드는 데에는 총 2.4에바, 약 60리터 정도의 고운 가루가 사용되었습니다. 오늘날 우리가 소비하고 있는 공장에서 정제된 밀가루 60리터가 아니라, 수천 년 전 맷돌로 만들어 낸 고운 가루라고 해도 왜 이렇게 많은 양의 떡을 준비하라고 하셨는지는 조금 뒤에 생각해 볼

것입니다.

면전병

이 떡과 상을 부르는 히브리어를 자세히 살펴봅시다. 출애굽기 25:30에서 "진설병"으로 번역된 히브리어는 '레헴 파님'은 문자적으로 '얼굴의 빵'입니다. 30절의 "내 앞에"의 히브리어도 문자적인 뜻으로는 '내 얼굴에'입니다. 히브리어 '파님'은 '앞'(front)과 '얼굴'(face)을 모두 뜻하기 때문입니다.

그래서 30절의 "진설병을…내 앞에"를 문자적으로 번역하면 '얼굴의 빵을 내 얼굴에'입니다. '얼굴에 있는, 그래서 내 앞에 있는 얼굴의 빵'을 한자로 표현하면 어떻게 될까요?

면전(面前)병이 되겠죠?

진설병은 '면전병'인 것을 기억하시기 바랍니다.

왜 얼굴의 빵일까요?

누구의 얼굴일까요?

'빵의 얼굴, 즉 윗면이 보여야 했기 때문이다'라는 이상한 주장도 있습니다. 답은 이미 30절 안에 있습니다.

"항상 내 앞에 있게 할찌니라."

하나님이 좌정해 계시는 지성소 앞 성소에 놓여 있는 빵이기에 하나님의 얼굴 앞에 놓여 있는 빵, 면전병이라고 불렀던 것입니다.

면전병이 놓여 있는 상에 대해서도 민수기 4:7의 히브리어를 주목해야 합니다. 우리말 성경은 "진설병의 상"이라고 번역했지만, 히브리어는 '슐한 하파님'입니다. 출애굽기 25:30의 '하슐한 레헴 파님,' 즉 "진설병 상"을 줄인 표현인데, '슐한 하파님'을 문자 그대로 번역해 보면, '얼굴의 상'입니다.

이제 우리는 얼굴이 앞을 뜻한다는 것을 알고 있습니다. 얼굴의 상을 한자로 표현하면, 역시 면전상이 됩니다. 진설병이 면전병이듯, 진설병의 상도

면전상입니다. 하나님이 좌정해계시는 지성소 앞 성소 안에 놓여 있기 때문입니다.

진열하는 방법

레위기 24:6부터 진열하는 방법이 소개됩니다. 떡을 "두 줄로 한 줄에 여섯씩 진설"하라고 명령합니다. 이 명령이 '12개의 큰 떡을 6개씩 2줄로 옆으로 쭉 나열하라'는 명령이라면, 그렇게 진열할 수 있는 상이 되려면 얼마나 커야 하겠습니까?

그런데 오늘 본문에 나와 있는 상의 길이는 1m가 되지 않습니다. 이 작은 상에 떡 12개를 놓은 방법은 무엇일까요?

옆으로 펼치는 것이 아니라 위로 쌓아올리는 방법이 있겠죠?

그래서 6개씩 쌓아올려 6켜로, 2개 진설했다고 봅니다.

레위기 24:7에는 "너는 또 정결한 유향을 그 각 줄 위에 두어라"고 명령합니다. 유향을 담아서 떡 위에 올려놓으라는 말입니다.

그럼 유향을 담을 그릇같은 것이 필요하겠죠?

출애굽기 25:29에 의하면, "대접과 숟가락과 병과 붓는 잔"도 있었습니다. 이 떡상 위에 올려놓는 도구들 중에 숟가락이 있습니다.

숟가락이 필요없을 텐데, 왜 숟가락으로 번역했을까요?

그래서 영어성경은 다 접시로 번역해 놓았습니다.

이런 도구들이 왜 필요했을까요?

곧 말씀드리겠습니다.

보존과 처리

레위기 24:7 하반절부터는 떡의 보존과 처리 방법에 관한 말씀입니다. 매 안식일마다 떡상 위에는 새 떡을 진열해 놓아야 했습니다.

안식일 전날 떡을 구웠겠죠?

그럼 구운 지 일주일 된 딱딱한 떡을 처리해야 합니다. 레위기 24:9은 이 떡을 화제(火祭)라고 부르는데, 그럼 번제단에서 불로 태워야 하는데도, 불에 태우지 않고, 제사장들이 떡을 먹게 했습니다.

결국 출애굽기 25:29의 "대접과 접시(숟가락)와 병과 붓는 잔"이 있었던 이유는 제사장들이 먹는 데 필요했기 때문입니다. 그래서 이 도구들은 모두 히브리어로 복수인데, 이는 최소한 2개 이상이었음을 의미합니다. 대접은 떡을 올려두는 데 필요했고, 접시(숟가락)는 유향을 담는 데 필요했고, 병은 딱딱한 떡과 함께 먹을 포도주를 넣어 두는 데 필요했고, 잔은 포도주를 마실 때 필요했습니다. 제사장들은 술취한 채로 성막에서 봉사할 수 없었음에도 진설병을 먹을 때에는 포도주를 마셨습니다.

2가지 오해

마지막으로 레위기 24:7은 이 진설병이 "기념물"이며, 24:8은 또한 "이스라엘 자손을 위한 것이요 영원한 언약이니라"고 규정합니다.

왜 "기념물"과 "영원한 언약"이라고 특별하게 규정했을까요?

떡과 떡상에 지나지 않는 기구가 다른 기구들보다 특별한 취급을 받았던 것도 이렇게 특별하게 명명되었기 때문입니다.

면전병과 면전상에 관해 알 수 있는 정보들을 다 취합해 본 우리는 이제부터는 이 특별한 의미를 알기 위해서 먼저 진설병에 대해 쉽게 가질 수 있는 오해들을 제거해야 합니다.

첫째, 고대 근동 사람들은 자신이 섬기는 신들에게 매일 떡과 음료를 바치곤 했는데, 진설병이 이와 같은 것, 즉 '이 떡과 상은 이스라엘 백성들이 하나님이 먹을 수 있도록 드린 것이다'는 오해입니다. 레위기 24:8은 "이스라엘 자손을 위한 것이요 영원한 언약"이라고 그 의미를 못박고 있습니다. 진설병은 하나님을 위한 것이 아니었습니다. 하나님은 인간이 바치는 떡에 의지하여 연명하시는 분이 아닙니다. 떡은 이스라엘 자손을 위한 것입니다.

둘째, 진설병과 상은 하나님께서 이스라엘에게 먹을 것을 공급하시는 분이심을 의미한다는 오해입니다. 이런 해석은 사실 자연스럽고 그럴듯합니다. 저도 처음에 그렇게 생각했습니다. 떡의 개수가 12개, 떡의 엄청난 양이 그 근거 같아 보입니다. 물론 하나님이 이스라엘 열두 지파에게 먹을 것을 공급하시는 분이신 것은 틀림없는 사실입니다.

그런데 하나님은 우리에게 먹을 것을 공급하시는 분이시다는 뜻을 담은 상징물이 이미 출애굽기 16장에서 지정되어 있었습니다.

> 모세가 아론에게 이르되 항아리를 가져다가 그 속에 만나 한 오멜을 담아 여호와 앞에 두어 너희 대대로 간수하라 (출 16:33).

처음으로 만나와 메추라기를 주신 다음에 먹거리를 주신 하나님을 기억하기 위해, 만나가 담긴 항아리를 여호와 앞에 두어야 했습니다. 그래서 히브리서 9:4에서는 만나가 담긴 금항아리가 언약궤 안에 보관되었다고도 말합니다. 먹거리를 공급하시는 하나님을 보여주는 상징물은 만나가 더 적합합니다. 앞으로 40년 동안 하나님은 만나를 공급하실 것이기 때문입니다.

기념물과 영원한 언약

이제 레위기 24:7, 8이 진설병, 면전병을 "기념물"과 "언약"으로 규정한 까닭을 알아봅시다. 분명히 이 떡은 언약 사건을 기념하는 언약의 표징입니다. 그 언약은 당연히 시내 산 언약입니다. 그런데 흥미롭게도 출애굽기 24장에서 시내 산 언약 체결 시 이스라엘은 하나님의 얼굴 앞에서 떡을 먹은 역사가 있었습니다.

모세와 아론과 나답과 아비후와 이스라엘 장로 칠십 인이 올라가서 이스라엘의 하나님을 보니 그의 발 아래에는 청옥을 편 듯하고 하늘 같이 청명하더라 하나님이 이스라엘 자손들의 존귀한 자들에게 손을 대지 아니하셨고 그들은 하나님을 뵙고 먹고 마셨더라(출 24:9-11).

결국 이 면전병을 위한 상은 모세와 70인의 장로들이 시내 산 중턱에서 하나님과 언약을 체결한 것을 기념하기 위해 만찬을 나눈 것을 기념하는 것입니다. 그러면 떡상 위에 진열된 떡이 왜 그렇게 많은지 이해됩니다. 이 떡상은 70명 이상이 참석한 잔치를 기념하는 상이기 때문입니다. 떡의 양을 딱 보면, "아, 이 떡상은 하나님과 이스라엘의 대표 70명이 잔치를 나눈 상이구나!" 하고 실감할 수 있는 양이었던 것입니다.

회식을 기억하시는 하나님

떡은 친밀한 교제의 상징입니다. 오늘날 먹을 것이 너무 흔해서 심지어 건강을 위해서 식사량을 줄이기까지 합니다. 하지만 고대에는 식사 자체가 귀한 이벤트였습니다. 밥을 같이 먹는 사람을 한자로 쓰면 식구(食口)입니다. 어느 문화에서나 같이 밥을 먹는 것은 친밀한 교제를 상징합니다. 야곱과 라반도 화해의 언약을 체결하고서 즉시 같이 식사를 즐겼습니다(창 31:46).

유독 떡이 기념물이 되고 언약이 된 것도 이 떡이 친밀한 교제를 상징하기 때문입니다. 하나님이 이스라엘과 나누길 원하셨던 교제는 식구 같은 교제였습니다. 하나님은 출애굽기 24장의 시내 산 만찬을 잊고 싶지 않으셨습니다. 또한 하나님은 이스라엘에게 하나님과 함께 먹고 마셨던 사건을 잊지 않게 하셨습니다. 이스라엘은 하나님과 같이 밥먹는 사람들, 하나님의 식구가 되었다는 것을 기억하고 살아야 합니다.

그래서 면전병과 면전상

진설병과 그 상이 지닌 이런 언약적 상징 역할을 알게 되면, 왜 하필 떡상이 성막 안에 놓여 있는지 이해할 수 있습니다. 그 이유는 하나님께서 이 떡상 앞에 임재해 계심을 보여주기 위함입니다. 식구처럼 식사를 즐기려면, 하나님도 떡상 앞에 임재해 계셔야 합니다. 이스라엘과 떡상을 나누기 위한 것도 하나님이 임재하신 목적들 중의 하나입니다.

성막은 회막입니다. 회막은 하나님과 그 백성이 만나서 사귀는 곳입니다. 회막 안의 떡상이야말로 하나님과 이스라엘이 떡을 떼는 교제를 누리는 언약적인 관계임을 보여주고 있습니다. 이 떡상의 교제는 사실상 하나님과 이스라엘이 공통으로 추구하는 공통 목표입니다.

안식일과 면전병

또 우리가 주목할 것은 이 떡이 안식일마다 교체되었다는 점입니다. 진설병이 안식일마다 새 것으로 교체된 이유는 단지 미관상 혹은 위생상의 이유만은 아닙니다. 지성소 앞의 떡상은 안식일과 깊은 연관이 있기 때문입니다. 진설병이 "언약"이었듯이, 의미심장하게도, 진설병을 교체하는 안식일도 "언약"입니다.

> 이같이 이스라엘 자손이 안식일을 지켜서 그것으로 대대로 영원한 언약을 삼을 것이니 이는 나와 이스라엘 자손 사이에 영원한 표징이며(출 31:16-17).

안식일이 하나님과 이스라엘이 언약을 맺은 관계임을 상징하는 표시이듯, 진설병도 마찬가지입니다. 면전병이 안식일마다 교체되는 것은 둘 다 "언약"

으로서 면전병과 안식일 간의 관계를 강화시킵니다.[1]

안식일을 처음으로 언급한 창세기 2장을 상기해 보십시오.

> 하나님이 그 일곱째 날을 복되게 하사 거룩하게 하셨으니 이는 하나님이 그 창조하시며 만드시던 모든 일을 마치시고 그 날에 안식하셨음이니라(창 2:3).

하나님은 안식일이라는 시간을 축복하시고 안식하셨습니다.

그럼 안식일이라는 시간이 축복을 받는 것입니까?

아닙니다. 안식일이라는 시간을 구별하고 지키는 백성이 하나님의 안식에 참여하여 복을 받는 것입니다.

안식일은 회식일

안식일을 아무것도 안하고 쉬는 날로만 생각해서는 안 됩니다. 안식은 하나님의 안식에 우리가 참여하여 누리는 것인데, 그 핵심은 교제입니다. 하나님과의 사귐이 진정한 안식입니다. 하나님은 일찍부터 이 사귐을 드라마처럼 보여주셨는데, 그것이 바로 시내 산 중턱에서 이스라엘의 대표 70인과 먹고 마시는 잔치로 보여주셨습니다.

안식일에 떡을 교체하게 하신 이유는, 시내 산에서의 회식을 안식일마다 재현하기 위함입니다. 이렇게 해서 하나님과 이스라엘이 떡을 나누는 교제는 일주일 단위로 갱신되면서 또한 끊이지 않고 지속됩니다. 안식일에 누려야 할 진정한 안식의 겉모습이 무엇인지 안식일에 교체되는 진설병이 잘 보여주고 있습니다. 안식일은 하나님과 떡을 나누고 즐기는 날이었던 것입니다.

신약의 안식일인 주일도 마찬가지입니다. 주일은 쉬는 날이 아닙니다. 하

---

[1] 기동연, 『성전과 제사에서 그리스도를 만나다』, pp. 145-146.

나님과 떡을 나누는 교제를 위해서라면 무슨 일이라도 해야 하는 날이 주일입니다. 하나님과 사귐이 없이 그저 쉬기만 한다면, 그것은 공휴일일 뿐이지 주일이 아닙니다.

면전병의 아쉬움

마지막으로 우리가 주목할 것은 하나님이 떡상에 앞에 임재하셨지만, 휘장으로 가린 채로 임재하셨다는 사실입니다. 왜냐하면 하나님과 밥 먹는 사이가 되는 데에는 우리 인간이 필히 해결해야 할 것이 있기 때문입니다.

하나님의 백성이 하나님과 떡을 나누는 교제를 누리기 위해 성막으로 들어가면 제일 먼저 만나는 기구가 무엇일까요?

다름 아니라 성막뜰에 설치되어 있는 번제단입니다. 희생제사를 바치는 번제단을 지난 다음에야 성막에 들어와서 떡상을 볼 수가 있습니다.

무슨 뜻인지 여러분들도 눈치채셨죠?

하나님께 죄 사함 받은 사람이 하나님 앞에서 먹을 수 있다는 뜻입니다.

만약에 우리 신앙생활의 목표가 죄 사함받는 것이라면, 번제단이 하나님 앞에 놓여 있어야 합니다. 신자들의 목표도 죄 사함받는 것으로 끝날 것입니다. 그런데 번제단은 성막 뜰에 있어서 사람이 제일 먼저 만나는 기구입니다. 죄 사함받는 것은 제일 먼저 해야 할이며, 제일 기본적인 일입니다. 죄 사함 받은 몸으로 우리는 하나님과 떡을 나누는 교제를 나누어야 합니다. 이것이 우리 인생의 목표입니다.

그런데 구약의 성막 시스템 속에서는 죄 씻음을 받는 사람일지라도 하나님을 직접 볼 수가 없습니다. 하나님이 좌정해 계시는 지성소 앞에는 휘장이 쳐져 있기 때문입니다. 그러니까 이스라엘은 하나님과 함께 떡을 떼지만, 지성소에 좌정해 계시는 하나님을 보지 못한 채 떡을 떼야 합니다. 이것이 바로 우리 인간의 한계입니다. 본성적으로 타락한 인간은 번제단에서 죄 사함을 받았을지라도 하나님을 보면서 먹고 마실 수가 없습니다.

아쉬움 없는 만남

그런데 정작 출애굽기 24장 시내 산에서 하나님과 먹고 마실 때에는 달랐습니다.

> 하나님이 이스라엘 자손들의 존귀한 자들에게 손을 대지 아니하셨고 그들은 하나님을 뵙고 먹고 마셨더라(출 24:11).

죄 많은 인간이 하나님을 뵙고 먹고 마시다니요?
이것은 이 땅에서 있을 수 없는 일입니다.
어떻게 된 일입니까?
"하나님께서 손을 대지 아니하셨"기 때문입니다. 이 말의 뜻은 하나님을 뵈었는데, 사람들이 죽지 않았다는 것입니다. 거룩하신 하나님을 보면 죄 많은 인간들은 그 거룩함을 감당하지 못해 죽을 수밖에 없습니다. 그런데 시내 산에서 하나님은 그들을 손대지 않으셨고, 이스라엘의 대표들은 하나님을 뵙고 먹고 마셨던 것입니다.
왜 이런 일을 허락하셨을까요?
하나님이 우리 인간들과 어떤 교제를 누리기 원하시는지 보여주시기 위함입니다. 하나님을 뵙고 먹고 마시는 교제는 태초의 에덴 동산에서 아담과 화와가 누렸던 교제입니다. 그러나 아담이 범죄하자, 아담은 하나님의 낯을 피하였습니다. 죄 가운데 있게 되면, 하나님의 얼굴을 피하게 됩니다. 하나님의 얼굴을 볼 수가 없습니다.
우리는 '하나님의 구원,' '하나님의 은혜,' 이런 말들을 자주 합니다.
여러분, 하나님의 구원, 하나님의 은혜, 이 모든 단어들이 목표로 하는 바가 무엇입니까?

우리가 하나님을 뵙고 먹고 마실 수 있는 인간이 되는 것임을 믿으시기 바랍니다.

그래서 성소에 있는 떡상은 원래 사람이 하나님을 뵙고 먹고 마실 수 있는 존재였으나, 지금은 하나님을 뵙지 못한 채 먹고 마실 수밖에 없는 존재임을 상기킵니다. 그러나 하나님의 목표는 사람을 회복시키는 것입니다. 하나님을 뵙고 먹고 마실 수 있는 인간으로 회복시키는 것, 이것이 하나님의 구원이요, 은혜입니다.

하나님은 출애굽기 24장의 시내 산에서 그런 일이 있을 수 있다고 확실하게 보여주셨습니다. 이제 휘장을 두고 성소에서 먹고 마시는 이스라엘은 또다시 하나님을 뵙고 먹고 마시는 일이 일어날 것을 소망하면서, 성소에 차려진 떡상에서 떡을 먹었던 것입니다.

생명의 떡이신 예수님

이와 같은 의미를 지닌 면전병이 오늘 저와 여러분들에게 주는 교훈은 무엇입니까?

오늘날 우리는 예수 그리스도 안에서 그리스도와 더불어 먹고 마시는 신령한 교제를 누릴 수 있는 은혜와 권세가 있음을 믿으시기 바랍니다. 우리는 예수님의 십자가 대속으로 성막의 번제단을 지나 성막으로 들어갈 수 있습니다. 우리는 새 성전이신 예수님 안으로 들어갑니다. 오늘날 우리는 성막의 떡을 먹을 필요가 없습니다. 왜냐하면 예수님이 생명의 떡이기 때문입니다.

사람은 먹는 대로 몸이 변합니다. 나쁜 것을 먹으면 몸도 나쁘게 변하고, 좋은 것을 먹으면 좋게 변합니다. 내가 생명의 떡을 먹으면 내가 영적으로 변화될 것을 믿으십시오. 생명의 떡이신 예수님을 먹고 마심으로 예수님을 내 몸의 일부로 받아들여서 내가 예수처럼 변화될 수 있는 은혜와 권세를 누릴 수 있다는 것을 믿으시기 바랍니다.

얼굴 대 얼굴

하나님과 먹고 마시는 은혜와 권세를 잘 누리고 있는 신자들에게도 아직 허락되지 않은 약속이 있습니다. 우리는 아담이 하나님을 보았듯이, 시내 산에서 이스라엘의 대표들이 하나님을 보고 먹고 마셨듯이 그런 교제는 아직 누리지 못하고 있습니다.

그런데 여러분, 고린도전서 13장은 우리가 종말의 때에 그런 교제를 누릴 것을 알려주고 있습니다.

> 우리가 지금은 거울로 보는 것 같이 희미하나 그 때에는 얼굴과 얼굴을 대하여 볼 것이요 지금은 내가 부분적으로 아나 그 때에는 주께서 나를 아신 것 같이 내가 온전히 알리라(고전 13:12).

오늘날 있는 그대로 보이는 거울을 생각하시면 안 됩니다. 2,000년 전의 청동 거울은 희미하게 보여주었습니다. 마지막 때에 성도들과 주님 간의 관계는 얼굴과 얼굴을 볼 수 있는 관계가 될 것임을 믿으시기 바랍니다.

어딜 가도 이 소망을 가지고, 오늘 내가 누릴 수 있는 주님과 더불어 먹고 마시는 교제를 마음껏 누리시는 여러분들이 되시길 바랍니다. 식사 기도 하실 때마다 나는 주님과 항상 먹고 마시는 교제를 누리고 있는가 자문하시고, 새 하늘과 새 땅에서는 주님과 식탁에서 얼굴과 얼굴을 대하고 먹고 마실 것을 소망하시기 바랍니다. 이번 한 주간도 주님과 먹과 마시는 교제를 마음껏 누리시기 바랍니다.

6. 등잔대

출애굽기 25:31-40

오늘날에는 흔히 분위기를 연출할 때 촛불이나 등불을 켜 둡니다. 촛불이나 등불이 연출하는 은은한 분위기는 오늘날의 어떤 조명 기구라도 연출할 수 없기 때문입니다. 거기다가, 촛대나 등이 지닌 복고풍의 운치까지 합쳐지면, 더없는 차분한 분위기를 연출할 수 있습니다. 이런 분위기 때문에 성당이나 불교 사원 같은 데에는, 항상 촛불을 밝혀둡니다. 촛불을 보면서 마음을 차분히 가라앉히고 기도하라는 것입니다.

메노라
그러나 고대의 신전에서 등불은 조명 기구의 역할에 충실했을 것입니다. 성막에서는 등잔대가 유일한 조명 기구입니다. 이것은 정확하게 말하자면 초를 사용하지 않기 때문에 촛대가 아닙니다. 성막의 조명 기구는 기름으로 불을 밝히는 등이기 때문에 '등잔대'라고 불러야 합니다. 히브리어로 '메노라'(Menorah)인데, 영어로 그대로 표기되어서, 메노라는 유대의 상징으로 사용되고 있습니다.

오늘 본문은 등잔대라는 하드웨어를 어떻게 만드는지만 소개하고 있습니다. 등잔대에 관한 소프트웨어적인 정보는 다른 곳에서 있습니다. 여기서 언급되지 않은 정보들 중에 지금 알아두어야 할 것은 등잔대의 위치입니다.

등잔대의 위치는 등잔대가 왜 세 번째로 소개되는지를 잘 설명해 줍니다. 먼저 소개되었던 진설병을 놓은 상은 성소의 북쪽에, 그리고 오늘 소개되는 등잔대가 남쪽에 위치하기 때문입니다(출 26:35). 민수기 8:1-5에는 등잔대의 점등식이 소개되어 있는데, 마주 보고 있는 진설병이 잘 보이도록 불을 밝힐 것을 강조하고 있습니다.

> 출 25:31 너는 순금으로 등잔대를 쳐 만들되 그 밑판과 줄기와 잔과 꽃받침과 꽃을 한 덩이로 연결하고
>
> 출 25:32 가지 여섯을 등잔대 곁에서 나오게 하되 다른 세 가지는 이쪽으로 나오고 다른 세 가지는 저쪽으로 나오게 하며
>
> 출 25:33 이쪽 가지에 살구꽃 형상의 잔 셋과 꽃받침과 꽃이 있게 하고 저쪽 가지에도 살구꽃 형상의 잔 셋과 꽃받침과 꽃이 있게 하여 등잔대에서 나온 가지 여섯을 같게 할지며

31절은 등잔대의 중심 줄기에 관한 설계입니다.

등잔대가 쉽게 넘어지면 안되겠죠?

웬만해선 넘어지지 않도록 든든한 밑판이 있어야 합니다. 그리고 불을 놓을 등잔이 줄기 맨 위에 있어야 하는데, 이 등잔이 살구꽃 형상으로 제작되었습니다. 성경에는 사이즈를 밝히지 않고 있습니다. 유대인들은 120cm 높이로 만들었다고 합니다.

32절은 등잔대의 중심 줄기에서 왼쪽, 오른쪽으로 각각 세 개씩 줄기가 뻗혀 나가게 해서, 전체적으로 1개의 줄기와 6개의 가지를 가진 살구나무를 흉내내도록 설계되었습니다. 33절은 6개의 가지의 생김새도 중심가지와 똑같이 만들라는 명령입니다.

출 25:34 등잔대 줄기에는 살구꽃 형상의 잔 넷과 꽃받침과 꽃이 있게 하고
출 25:35 등잔대에서 나온 가지 여섯을 위하여 꽃받침이 있게 하되 두 가지 아래에 한 꽃받침이 있어 줄기와 연결하며 또 두 가지 아래에 한 꽃받침이 있어 줄기와 연결하며 또 두 가지 아래에 한 꽃받침이 있어 줄기와 연결하게 하고

34, 35절은 중심 줄기와 6개의 가지가 어떻게 연결되는지를 설명한 것입니다. 중심 줄기에는 살구꽃 형상의 잔이 4개가 있습니다. 줄기 꼭대기에 1개, 나머지 3개는 중심 줄기에서 좌우로 줄기가 뻗어나간 바로 그 자리에 자리잡았습니다.

출 25:36 그 꽃받침과 가지를 줄기와 연결하여 전부를 순금으로 쳐 만들고
출 25:37 등잔 일곱을 만들어 그 위에 두어 앞을 비추게 하며
출 25:38 그 불 집게와 불 똥 그릇도 순금으로 만들지니
출 25:39 등잔대와 이 모든 기구를 순금 한 달란트로 만들되
출 25:40 너는 삼가 이 산에서 네게 보인 양식대로 할지니라

36절부터 재료와 제작 원칙에 관한 말씀입니다. 여러 조각의 금 덩어리에서 등잔대의 일부분을 만들어 붙여 만드는 것이 아니라, 한 덩어리에서 섬세한 기술을 발휘하여, 붙이는 과정 없이 만들어야 합니다. 순금 한 달란트, 약 34kg의 순금으로 등잔대, 불집게, 불똥 그릇, 3종 세트를 만들어야 했습니다. 불집게는 심지 때문에 필요한 도구이고, 불똥 그릇은 태우고 남은 심지와 불똥을 치우는 데 필요한 도구일 것입니다. 40절에 의하면, 하나님은 이 모든 기구들이 완성된 형상을 모세에게 보여주신 것 같습니다.

등잔대의 상징

등잔대는 실용적인 목적을 가진 기구이면서도 또한 상징성을 지니고 있습니다. 그렇다면 등잔대와 등불이 각각 상징하는 바가 있을 것입니다.

먼저 등잔대는 무엇을 상징하는지 알아보겠습니다. 누구라도 이 등잔대가 살구나무 형상이었다는 것을 주목하기 마련입니다. 어떤 학자는 살구꽃에 주목하여서, 민수기 17:8의 '살구꽃이 핀 아론의 지팡이'와 연결시키기도 합니다. 우리말 성경이 살구로 번역한 나무는 실은 아몬드나무이며, 그래서 공동 번역은 우리말로 "감복숭아"로 번역했습니다.

아몬드가 아니라 나무

아몬드나무의 히브리어 '샤케드'는 '깨어나다'란 뜻이 있습니다. 아몬드나무는 중동에서 겨울에서 제일 먼저 깨어나 봄꽃을 피우기 때문에 '깨어난 나무'가 되었습니다. 그래서 혹자는 아몬드꽃은 새 언약시대나 심지어 부활을 예표한다고 해석하기까지 합니다. 그러나 이런 해석은 시대착오적인 해석인 것 같습니다. 성막의 의미는 일차적으로는 출애굽 세대에게 던져주는 의미를 먼저 찾아야 하고, 그런 다음에 오늘날 우리 세대에게 던져주는 의미를 찾아보아야 합니다.

만약 등잔대가 왜 하필 아몬드나무 형상이었는지 해답을 찾아본다면, 등잔대가 만들어져야 할 형상과 가장 비슷하면서도, 고대 이스라엘 사람들이 쉽게 볼 수 있는 나무이기 때문인 것 같습니다. 지금이야 아몬드나무가 전세계적으로 퍼져있지만, 원산지는 이스라엘, 시리아, 터키입니다.

그렇다면 우리는 등잔대가 왜 아몬드인가를 세밀하게 상상하기 보다는, 왜 나무인가에 관심을 가지는 것이 좋을 것 같습니다. 그래서 우리는 성전을 지은 이스라엘 백성들이 하나님과 관련된 나무 이야기로 쉽게 떠올릴 수 있는 것을 추측해 보면, 두말할 것도 없이 에덴 동산의 생명나무 이야기임을 결정할 수 있습니다.

에덴 동산의 나무

하나님은 에덴 동산을 왜 만드셨습니까?

에덴 동산은 인간과 하나님이 만나시는 장소입니다. 그렇다면 에덴 동산은 회막 같은 역할을 하고 있는 셈입니다. 에덴 동산 가운데에는 허락된 생명나무와 금지된 선악을 알게 하는 나무가 있었습니다(창 2:8-9). 사람의 타락은 금지된 선악과마저 먹어버린 일이었습니다. 그 결과는 회막 같은 에덴 동산을 폐쇄하는 것입니다.

> 이같이 하나님이 그 사람을 쫓아내시고 에덴 동산 동쪽에 그룹들과 두루 도는 불 칼을 두어 생명나무의 길을 지키게 하시니라(창 3:24).

허락되었던 생명나무의 길이 막혔던 것입니다. 폐쇄되어 잃어버린 에덴 동산의 상징이 바로 금지된 생명나무였습니다.

이제 하나님께서 두 번째 만남의 장소를 마련하시려고 합니다. 하나님은 첫 번째 만남의 장소를 추억하며 두 번째 장소를 지으십니다. 등잔대가 나무 형상인 이유는 성막 건축의 테마가 에덴 동산이기 때문입니다. 그래서 아담이 동쪽 출입구로 생명나무의 길을 따라 생명나무에 이를 수 있었듯이, 성막에서도 동쪽 출입구로 들어와서 성소 안으로 들어오면 완전하고 충만을 상징하는 7개 줄기로 이루어진 나무 형상의 등잔대에 이르게 되는 것입니다.

또 다른 나무 이야기

그런데 창세기는 에덴 동산과 성막 사이 기간에 흥미로운 나무 이야기를 들려주십니다. 그런 성경 구절들을 읽어보겠습니다.

> 이에 아브람이 장막을 옮겨 헤브론에 있는 마므레 상수리 수풀에 이르러 거주하며 거기서 여호와를 위하여 제단을 쌓았더라(창 13:18).

> 여호와께서 마므레의 상수리나무들이 있는 곳에서 아브라함에게 나타나시니라(창 18:1).

> 아브라함은 브엘세바에 에셀 나무를 심고 거기서 영원하신 여호와의 이름을 불렀으며(창 21:33).

흥미롭게도 아브라함은 나무가 있는 곳에 제단을 쌓았습니다. 단지 아브라함이 그늘이 있는 곳에 제단을 쌓았다고 판단하고 지나칠 일이 아닙니다. 창세기 18:1의 경우는 대단히 의미심장합니다. 마치 나무들이 우거진 동산에 있는 아담에게 나타나셨듯이, 하나님은 나무들이 있는 곳에서 아브라함에게 나타나셨습니다.

창세기 21:33에서 아브라함은 또 의미심장한 행동을 합니다. 하나님께 예배하려는데, 나무가 없는 곳이었습니다. 그래서 아브라함은 일부러 나무를 심었습니다. 마치 나무가 없는 곳에서는 하나님께 예배드릴 수 없다는 듯이 말입니다. 아브라함의 예배 이야기에서 나무가 꼭 등장하는 것은 나무가 풍성했던 에덴 동산의 아담을 추억하는 상징적인 행동 같습니다.

우리는 하나님께서 아브라함에게 주신 약속들을 잘 알고 있습니다. 그러면 그 약속들을 모아서, 창세기 1:28에서 아담에게 하신 명령과 비교해 보십시오. 사실상 반복되고 있음을 알 수 있습니다. 아담의 후손인 아브라함은 아담처럼 살고 있는 것 같습니다.

등잔대의 불빛

이제는 등잔대에 있는 등불이 무엇을 상징하는지 알아봅시다. 성막이 세계의 축소판이라면, 등잔대의 등불 일곱 개는 황도대의 7행성을 상징합니다. 또한 성막은 세상의 축소판일 뿐 아니라 에덴 동산의 재현물이기도 합니다. 등잔대가 에덴 동산의 생명나무를 상징한다면, 등잔대의 등불도 에덴 동산의 무엇을 상징할 수가 있습니다.

그전에 등잔대의 등불에 관해서 대다수의 성막에 관한 강의, 강해, 신학책은 성령과 연결시키는 것을 주목하지 않을 수 없습니다. 등불이 어떻게 성령과 연결되었는지를 추적해 보았습니다. 제일 먼저 광야 생활에 관한 이사야 선지자의 해석을 주목해야 합니다.

> 백성이 옛적 모세의 때를 기억하여 이르되 백성과 양 떼의 목자를 바다에서 올라오게 하신 이가 이제 어디 계시냐 그들 가운데에 성령을 두신 이가 이제 어디 계시냐(사 63:11).

이 구절은 광야의 불기둥이 성령이라고 말씀한 첫 번째 구절로 등잔대의 등불을 성령과 연결시킬 수 있는 근거 구절입니다. 그리고 스가랴 4장은 등잔대가 성령임을 기정사실화해버리고, 요한계시록에서도 스가랴 4장에 근거해서 등잔대(촛대)와 성령을 하나로 묶습니다.

그러나 문제는 성막을 지은 이스라엘 백성들에게는 이런 계시가 없었다는 것입니다. 등잔대가 성령을 의미한다는 계시는 선지자 시대에 주어진 것입니다. 이미 말씀드렸다시피, 성막의 상징성은 일차적으로 성막을 짓고 있는 이스라엘 세대를 위한 것이어야 합니다. 오늘날 모든 시대의 계시를 다 알고 있는 우리들은 등불을 성령으로 해석할 수 있지만, 성막을 지은 이스라엘 백성들에게 불은 성령 하나님이 아니라 여호와 하나님을 상징할 수밖에 없습니다.

얼굴 빛을 비추사

유대인들은 등잔대의 등불을 어떻게 이해했을까요?

흥미롭게도 유대인들은 시편 67편의 히브리어 구절들을 나눠서 등잔대와 똑같은 모양으로 만듭니다.[1] 등잔대를 성경 구절들로 그린 셈이죠.

이 시편은 우리에게 가스펠 송의 가사로도 잘 알려져 있습니다.

> 하나님은 우리에게 은혜를 베푸사 복을 주시고 그의 얼굴 빛을 우리에게 비추사(시 67:1).

하나님이 그 얼굴 빛을 이스라엘에게 비추시길 바라는 찬송입니다. 이것은 이미 민수기 6:24-27에 있는 대제사장의 축복기도가 기원하는 바죠.

왜 등잔대를 시편 67편으로 그렸을까요?

유대인들이 시편 67편을 등잔대 모양으로 만든 것은, 등잔대의 등불이 하나님의 얼굴 빛과 같다고 이해한 것입니다. 유대인들도 등잔대의 등불을 하나님을 상징하는 것으로 해석했던 것입니다.

불 같은 하나님

출애굽 한 이스라엘이 지금까지 체험한 하나님은 불의 하나님이셨습니다. 출애굽기 19:18을 보면, 하나님은 이스라엘과 언약을 체결하시기 위해 시내 산에 강림하실 때 불 가운데서 강림하셨습니다. 출애굽기 24:17에 의하면, 모세가 지금 십계명과 성막 설계도를 받기 위해 시내 산에서 40일을 머무르고 있을 때, 산 아래에 있는 이스라엘 백성들이 시내 산을 바라보니 "산 위의 여호와의 영광이 이스라엘 자손의 눈에 맹렬한 불 같이 보였"습니다.

---

1   기동연, 『성전과 제사에서 그리스도를 만나다』, p. 123.

우리는 이미 등잔대가 에덴 동산의 생명나무를 상징한다고 믿고 있습니다. 그럼 등불이 상징하는 것을 찾기 위해 우리는 에덴 동산에서 불 같은 하나님을 찾아야 합니다. 당연히 찾을 수 있습니다.

창세기 3장에서 에덴의 생명나무의 길 출입구를 막으실 때에도 그룹 외에도 하나님의 불칼이 있었지 않습니까?

나무 형상의 등잔대가 생명나무를 상징한다면, 등잔불은 생명나무의 길로 가는 출입구를 막으신 하나님의 불입니다. 불은 유용하면서도 위험합니다. 불은 생활에 유용하여 곁에 두고 싶은 것이지만, 또한 너무 가까이 접근하면 죽음을 당할 수 있습니다. 하나님이 불과 같은 분이셨습니다.

등잔대는 에덴 동산의 불 같은 하나님을 떠올리게 합니다. 사람이 생명나무에 접근할 수도 없고, 하나님의 얼굴 빛을 볼 수 없어, 하나님을 불로만 볼 수밖에 없는 현실을 보여주고 있습니다.

얼굴 보기

출애굽기 33장에서 모세는 하나님의 얼굴을 보길 원했습니다. 그랬더니 하나님은 "네가 내 얼굴을 보지 못하리니 나를 보고 살 자가 없음이니라"고 허락하지 않으셨지만, 대신에 등을 보여주셨습니다(출 33:20-23).

저주를 받은 인생이 하나님의 광채를 육안으로 볼 수가 없었던 것입니다. 하나님의 광채를 육안으로 볼 수 없는 이 현실이 바로 우리 인간이 처한 영적 현실이었습니다. 하나님의 등을 본 것만으로도 모세의 얼굴에서는 빛이 났고, 이스라엘은 그 빛 보기를 두려워했습니다. 그래서 모세의 얼굴은 수건으로 가려져야 했습니다. 그처럼 이스라엘은 성막에서 휘장으로 가려진 하나님을 만났고, 하나님의 얼굴 빛을 상징하는 7개의 등불로 하나님을 체험하고 있었던 것입니다.

이것은 비정상적인 관계입니다. 원래 사람은 하나님을 이렇게 만나는 관계가 아니었습니다. 원래 인간은 하나님을 두려움 없이, 장애 없이, 육안으로 하나님을 보면서 교제를 누리는 사이였습니다. 그래서 대제사장은 하나님께서 이스라엘을 이렇게 축복해 달라고 기도했습니다.

> 여호와는 그의 얼굴을 네게 비추사 은혜 베푸시기를 원하며 여호와는 그 얼굴을 네게로 향하여 드사 평강 주시기를 원하노라(민 6:25-26).

지금은 여호와의 얼굴 광채를 볼 수 없는 상태이지만, 그의 얼굴을 네게 비추고, 그 얼굴을 네게로 향하여 드시기를 원한다고 합니다.

이게 왜 축복기도입니까?

지금은 저주를 받아서 하나님의 얼굴 광채를 감당할 수가 없습니다. 두려운 일이며 죽을 일입니다. 그런데 저주가 없어지면, 우리는 하나님의 얼굴을 볼 수 있게 된다는 것입니다. 하나님의 얼굴 광채를 보아도 두려운 일이 아닙니다. 죽을 일이 없습니다. 이것이 인간이 누릴 영적인 생명이며 복임을 믿으시기 바랍니다.

이스라엘은 나무 형상의 등잔대 위에 일곱 등불을 보면서 빛 되신 하나님을 보면서 생명을 누리는 복을 갈구할 수 있었습니다. 빛이신 하나님을 보고도 두렵지 않고, 죽지도 않는, 그 영생을 누리는 때를 갈구할 수 있었던 것입니다.

마지막 생명나무와 마지막 등불

여러분, 놀랍게도 생명나무와 등불이 등장하는 마지막 성경 본문이 어디일까요?

마지막 성경 본문이라는 질문 자체에 해답이 있습니다. 놀랍게도 성경의 마지막 장 요한계시록 22장에 생명나무와 등불이 등장합니다.

(1) 또 그가 수정 같이 맑은 생명수의 강을 내게 보이니 하나님과 및 어린 양의 보좌로부터 나와서 (2) 길 가운데로 흐르더라 강 좌우에 생명나무가 있어 열두 가지 열매를 맺되 달마다 그 열매를 맺고 그 나무 잎사귀들은 만국을 치료하기 위하여 있더라 (3) 다시 저주가 없으며 하나님과 그 어린 양의 보좌가 그 가운데에 있으리니 그의 종들이 그를 섬기며 (4) 그의 얼굴을 볼 터이요 그의 이름도 그들의 이마에 있으리라 (5) 다시 밤이 없겠고 등불과 햇빛이 쓸 데 없으니 이는 주 하나님이 그들에게 비치심이라 그들이 세세토록 왕 노릇 하리로다(계22:1-5).

요한계시록 21, 22장은 최후의 성전에 관한 말씀입니다. 이 본문에서 우리가 간단하게 주목해야 할 점은 하나님과 어린 양의 보좌 앞에 생명수의 강이 있으며, 또한 생명나무가 있다는 점입니다.

최초로 강이 있고 생명나무가 있는 곳은 어디입니까?

에덴 동산입니다. 최후의 성전도 에덴 동산을 테마로 하고 있습니다. 지금 성막에서는 타락한 인간에게 저주가 내려졌습니다. 그래서 성막의 지성소에 하나님의 보좌가 있지만, 휘장이 가로막고 있어서 모세와 대제사장 외에는 아무도 들어갈 수 없었습니다.

그런데 요한계시록 22:3에 따르면, 최후의 성전에는 저주가 없으며 하나님과 그 어린 양의 보좌가 그 가운데 있는데도 휘장이 없고 그의 종들이 마음 놓고 하나님을 섬기고 있습니다.

더군다나 4절 상반절에서 "그의 얼굴," 즉 하나님의 얼굴을 볼 수 있습니다. 당연하죠. 저주가 없으니, 휘장도 없으니 하나님의 얼굴을 볼 수 있게 된 것입니다.

5절 상반절은 등불을 언급하는데, 그런데 등불이 "쓸 데 없다"고 말합니다. 성막에서는 등불이 필요했기에 등잔대가 있어야 했습니다. 그러나 최후의 성전에는 등불이 필요없으니 등잔대가 필요없을 것입니다. 주 하나님이 빛을 비추어 주시기 때문입니다. 하나님은 그 얼굴 빛을 우리에게 비추어 주시고, 저주가 없는 우리들은 그 얼굴을 마음껏 볼 것입니다.

이런 소망을 가지시기 바랍니다. 주님께서는 우리들에게도 "빛의 자녀"라고 하셨습니다. 모세의 얼굴에서 광채가 났듯이, 우리도 하나님의 빛을 발하는 빛의 자녀로 살아야 합니다. 하지만 우리가 연약하여서, 우리의 빛은 등불같이 미약할 뿐입니다.

하지만 우리의 소망이 이루어지는 그 날이 되면, 우리도 온전한 빛의 자녀가 될 것을 믿으시기 바랍니다. 요한계시록은 우리가 변화될 것을 상징적으로 표현하기를 '흰 옷을 입을 것'이라고 했습니다. 우리의 모든 저주와 더러움을 어린 양의 피로 씻음받고, 우리도 주의 빛나는 얼굴을 보기에 합당한 순결한 존재가 될 것을 믿으시기 바랍니다. 이런 소망이 가득 찬 한 주를 살아가시는 여러분들이 되시길 바랍니다.

제4부 회막

7. 성막 덮개

8. 널판과 휘장

7. 성막 덮개

출애굽기 26:1-14

성막은 쉽게 말하면 텐트입니다. 19세기 말, 20세기 초의 독일의 자유주의 신학자(벨하우젠)에 의해 한때 '성막은 존재하지 않은 픽션이다, 허구다'라는 주장이 인기를 누렸지만, 지금은 그런 주장 자체가 픽션 취급받고 있습니다. 성막은 단지 하나님이 임재하시는 텐트뿐만이 아니라 넓은 의미에서 성막 외부에 있는 뜰과 기구 그리고 울타리까지 다 포함합니다. 그러니까 좁은 의미에서는 텐트 하나만 성막이라고도 하고, 넓은 의미에서는 울타리 안에 있는 모든 기구들을 성막이라고도 합니다.

성막 속의 회막

출애굽기 27:21을 보면, 회막(미팅 텐트)이라는 명칭이 나옵니다. 회막은 울타리 안에 있는 모든 성막 기구들 중에서 텐트만 구별하여 부를 때 사용하는 명칭입니다. 출애굽기 25장은 이 회막 안에 자리잡을 기구들을 먼저 소개했습니다. 출애굽기 26장은 회막이라고도 부르는 텐트 자체만 주목합니다.

오늘날 레저 용품이 얼마나 좋습니까?

'어떻게 하면 통풍성과 방수성, 보온성이 좋게 할까?'

이런 목표를 달성하기 위해 첨단 소재로 텐트를 만듭니다. 그런 천이 사용되었다는 각종 마크가 인쇄된 택이 제품에 두세 개씩 달려 있고, 이런 택이 많을수록 가격도 비쌉니다.

그러나 우리가 주목하고 있는 텐트는 최소한 3,000년 전의 텐트입니다. 그 때의 텐트는 거의 천과 뼈대가 전부입니다. 텐트의 천과 뼈대를 만들기 위해 사용되는 소재는 당시에는 천연 재료로 만든 천과 나무가 전부였습니다.

고대인들이 텐트를 치는 과정을 상상해 보십시오.

먼저 무엇부터 해야겠습니까?

뼈대부터 세워야겠죠?

그런 다음, 전후좌우에 천을 둘러서 내실 공간을 만듭니다.

뼈대 사방을 천으로 둘렀다고 해서 내실이 완성된 것입니까?

아직 뚫려 있는 곳이 있습니다. 위, 천장이 아직 없습니다. 덮개로 덮어야 텐트가 완성됩니다. 회막이라고도 불리는 하나님의 텐트도 마찬가지입니다. 특이한 점은 26장은 성막 자체만을 소개하면서 제일 먼저 덮개부터 소개한다는 것입니다. 그럴 이유가 덮개의 상징성 속에 있습니다.

출 26:1 너는 성막을 만들되 가늘게 꼰 베 실과 청색 자색 홍색 실로 그룹을 정교하게 수 놓은 열 폭의 휘장을 만들지니

출 26:2 매 폭의 길이는 스물여덟 규빗, 너비는 네 규빗으로 각 폭의 장단을 같게 하고

우리말 성경은 천장 역할을 하는 덮개를 "휘장"으로 번역했습니다. 우리말 성경은 오늘날 칸막이나 가리개 역할을 하는 천 모두를 "휘장"으로 번역했습니다. 그 결과 천장 역할을 하는 것도, 지성소를 구분하는 것도 다 휘장입니다. 히브리어로는 '예리아,' 영어로는 '커튼'입니다. 1절의 휘장을 가톨릭의 공동번역은 "천막"이라고 번역했습니다. 저는 26장에서 천장 역할을 하는 휘

장을 덮개라고 부르겠습니다.

1절은 덮개의 재료입니다. 사실 우리가 유념해야 할 것은 사이즈가 아니라 재료입니다. 베 실은 흰색이었을 것이며, 이것을 염색하여 푸른색, 보라색, 붉은색 실까지 더해서, 덮개에게는 4가지 색 실이 사용되어 그룹, 즉 천사들을 정교하게 수놓았습니다. 그런 휘장 10폭을 준비합니다. 2절은 덮개용 휘장 한 폭의 규격인데, 복잡하니까 규격은 따지지 맙시다.

> 출 26:3 그 휘장 다섯 폭을 서로 연결하며 다른 다섯 폭도 서로 연결하고

3절부터는 10폭의 휘장을 5개씩 묶어서 연결합니다. 5개씩 연결해서 덮개 절반 크기의 휘장 2개를 만들라는 것입니다. 3절에 "서로"로 번역된 히브리어(이샤 엘-아호타흐)를 문자적으로 번역하면 '여자가 그녀의 자매에게'입니다. 2개의 절반 크기 휘장은 모양과 크기가 똑같으니까 자매라고 불렀던 것입니다. 5, 6, 7절의 "서로"도 마찬가지입니다.

> 출 26:4 그 휘장을 이을 끝폭 가에 청색 고를 만들며 이어질 다른 끝폭 가에도 그와 같이 하고
> 출 26:5 휘장 끝폭 가에 고 쉰 개를 달며 다른 휘장 끝폭 가에도 고 쉰 개를 달고 그 고들을 서로 마주 보게 하고
> 출 26:6 금 갈고리 쉰 개를 만들고 그 갈고리로 휘장을 연결하여 한 성막을 이룰지며

4절부터는 자매 휘장 2개를 어떻게 연결할지를 설명합니다. 우리말 성경은 "고"를 만들라고 번역했습니다. 고리를 뜻합니다. 5절에 의하면, 각각 50개의 고리를 만듭니다. 자매 휘장 2개를 연결하기 위함이겠죠. 6절을 보시면,

금 갈고리 50개를 만들어서 양쪽의 고리들을 연결하게 했습니다. 이리하여 10폭의 휘장 한 개가 완성되었습니다. 작은 휘장들을 연결해서 큰 것 하나를 만들게 한 것은 제작과 설치 작업의 수월성을 고려한 것입니다. 이렇게 완성된 덮개의 가로세로 사이즈는 18m x 12.6m입니다.

> 출 26:7 그 성막을 덮는 막 곧 휘장을 염소 털로 만들되 열한 폭을 만들지며
> 출 26:8 각 폭의 길이는 서른 규빗, 너비는 네 규빗으로 열한 폭의 길이를 같게 하고

그런데 성막의 덮개는 한 개가 아닙니다. 6절까지의 덮개가 1차 덮개라면, 7절부터는 1차 덮개 위를 덮을 2차 덮개를 어떻게 제작할지 설명합니다. 차이점들이 몇 가지 있습니다.

첫째, 재료입니다. 2차 덮개는 좀 더 거친 염소 털로 만듭니다. 당시 유목민들이 쉽게 사용하는 실을 만드는 재료가 염소 털이었고, 염색은 하지 않았습니다.

둘째, 사이즈입니다. 8절에 의하면 2차 덮개에는 열한 폭이 필요하며, 한 폭의 길이도 1차 덮개가 28규빗인데 2차 덮개는 30규빗으로 2규빗 더 깁니다. 그리하여 완성된 2차 덮개의 가로세로 사이즈는 19.8m x 13.5m에 달합니다.

> 출 26:9 그 휘장 다섯 폭을 서로 연결하며 또 여섯 폭을 서로 연결하고 그 여섯째 폭 절반은 성막 전면에 접어 드리우고
> 출 26:10 휘장을 이을 끝폭 가에 고 쉰 개를 달며 다른 이을 끝폭 가에도 고 쉰 개를 달고
> 출 26:11 놋 갈고리 쉰 개를 만들고 그 갈고리로 그 고를 꿰어 연결하여 한 막이 되게 하고

> 출 26:12 그 막 곧 휘장의 그 나머지 반 폭은 성막 뒤에 늘어뜨리고
>
> 출 26:13 막 곧 휘장의 길이의 남은 것은 이쪽에 한 규빗, 저쪽에 한 규빗씩 성막 좌우 양쪽에 덮어 늘어뜨리고

9절부터는 2차 덮개를 연결시키는 방법인데 1차 때와 유사합니다. 다만 5개, 6개로 나눠서 연결하고, 50개의 고리를 연결할 갈고리가 놋으로 만들어졌다는 것이 다릅니다. 9절과 12절에 의하면 1차 덮개보다 더 넓었던 한 폭, 즉 4규빗을 각각 성막의 동서쪽에 반 폭씩, 즉 2규빗씩 여유 있게 덮게 했는데, 출입문 쪽은 접어 놓으라고 합니다. 13절은 1차 덮개 28규빗보다 더 길어서 남은 2차 덮개의 2규빗을 성막의 남북쪽으로 1규빗씩 늘어뜨리라고 명합니다.

> 출 26:14 붉은 물 들인 숫양의 가죽으로 막의 덮개를 만들고 해달의 가죽으로 그 윗덮개를 만들지니라

그런데 덮개는 2차로 끝나지 않습니다. 14절은 3, 4차 덮개까지 만들라고 하십니다. 3차 덮개는 붉은 물 들인 숫양의 가죽입니다. 일부러 붉은 물을 들이기보다는 숫양의 가죽을 무두질하면 붉은 색이 된다고 합니다. 4차 덮개는 해달 혹은 돌고래 가죽으로 만들라고 하십니다. 규격에 관해서는 언급되지 않았는데, 아마 2차 덮개와 같거나 아니면 조금 더 크게 만들었을 것입니다.

덮개의 실용성

중간 정리해 보면, 천으로 만든 1차 덮개, 염소 털로 만든 2차 덮개, 숫양 가죽으로 만든 3차 덮개, 돌고래 가죽으로 만든 4차 덮개 총 4중 덮개로 텐트를 덮어 내실 공간을 만들었습니다. 이렇게 4중으로 덮개를 만든 이유에 대해서 우리는 그저 실용적인 효과 때문이다고 간단하게 생각할 수 있습니다. 바

깥에 있는 해달 가죽은 방수의 효과가 있으며, 안쪽에 있는 덮개들은 보온의 효과가 있지 않겠느냐 이렇게 쉽게 생각할 수 있습니다.

그러나 실용적인 목적만 생각했다면, 1차 덮개는 불필요했습니다. 염소 털, 양 가죽, 돌고래 가죽의 덮개로도 충분했습니다. 일전에 말씀드렸지만, 3,000년 전에 염색된 실은 보석만큼 비쌉니다. 18m x 12.6m에 달하는 컬러로 된 천 덮개는 아마 그 당시 사회에서는 왕궁에서나 볼 수 있었을 것입니다. 그런데도 컬러로 물들인 천으로 만든 1차 덮개가 필요했던 이유는 장식미 효과 때문일 것으로 생각할 수 있습니다. 여러 가지 색상의 실로 그룹까지 새겨 넣은 천장은 당시에는 대단히 화려한 장식미를 뿜냈을 것입니다.

덮개의 상징성

여기까지는 성막 덮개의 물질적 특성과 실용성을 이해해 보았습니다.

이제 우리는 한 걸음 더 나아가서 덮개의 상징성을 이해해야 합니다. 1차 덮개가 장식미를 고려했다면, 이 장식미에는 신학적인 상징성이 담겨 있습니다. 덮개의 상징성을 바로 이해하려면, 우리는 1차 덮개의 재료와 디자인을 유념해야 합니다.

덮개는 천장입니다. 천장에 그룹, 즉 천사가 수놓여 있습니다. 천장 아래에는 하나님의 보좌를 상징하는 속죄소의 그룹이 놓여 있습니다. 하나님은 그 보좌에 임재하실 것입니다.

그러면 이 전체 그림이 무엇을 의미하는지 감이 잡히십니까?

천상의 보좌실에 하나님이 좌정해 계시고, 그 주위에 그룹들이 날고 있는 것을 모방한 것입니다.

하늘들

그러면, 성막의 천장인 1차 덮개는 하늘 역할을 담당하고 있습니다. 그래서 1차 덮개의 색깔을 주목해 보십시오. 푸른 색, 보라색, 붉은 색입니다.

여러분, 이 색들과 하늘은 어떻게 연결됩니까?

하늘의 삼색입니다. 푸른 하늘, 보라색 하늘, 붉은 하늘, 잘 연결되죠?

성막의 상징성은 재료와 연결되어 있습니다. 앞으로 성막 강해를 하면서 이 삼색이 들어간 성막 기구들이 나올 것입니다. 기억해 두십시오. 청색, 자색, 홍색은 삼색 하늘을 상징하는 색이며, 이 색상들이 사용된 것들은 하늘에 속한 것임을 의미합니다.

성막의 덮개가 하늘을 상징한다면, 성막의 덮개가 여러 개인 것은 하늘의 히브리어 '샤마임'이 복수인 것과 연결됩니다. '샤마임'을 문자적으로 번역하면 '하늘들'(heavens)입니다. 고대인들은 하늘을 삼층천(三層天)으로 이해했고, 시간이 지나면서 칠층천(七層天)까지 복수의 개념으로 이해했습니다. 하늘을 여러 개의 천구(天球)들이, 예를 들면 달이 운행하는 천구, 태양이 운행하는 천구가 포개어져 있는 것으로 믿었기 때문입니다.

하나님의 지상 집무실

성막의 천장이 덮어지면, 하나님의 보좌실이 완성됩니다. 성막의 지성소는 하늘 위에 있는 하나님의 보좌실이 땅에 내려온 것입니다. 천상의 보좌실이 본점 역할을 하는 하나님의 집무실이라면, 지성소의 보좌실은 하나님의 지상 집무실이라고 할 수 있습니다. 하나님의 천상의 집무실이 지상에 또 다른 집무실을 차렸다는 것, 이것을 주목해야 합니다.

오늘날이야 각종 통신 장비가 발달했기에 장거리 통신이 아무 일도 아닙니다. 그러나 하늘의 하나님과 연결되는 문제에 있어서는 모세 시대나 오늘날이나 똑같습니다. 우리는 하늘에 이르는 계단을 만들 수가 없습니다. 그때나 지금이나 우리 힘으로는 하늘에 올라갈 수 없습니다. 이것이 실상입니다. 그런데도 불경하게 그때나 지금이나 사람들은 하늘에 올라갈 수 있다고 믿었고, 믿고 있습니다. 이것은 허상입니다.

하늘과 땅이 연결되려면, 하늘에서 땅에 이르는 길을 열어야 합니다. 은혜롭게도 하나님은 항상 하늘에서 땅에 이르는 길을 닦는 분이십니다. 하늘에서 지상으로의 강림, 이것이야말로 하나님의 취미며, 즐거움입니다. 그 목적은 사람과의 만남, 미팅입니다.

하늘에서 땅에 이르는 길

첫 번째 미팅 장소는 에덴 동산이었습니다. 창세기 3:8에서 하나님은 아담과 하와를 만나러 오셨습니다. 그러나 그들은 범죄함으로 하나님을 만날 수 없는 몸이 된지라 "하나님의 낯을 피하여 숨었습니다."

무엇이 사람을 망쳤습니까?

사람을 만나러 내려오시는 하나님을 거부하고 하나님을 만나러 손수 올라갈 수 있는 존재, 즉 하나님과 동등한 존재가 되길 원했던 것입니다.

내려오시는 하나님을 만날 수 있는 장소에서 쫓겨난 사람은 또 다시 올라가서 하나님을 만날 장소를 손수 준비하였습니다. 그 장소가 창세기 11장의 바벨탑이었습니다. 그러나 하나님은 내려오셔서 사람이 손수 만든 "하늘에 닿는" 미팅 장소를 허탄하게 하셨습니다.

족장들 중에서 야곱은 손수 올라가서 하나님의 복을 차지하겠다는 과욕을 부렸습니다. 하나님은 그 욕심 때문에 도피중인 야곱에게 이렇게 나타나셨습니다.

> 꿈에 본즉 사닥다리가 땅 위에 서 있는데 그 꼭대기가 하늘에 닿았고 또 본즉 하나님의 사자들이 그 위에서 오르락내리락 하고(창 28:12).

대부분의 학자들은 "사닥다리"가 아니라 '계단'으로 번역해야 한다고 주장합니다. 메소포타미아 유물 중에 지구라트(Ziggurat)라는 신전이 있습니다. 그 신전의 핵심은 계단입니다. 하늘에 닿는 계단이겠죠. 사람은 지상에서 하늘에 이르는 계단을 놓으려고 합니다. 그러나 하늘에서 지상에 이르는 계단이 있을 뿐이며, 그 계단을 만드실 분은 강림하시고자 원하시는 하나님뿐입니다.

그런 하나님께서 손수 당신의 집무실을 지상에 두셨고, 두 번째 미팅 장소를 만드셨으니 바로 회막, 미팅 텐트, 성막입니다. 하나님이 사람을 만나시려는 목적은 단지 만남 자체를 즐기는 것이 아니었습니다. 하나님과 만날 수 있고, 만남을 즐기는 존재로서 사람이 구별된 삶, 거룩한 삶을 사는 존재가 되는 것이 목적이었습니다.

그러나 이스라엘 백성들은 미팅 장소(성막과 성전)로 올 때만 신경 썼고, 하나님보다 미팅 장소에 더 신경 썼습니다. 결국 두 번째 미팅 장소인 성막에 이어서 세 번째 미팅 장소인 성전까지 이스라엘을 변화시키지 못했습니다. 결국 하나님은 만남의 장소에 획기적인 변화를 도입하셨습니다.

그 길이신 예수님

그 변화는 하나님이 직접 내려오시는 것이었습니다. 이번에는 하나님이 성막-성전이 되어 내려오셨습니다. 바로 예수님이십니다. 예수님은 나다나엘을 제자로 부르신 뒤, 제자들에게 이런 말씀을 하셨습니다.

> 진실로 진실로 너희에게 이르노니 하늘이 열리고 하나님의 사자들이 인자 위에 오르락 내리락 하는 것을 보리라(요 1:51).

예수님은 하늘에서 지상에 이르는 사닥다리, 즉 계단이 되셔서 하늘과 땅의 만남을 가능하게 한, 새로운 미팅 텐트가 되신 분이십니다. 그래서 예수님은 자신을 가리켜, 내가 하늘에 이르는 유일한 "길"이라고 선언하셨습니다(요 14:6). 이제 우리는 그리스도 안에서 어떤 만남을 누려야 합니까?

> 찬송하리로다 하나님 곧 우리 주 예수 그리스도의 아버지께서 그리스도 안에서 하늘에 속한 모든 신령한 복을 우리에게 주시되(엡 1:3).

우리는 하늘에 올라가려는 교만한 시도를 멈추고 이 땅에서 하늘에 속한 모든 신령한 복을 받아 누려야 합니다. 우린 이 땅에서 하나님이 내려주시겠다고 약속하신 것을 실컷 받아 누리는 데 집중하면 됩니다. 지성소로 하늘의 집무실을 땅에 만드신 하나님, 하늘에서 지상에 이르는 계단을 만드신 하나님은 오늘 우리가 그리스도 안에서 부르면 기쁘게 언제나 내려오실 것을 믿으시기 바랍니다.

하늘에 속한 모든 신령한 복을 이 땅에서 받아 누리기도 바쁜데, 희한하게 이 땅에서 하늘로 올라가려고 애쓰는 분들이 있습니다. 신령한 은사를 받았다고 '내가 하늘에 올라갔다'고 착각하시는 분들도 있습니다. 고린도 교인들이 그런 착각에 빠져 있었기에 바울은 이렇게 풍자했습니다.

> 너희가 이미 배 부르며 이미 풍성하며 우리 없이도 왕이 되었도다(고전 4:8).

우리의 하늘 처소를 예수님이 준비하시겠다고 약속하셨고(요 14:2-3), 이미 확정되었습니다(엡 2:5-6). 그런데도 못 믿겠다고 내가 손수 자리를 잡아야겠다고 올라가려는 신자들에게 요한계시록은 놀라운 약속을 합니다.

> 또 내가 보매 거룩한 성 새 예루살렘이 하나님께로부터 하늘에서 내려오니 그 준비한 것이 신부가 남편을 위하여 단장한 것 같더라(계 21:2).

우리가 거할 처소, 예수님이 우리를 위해 준비하신 처소인 거룩한 성 새 예루살렘마저 하늘에서 내려옵니다.

찾아와서 두드리시는 하나님

오늘 우리 성도들은 우리와 미팅을 즐기기 위해 하늘에서 땅으로 그리고 내 속으로 강림해 오신 하나님과 먹고 마시기를 탐해야 합니다. 예수님은 미지근한 라오디게아교회를 향해 회개할 것을 요청한 다음에, 예수님과 먹고 마시기를 제안하셨습니다.

> 볼지어다 내가 문 밖에 서서 두드리노니 누구든지 내 음성을 듣고 문을 열면 내가 그에게로 들어가 그와 더불어 먹고 그는 나와 더불어 먹으리라(계 3:20).

이 말씀은 주님과 교제하기에 미적거리는 성도에게 교제를 회복하자고 간절히 호소하시는 주님의 모습이 가득하기에 간단하게 설명드리겠습니다.

첫째, "내가 서서"입니다. 헬라어상으로는 완료형으로, 이미 도착해서 서 있다는 뜻입니다. 답답한 쪽은 주님이니 일찌감치 도착했다는 뜻입니다.

둘째, "두드리노니"입니다. 헬라어상으로는 현재형인데, 계속 두드리고 있다는 뜻입니다. 그러니까 일찍 도착해서 계속 두드리고 있는 모습을 표현하신 것입니다.

셋째, "내 음성을 듣고"입니다. 우리는 노크만 할 수 있고, 또한 '문 열어 달라'고 외치기만 할 수 있습니다. 그런데 주님은 문도 두드리고 문을 열어달라고 외치기도 하십니다. 주님이 안달 났기 때문입니다. 반면에 안에 있는 미지근한 성도는 무심한 상태입니다. 안 열어주고 있습니다.

넷째, "문을 열면"입니다. 안에서 열어야 합니다. 강제로 열지 않으십니다. 문 안쪽에서 인격적으로 반응할 것을 원하십니다. 우리 신앙은 억지로 세뇌시키는 것도 아니고, 강압적으로 동원하는 것도 아닙니다. 주님이 우리를 찾아오셔서 마음 문을 두드리시지만, 우리가 문을 열 때까지 기다리십니다.

다섯째, "내가 그에게로 들어가"입니다. 문을 열면 주님이 먼저 들어가십니다. 문을 열고도 나오지 않을 수가 있습니다. 기다렸던 손님이라면 버선발로 나와서 문을 열고 영접하겠죠. 그러나 두드리고 소리치기에 억지로 문을 연 것이라면 문을 반쯤 열고 얼굴만 빼쭉 내민 상황일 수도 있습니다. 이때 주님은 발 먼저 집어넣으십니다. 이 기회를 놓치지 않으십니다. 어떻게 해서라도 일단 열렸으니, 먼저 들어가십니다.

여섯째, "그와 더불어 먹고 그는 나와 더불어 먹으리라"입니다. 주님이 집 안으로 들어오시는 목적은 나와 같이 식사의 교제를 즐기는 것입니다. 같이 밥 먹는 사이가 되어서 즐거운 교제를 나누는 것이 주님의 목표임을 믿으시기 바랍니다. 그런데 "문을 열면" 이하의 식사 교제는 현실에서 일어난 일이 아닙니다. 문법적으로 가정문입니다. 문을 열 것을 기대하시는 것이지, 문을 연 것이 아닙니다. 문을 열면, 예수님이 이렇게 하시겠다는 것입니다. 문 안쪽에서는 아직도 미적되고 있는 것입니다. 라오디게아교회의 미지근함이 바로 이런 상태였습니다.

예수님은 지금 미지근한 신자들의 마음 문을 두드리고 계십니다. 지금도 서서 두드리고 계십니다. 우리는 주님의 외침을 듣고 나가서 문을 열어야 합니다. 그러면 언제든지 주님과 더불어 먹고 마시는 교제를 회복할 수 있습니다.

오늘 성막의 덮개로 완성된 지성소가 다름 아니라 천상의 보좌실이 지상에 내려온 것이었습니다. 하늘에서 땅으로 기꺼이 즐겨 내려오시는 하나님은 오늘도 역시 우리 가운데 강림해 계신 것을 믿으시기 바랍니다. 하늘 곳간에서 신령한 복을 내려주시는 분이심을 믿으시기 바랍니다. 우리와 더불어 먹고 마시기 위해 간절히 기다리시는 하나님에게 문을 활짝 열어 영접하시고, 금주도 기꺼이 즐겁게 미팅을 누리는 성도가 되시기 바랍니다.

8. 널판과 휘장

출애굽기 26:15-37

출애굽기 25장이 회막 안의 기구들을 주목했다면, 26장은 회막 자체를 주목하고 있습니다. 회막의 덮개에 이어서 오늘은 텐트를 세우는 데 필요한 뼈대에 관한 명령입니다.

> 출 26:15 너는 조각목으로 성막을 위하여 널판을 만들어 세우되
> 출 26:16 각 판의 길이는 열 규빗, 너비는 한 규빗 반으로 하고
> 출 26:17 각 판에 두 촉씩 내어 서로 연결하게 하되 너는 성막 널판을 다 그와 같이 하라

15절부터는 아카시아나무로 만든 이 뼈대에 관한 히브리어 '케레스,' '케라심'을 우리말 성경은 "널판"이라고 번역했습니다. 영어성경은 이 널판이 뼈대와 비슷한 것인지 아니면 판과 비슷한 것인지에 따라서 '프레임'(frame)이나 '보드'(board)로 달리 번역합니다. 사이즈를 보면, 높이는 10규빗(4.5m), 너비는 1.5규빗(68cm)로 다소 넓은 널판인 것 같습니다. 오늘날 우리가 그림으로 접할 수 있는 기존의 성막자료는 너비 68cm를 가진 널판으로 이해하고 있습니다.

그러나 17절의 두 촉(야도트)을 어떤 용도로 보느냐에 따라 프레임이 될 수 있습니다. 우리말 성경이 번역해 놓은 한자 "촉"은 화살촉 촉(鏃) 자입니다. 가톨릭에서는 "촉꽂이"라고 번역했는데, 건설 용어로 구멍에 연결하기 위해 뾰족하게 깎은 것입니다. 그런데 이 2개의 촉을 프레임을 만드는 장치로 이해하면, 널판이 아니라 사다리 모양처럼 생긴 프레임이 될 수 있습니다.

제작 과정을 고려해 보면, 널판보다도 프레임이 적합할 수도 있습니다. 오늘날에야 정해진 규격의 원목 재료가 있지만, 당시에는 나무를 베어 와서, 그 나무를 깎아서 사용했습니다. 만약 세로 4.5m, 가로 68cm 크기의 널판을 제작할 수 있는 원목 재료를 마련하려면, 지름 70cm 이상, 길이 4.5m 이상 반듯하게 자란 나무들을 찾아야 합니다. 그러나 사다리 모양의 프레임이었다면, 높이 4.5m 이상의 나무만 구하면 됩니다. 어쨌든 우리는 한글 번역대로 "널판"으로 이해하고 강해하도록 하겠습니다.

출 26:18 너는 성막을 위하여 널판을 만들되 남쪽을 위하여 널판 스무 개를 만들고

출 26:19 스무 널판 아래에 은 받침 마흔 개를 만들지니 이쪽 널판 아래에도 그 두 촉을 위하여 두 받침을 만들고 저쪽 널판 아래에도 그 두 촉을 위하여 두 받침을 만들지며

출 26:20 성막 다른 쪽 곧 그 북쪽을 위하여도 널판 스무 개로 하고

출 26:21 은 받침 마흔 개를 이쪽 널판 아래에도 두 받침, 저쪽 널판 아래에도 두 받침으로 하며

18절부터 21절까지는 성막의 남쪽, 북쪽 벽을 만드는 법입니다. 1.5규빗 너비의 널판을 20개씩, 널판 한 개당 2개의 은 받침으로 세워서, 총 30규빗(13.5m) 너비의 벽이 되도록 했습니다. 19절에 의하면 널판이 받침대와 연결

되도록 또 "두 촉"이 있어야 했습니다.

> 출 26:22 성막 뒤 곧 그 서쪽을 위하여는 널판 여섯 개를 만들고

22절에서는 서쪽에는 6개의 널판이 새워져서 9규빗(4m) 너비의 벽이 되도록 했고, 동쪽은 출입구이기 때문에 벽이 없습니다.

> 출 26:23 성막 뒤 두 모퉁이 쪽을 위하여는 널판 두 개를 만들되
> 출 26:24 아래에서부터 위까지 각기 두 겹 두께로 하여 윗고리에 이르게 하고 두 모퉁이 쪽을 다 그리하며
> 출 26:25 그 여덟 널판에는 은 받침이 열여섯이니 이쪽 판 아래에도 두 받침이요 저쪽 판 아래에도 두 받침이니라

23절부터는 성막의 모퉁이 널판 2개에 관한 것입니다. 성막의 동쪽 출입구에는 벽이 없기 때문에, 성막의 서쪽 벽에 남쪽 벽과 북쪽 벽이 만나는 모퉁이 널판 2개가 필요합니다. 24절은 널판 2개의 두께가 두겹이어야 한다고 번역되었습니다. 아마 양쪽 벽을 지탱하는 힘과 무게 때문일 것입니다. 그리고 모퉁이 널판에는 윗고리가 있다고 합니다. 이 고리의 용도는 필시 서쪽 벽과 남북쪽 벽을 연결시키는 도구입니다.

설계의 여백

24절에 관한 번역과 해석이 다양합니다. 하나님께선 모세에게 구체적인 설계도를 보여주신 것이 아니라 완성되어 있는 성막을 보여주시면서 중요한 치수만 알려주신 것 같습니다. 나머진 만드는 사람이 창의적으로 만들 수 있게 하신 것 같습니다. 예를 들어 널판의 두께가 정해져 있지 않습니다. 그리고

벽끼리 어떻게 만나야 하는지도 정확하지 않습니다.

길이 9규빗 짜리 서쪽 벽과 길이 30규빗 짜리 남북쪽이 얼마의 두께로 어떻게 만나느냐에 따라 성막 전체의 크기가 조금 달라지게 됩니다. 벽의 두께를 제외한 성막 안의 공간이 서쪽 10규빗, 남북쪽 30규빗이 될 수 있고, 벽의 두께까지 포함하여 10규빗, 30규빗이 될 수도 있습니다.

출 26:26 너는 조각목으로 띠를 만들지니 성막 이쪽 널판을 위하여 다섯 개요

출 26:27 성막 저쪽 널판을 위하여 다섯 개요 성막 뒤 곧 서쪽 널판을 위하여 다섯 개이며

출 26:28 널판 가운데에 있는 중간 띠는 이 끝에서 저 끝에 미치게 하고

출 26:29 그 널판들을 금으로 싸고 그 널판들의 띠를 꿸 금 고리를 만들고 그 띠를 금으로 싸라

출 26:30 너는 산에서 보인 양식대로 성막을 세울지니라

여러분들이 보시기에 이렇게 수십 개의 널판으로 연결된 성막의 벽이 안전하게 서 있을 것 같습니까?

안정성이 떨어지겠죠?

여러분 같으면 어떻게 안정성을 보강하시겠습니까?

26, 27절은 안정성을 보강하기 위해 "띠"를 두르게 하라는 명령입니다. 우리말 성경은 띠라고 번역했지만, 공동번역성경은 "가로다지," 영어성경은 "크로스바"(crossbar)라고 더 좋게 번역했습니다. 남북쪽, 서쪽 벽마다 5개의 가로다지로 연결해라고 합니다. 28절은 벽 중간에 사용되는 가로다지는 벽 양끝 길이만큼 길게, 즉 널판을 이어붙인 길이와 똑같이 만들라는 명령입니다.

이렇게 해서 도합 48개의 금박 널판과 96개의 은받침, 그리고 15개의 금박 가로다지로 성막의 벽은 세워졌습니다. 이런 건축 자재들을 이동시키는 일은

상당히 힘든 일이었습니다. 그래서 이 자재들을 책임져야 하는 레위 족속 므라리 자손들은 소 2마리가 끄는 수레 4대를 이용했습니다(민 7:8).

특별한 휘장

거기다가 하나님께서는 특별한 휘장 2개를 더 만들라고 명하십니다. 오늘날 우리 주택문화에서는 문이 있습니다. 사실 오늘날 우리들에게는 너무 당연하지만, 문을 제작하는 데에는 정교한 기술과 혁명적인 발상이 필요합니다. 3,000년 전에는 문을 제작할 기술이 없었습니다.

그럼 문이라는 것이 없었을 때, 문 역할하는 것이 무엇이었을까요?

오늘날 커튼이라고 부르는 휘장입니다. 오늘날 우리들은 집의 보온효과와 장식미를 더하기 위해, 커텐을 사용하고 있으며, 이 커텐에는 아름답고, 세련된 디자인을 수놓아 사용합니다. 그러나 과거 천막을 집으로 이용했던 사람들은 커튼을 대문이나, 공간을 나누는 벽으로 사용했습니다.

성막 안에도 칸막이와 문이 필요했습니다. 우선 성막을 2개의 분리된 공간, 지성소와 성소로 나누기 위해 칸막이 커튼이 필요했습니다. 또 성막은 동쪽에 출입구가 있어야 하는데, 문 역할을 할 커튼도 필요했습니다. 이리하여 성막 안에는 2개의 커튼이 필요했습니다.

아시다시피, 이 모든 용도에 사용되는 천을 우리말 성경은 "휘장"이라는 한 단어로 번역했습니다. 그러나 히브리어는 지성소를 가리는 천을 '파로케트,' 성막 출입구에 있는 휘장을 '마사크'로 다르게 불렀습니다. 영어로는 지성소 휘장을 '베일'(veil)로, 성막 출입구 휘장을 '스크린'(screen)으로 번역하기도 합니다.

> 출 26:31 너는 청색 자색 홍색 실과 가늘게 꼰 베 실로 짜서 휘장을 만들고 그 위에 그룹들을 정교하게 수 놓아서

출 26:32 금 갈고리를 네 기둥 위에 늘어뜨리되 그 네 기둥을 조각목으로 만들고 금으로 싸서 네 은 받침 위에 둘지며

먼저 성막 안의 휘장, 즉 지성소의 휘장, '파로케트'에 관한 설계입니다. 파로케트는 신의 거주지라는 뜻을 가진 악카드어 파라쿠와 관련있으며, 파라쿠는 동사로도 "방해하다, 막다"란 뜻을 가지고 있습니다. 고대인들은 신이 거주하는 곳을 구별하여 막아놓았습니다.

31절을 보시면, 휘장의 재료는 성막의 1차 덮개의 재료와 똑같습니다. 그리고 그룹들을 정교하게 수놓은 것까지 똑같습니다.

이 휘장이 커튼이라면 매달아 놓을 데가 있어야 하지 않겠습니까?

커튼봉이 있어야 커튼을 달 듯이 말입니다.

32절을 보시면 갑자기 금 갈고리와 네 기둥이 등장합니다. 갑자기 등장한 "금 갈고리"는 1차 덮개에 있는 금 갈고리입니다.

1차 덮개를 어떻게 만들었습니까?

작은 천을 붙인 다음 2개의 큰 천으로 만들고, 이 2개의 큰 천을 고리와 금 갈고리로 연결해서 만들었지 않습니까?

1차 덮개의 금갈고리가 커튼봉 역할을 합니다. 그리고 네 기둥은 지지대 역할을 해서, 휘장이 항상 그 자리에서 문 역할을 잘 할 수 있게 해줍니다.

1차 덮개가 회막을 덮었을 때

출 26:33 그 휘장을 갈고리 아래에 늘어뜨린 후에 증거궤를 그 휘장 안에 들여 놓으라 그 휘장이 너희를 위하여 성소와 지성소를 구분하리라

출 26:34 너는 지성소에 있는 증거궤 위에 속죄소를 두고

출 26:35 그 휘장 바깥 북쪽에 상을 놓고 남쪽에 등잔대를 놓아 상과 마주하게 할지며

33절은 휘장을 1차 덮개의 금갈고리에 달아 놓으라고 명합니다. 아주 실용적인 설계죠.

이렇게 하면 성막은 2개의 공간이 생깁니다. 지성소와 성소가 구별됩니다. 지성소의 사이즈는 가로세로 10규빗×10규빗 정육면체 공간인데, 약 20m^2입니다. 평수로 계산하면, 6평에 지나지 않습니다. 성소의 사이즈는 가로세로 20규빗×10규빗인데, 정확하게 지성소의 2배, 12평입니다. 그래서 성막의 총 평수는 18평입니다.

이렇게 지성소와 성소가 구분됨으로써, 34, 35절에서처럼, 앞서 이미 소개된 증거궤, 속죄소, 진설병을 위한 상, 등잔대도 자기 자리가 정해집니다.

출 26:36 청색 자색 홍색 실과 가늘게 꼰 베 실로 수 놓아 짜서 성막 문을 위하여 휘장을 만들고 37그 휘장 문을 위하여 기둥 다섯을 조각목으로 만들어 금으로 싸고 그 갈고리도 금으로 만들지며 또 그 기둥을 위하여 받침 다섯 개를 놋으로 부어 만들지니라

지금까지 지성소 휘장에 관한 말씀이었다면, 36절부터는 성막문 휘장에 관한 말씀입니다. 재료는 지성소 휘장과 똑같이 삼색 실로 짠 천으로 만들었습니다. 그런데 차이점들이 있습니다.

첫째, 그룹이 새겨져 있지 않다는 점입니다. 그래서 31절처럼 정교하게 수놓았다는 표현이 없습니다. 그리고 기둥도 5개로 한 개 더 많지만, 기둥받침대가 은이 아니라 놋받침대였습니다. 놋받침대인 이유는 성막문은 지성소에서 가장 멀리 떨어져 있기 때문입니다. 하나님이 임재하신 지성소에서 멀수록 재료의 가치도 떨어집니다.

둘째, 의미심장한 차이점은 성막문 휘장을 1차 덮개에 달지 않았다는 것입니다. 금갈고리를 따로 만들어서 5개의 기둥에다가 금갈고리를 붙여 놓고, 거기다가 성막문 휘장을 달아 놓아야 했습니다. 왜 이 점이 의미심장하냐면, 지성소 휘장은 성막 덮개에 연결되어 성막 덮개의 일부가 되었다면, 성막문 휘장은 성막 덮개에 연결되지 않았기에 성막 덮개의 일부가 아닌 것이 되었기 때문입니다. 즉 지성소의 휘장은 하늘의 일부이지만, 성막문의 휘장은 하늘의 일부가 아니라 땅의 일부입니다.

지성소의 휘장

오늘 우리들이 주목해야 할 점은 지성소와 성소를 구분하는 휘장의 상징성입니다.

1차적으로 이스라엘 백성들에게 휘장은 무엇을 상징할까요?

중요한 사실은 이 휘장이 1차 덮개와 재료도 똑같고, 그룹이 새겨진 것도 똑같고, 1차 덮개의 금고리에 달려 있다는 것입니다. 사실상 지성소를 구분하는 휘장은 1차 덮개의 연장된 일부분입니다.

1차 덮개는 하늘 보좌실을 상징하고 있습니다. 그래서 색상도 파란 하늘색, 보라색 하늘색, 붉은 하늘색입니다. 성막의 칸막이 역할을 하는 휘장은 하나님의 보좌실을 완전히 구별하고 있습니다. 즉 이 휘장 때문에 하나님의 보좌실이자 지성소가 완성된 것입니다.

지성소를 구별하는 기둥이 4개인 것도 하나님의 보좌실이기 때문입니다. 숫자 4는 동서남북 사방을 뜻하는 완전수입니다. 하나님의 보좌실이기 때문에 기둥도 완전수로 4개가 있어야 했습니다. 지성소가 정사각형인 이유도 사방을 상징합니다. 그러나 성막문의 기둥은 5개인데, 지성소의 휘장 기둥과 차별하기 위해 5개로 만든 것 같습니다.

성막 설계의 컨셉, 성막 설계의 테마는 최초의 성전인 에덴 동산이다고 말씀드렸습니다. 제사장이 성막 안으로 들어오면, 지성소로 들어가는 동쪽 입구를 막고 있는 휘장에 천사들이 새겨져 있습니다. 에덴 동산에도 동쪽 입구를 막고 있는 천사들이 있었습니다.

> 이 같이 하나님이 그 사람을 쫓아내시고 에덴 동산 동쪽에 그룹들과 두루 도는 불 칼을 두어 생명 나무의 길을 지키게 하시니라 (창 3:24).

아담과 하와가 타락하여 에덴 동산에서 쫓겨났을 때, 하나님께선 에덴 동산의 출입구를 천사들로 하여금 지키게 하셔서 아담과 하와가 출입하지 못하게 하셨습니다. 지성소의 휘장이 바로 이것을 상징하고 있는 것입니다.

출입 금지

물론 휘장을 두고도, 대제사장은 1년에 한 번 휘장 안으로 들어오도록 허락받았습니다. 그러나 이때조차도 대제사장은 자신이 불을 피워 만드는 향연 때문에 지성소 안을 자세히 보지 못했습니다(레 16:12-13). 이처럼 휘장이 있는 한, 일단 가리고, 멈추게 하는 효과는 명백합니다. 휘장은 지성소를 막습니다. 그래서 세상으로부터 구별되는 공간인 성막, 아무나 출입할 수 없는 공간으로서의 성막의 특성을 가장 잘 드러내는 것이 지성소의 휘장입니다. 휘장이 곧 성막 그 자체입니다.

휘장은 단지 휘장 하나만의 의미가 있는 것이 아닙니다. 휘장은 모세 율법이 가르치는 하나님께 이르는 방법의 대전제입니다. 휘장 때문에 모세 언약의 제사와 율법이 필요했던 것입니다. 그래서 휘장은 곧 율법 그 자체이기도 합니다.

성막 안의 휘장은 구약 백성들에게 한숨을 쉬게 했습니다. 하나님과 만나려고 미팅 텐트, 회막에 나왔지만, '폴리스 라인'처럼 하나님과 사람 사이에는 출입 금지선이 있었던 것입니다. 범죄한 인간의 한계를 느껴야 했습니다. 이것이 구약 백성의 한계요 슬픔이었습니다.

만약 하나님 사이와 사람 사이에 접근이 자유롭게 허용된다면, 휘장을 치워버리는 것이 상책입니다. 휘장이 없어야 하나님과 사람의 사이가 자유롭게 교제하는 사이임이 증명됩니다. 그래서 하나님은 휘장이 없는 새로운 미팅 텐트를 준비하셨습니다.

출입 허용

예수님이 십자가 위에 있을 때, 예루살렘 성전에 일어난 일을 주목해야 합니다.

> 예수께서 큰 소리를 지르시고 숨지시니라 이에 성소 휘장이 위로부터 아래까지 찢어져 둘이 되니라(막 15:37-38).

이 사건은 초자연적 사건입니다. 만일 어떤 정신 나간 사람이 휘장을 찢었다면 아래에서 위로 찢었을 것입니다. 그런데 휘장은 위에서 아래로 찢어졌습니다. 하늘에 계신 하나님이 휘장을 찢으셨기에 찢어진 방향이 위에서 아래였던 것입니다.

그리고 완전히 둘이 되었다고 말합니다. 반만 찢어졌다면 우연히 지진에 의해 그럴 수도 있습니다. 그러나 성전은 무너지지 않았는데, 그 안에 있는 휘장만 완전히 두 조각이 되었다는 것은 위에서 하나님이 의도를 갖고 끝까지 찢어버린 결과란 뜻입니다.

그럼 하나님은 왜 예수님의 죽음에 맞추어서 성전 안의 휘장을 찢으셨을까요?

하나님이 성전 휘장을 찢으신 데는 3가지 이유가 있습니다.

첫째, 휘장이 찢겨진 것은 새로운 길이 열렸다는 뜻입니다. 출입 금지를 뜻하는 휘장이 두 조각이 난 것은 이제 출입 금지가 해지되었음을 뜻합니다. 단지 해지된 정도가 아니라 하나님의 보좌실로 들어가는 새로운 길이 활짝 열렸음을 뜻합니다.

그런데 하나님의 보좌실을 가로막고 있는 휘장이 예수님의 죽음 즉시 찢어진 것은 무엇을 의미합니까?

예수님의 십자가 죽음이 하나님의 보좌실로 가는 길을 막고 있던 휘장을 무용지물로 만들었다는 뜻입니다. 이제 휘장으로 인해 필요했던 성전, 율법, 제사제도마저도 다 무용지물이 되었습니다. 모세 언약의 접근방법을 상징하던 휘장이 예수 그리스도의 죽음으로 무의미해졌습니다. 예수님의 희생을 기반으로 하나님께 접근하는 신약 시대, 새로운 길이 열렸기 때문입니다.

둘째, 성전 휘장이 찢겨진 것은 쓸모없어진 성전의 심판을 상징합니다. 새로운 구원의 길이 열렸으니, 이제 잘못 인도하는 길은 폐쇄되어야 합니다. 하나님께서 휘장을 찢은 것은 지성소를, 아니 성전을 찢어버리겠다는 하나님의 의지가 표현된 것입니다. 그래서 주후 70년에 실제로 하나님은 예루살렘 성전을 파멸시켜 버립니다.

셋째, 히브리서 10장에 의하면 휘장은 예수님 자신을 상징합니다.

> 그러므로 형제들아 우리가 예수의 피를 힘입어 성소에 들어갈 담력을 얻었나니 그 길은 우리를 위하여 휘장 가운데로 열어 놓으신 새로운 살 길이요 휘장은 곧 그의 육체니라(히 10:19-20).

예수님은 또한 휘장이셨습니다. 그래서 예수님이 죽음과 동시에 휘장이 찢어진 것입니다. "새로운 살 길"을 열기 위해, 휘장을 찢기 위해, 주님은 자신의 육체를 찢으셨음을 믿으시기 바랍니다.

우린 예수 그리스도 안에서 아무런 금지선도 없이 하나님을 만날 수 있음을 믿으시기 바랍니다. 그저 예수님 이름만으로도 우리 기도가 하늘 보좌에 이를 줄 믿으시기 바랍니다. 구약의 성막-성전을 보고, 교회당을 성당처럼 화려하게 지으라고 하나님이 성막-성전 건설 본문을 우리에게 주신 것이 아닙니다.

만약 교회 건물이 구약의 성막-성전이라면, 교회 안에 휘장도 달아 놓고, 지성소와 성소를 구분해 놓아야 합니다. 성전이 있다는 것은 단순히 경건한 건물이 있다는 뜻이 아닙니다. 성전이 있다는 것은 휘장으로 출입 금지된 지성소와 그로 인한 율법 시스템이 있다는 뜻, 즉 예수 그리스도가 없다는 뜻임을 신약 성도들은 명심해야 합니다.

하나님도 동일한 조건

우리가 하나님께로 나아가는 것이 쉬워졌다면, 하나님이 우리에게 오는 것도 쉬워졌습니다. 하나님은 커튼 뒤에 숨길 좋아하는, 어둠을 좋아하는 그런 하나님이 아닙니다. 휘장은 거룩하신 하나님이 죄 많은 인간들 가운데 거하시기 위해 어쩔 수 없이 쥐어짜 낸 궁여지책입니다. 타락한 인생들은 하나님과 만날 생각이 없어도, 하나님은 당신 백성과 원 없이 만나기를 소원하셨습니다.

예수님으로 인해 휘장이 찢긴 것은 하나님은 하기 싫은데, 예수님이 억지로 설득한 일이 아닙니다. 휘장을 찢으신 것은 하나님입니다. 성막과 성전이 있는 동안 이 휘장을 누구보다도 찢어버리고 싶었던 분은 하나님이십니다.

성령의 사역을 생각해 보십시오. 구약 시대 때, 성령은 항상 소수의 제한된 사람에게 임하셨습니다. 그렇다고 성령을 받은 사람들이 영원히 성령을 소유하고 있지도 못했습니다. 사울이 대표적인 예입니다. 사울은 성령을 받았을 때, 훌륭한 장군이 될 수 있었습니다.

그러나 사울은 하나님의 뜻대로 움직이는 사람이 아니었습니다. 성령이 그에게서 떠나가셨습니다. 그리고는 악신이 사울을 사로잡아 버렸습니다. 이것은 마치 하나님이 휘장을 젖히고, 나와서, 다시 휘장 속으로 들어가 버리신 것과 같습니다.

그러나 새 언약 시대에 성령은 지위 고하를 막론하고, 하나님이 선택하신 백성 모두에게 임재하십니다. 휘장이 없기 때문에, 하나님께서도 다시 돌아가서 숨어계실 곳도 없습니다. 한번 임재하신 주의 백성의 몸을 성전삼아, 영원히 거주하십니다.

여러분, 우리가 죄를 범해, 하나님과 만날 수 없는 몸이 되어도, 하나님에겐 다시 돌아갈 지성소가 없습니다. 죄 많은 우리가 보기 싫다고 하나님이 지성소 안에 숨어버리고, 나를 찾아오지 말라고 휘장을 치려고 해도, 이미 2,000년 전에 휘장을 찢어버리신 바람에 할 수도 없습니다. 이제 하나님과 우리 사이는, 지지고 볶든 어떻게 해서든, 그리스도 안에서 같이 살아야 하는 관계입니다. 살 수 있습니다.

그러니 '하나님이 나를 버리실까?' 염려하지 마시기 바랍니다. 구약에서 성령을 받은 사람은 성령이 떠나실 것을 걱정하였습니다. 아시다시피 다윗이 밧세바를 범한 후, 그런 걱정을 시편에 담았습니다.

> 나를 주 앞에서 쫓아내지 마시며 주의 성령을 내게서 거두지 마소서 (시 51:11).

그러나 신약의 성령님은 우리 몸을 성전 삼아 거주하고 계십니다. 우리 몸이 성령 하나님의 집입니다. 성경에 하나님의 집에서 쫓겨난 인간 이야기는 있어도, 하나님의 집을 나간 하나님 이야기는 없습니다.

이것은 우리 신약의 성도들에게도 동일하게 적용됩니다. 내가 하나님의 집입니다.

그런 내가 하나님의 집을 나갈 수 있습니까?

나도 하나님을 피할 수 없는 처지입니다. 하나님이나 나 피차 서로를 떠나갈 수 없는 처지임을 믿으시기 바랍니다. 하나님이 먼저 휘장을 찢으시고 나를 찾아오셨습니다.

그렇다면 이제 내가 예수의 피를 힘입어 담력을 가지시고 하나님께 나아갈 차례입니다. 우리 앞에 열린 "새롭고 산 길"로 하나님께 즐거이 나아가시기 바랍니다.

제5부 뜰

9. 제단

10. 성막 뜰

9. 제단

출애굽기 27:1-8

출애굽기 25장은 성막 안에 들어갈 기구에 대해 설명했고, 26장은 성막 텐트 자체를 어떻게 지을지에 대해 설명했습니다. 출애굽기 27장은 성막의 뜰에 관해 장입니다. 이렇게 소개하는 데에는 어떤 방향이 있습니다. 서쪽에서 동쪽으로, 지성소에서 성소를 지나 뜰로 소개하는 흐름이 있습니다. 가장 거룩한 곳에서 덜 거룩한 곳으로 가는 흐름입니다. 또한 귀한 재료인 금을 사용하는 것에서 은을 사용하여 놋을 사용하는 흐름도 있습니다.

성막의 뜰 중심에는 제단이 놓여있습니다. 제단의 히브리어 '미즈베아흐'는 '잡다'(자브흐)에서 파생단 단어입니다. 즉 짐승을 잡는 장소였습니다. 제단에 드려지는 정결한 짐승만이 하나님께 드릴 수 있는 것입니다. 이스라엘의 희생제사는 기본적으로 불로 태우는 제사였습니다. 한자로 불사를 번(燔)자를 사용하여서 "번제"(燔祭)라고 합니다. 그래서 성막의 뜰에 있는 제단을 번제단이라고도 부릅니다.

레위기에는 번제단에 사용되는 불의 기원이 소개되어 있습니다. 아론이 하나님께 처음으로 제사를 드렸을 때 여호와 앞에서 불이 나와서 제물을 불살랐습니다(레 9:24). 이 불을 꺼뜨리지 않고 살려 놓아 계속 사용했습니다. 그래서 향을 피우는 데 사용하는 불도 반드시 번제단의 불만 사용해야 했습니다. 아론의 두 아들 나답과 아비후는 다른 불, 즉 하나님에게서 나온 불이 아닌 불로 향을 피우다가 하나님에게서 나온 또 다른 불로 죽임을 당하고 말았습니다.

>출 27:1 너는 조각목으로 길이가 다섯 규빗, 너비가 다섯 규빗의 제단을 만들되 네모 반듯하게 하며 높이는 삼 규빗으로 하고
>
>출 27:2 그 네 모퉁이 위에 뿔을 만들되 그 뿔이 그것에 이어지게 하고 그 제단을 놋으로 싸고
>
>출 27:8 제단은 널판으로 속이 비게 만들되 산에서 네게 보인 대로 그들이 만들게 하라

1절에 의하면 번제단의 재료는 성막의 벽으로 사용된 조각목, 즉 아카시아나무였고 2절에 의하면, 놋을 입혔습니다. 놋이 감싸고 있기에 아카시아나무가 타지 않았습니다. 놋이 녹는 온도는 1,000℃가 넘습니다. 그래서 번제단은 놋제단이라고도 불립니다. 8절에 의하면 뚜껑도 없고 속은 비어 있는 정사각형 상자인데, 가로세로 둘 다 5규빗(2.25m), 높이 3규빗(1.35m) 크기였습니다. 솔로몬의 성전에서는 사이즈가 4배나 크게 만들어졌습니다.

그리고 사각형 네 모퉁이에 뿔들을 만들어 놓아야 했습니다. 실제로 뿔이 달린 돌로 만든 제단이 브엘세바에서 발굴되었습니다. 그리고 성경에서 정해 놓은 사이즈와 똑같은 돌제단도 '아라드'라는 곳에서 발굴되었는데, 이 제단도 원래 뿔이 있었던 것 같은데 떨어져 나간 것 같습니다. 이 뿔이 의미하는 바에 대해서는 뒤에 가서 말씀드리겠습니다.

>출 27:3 재를 담는 통과 부삽과 대야와 고기 갈고리와 불 옮기는 그릇을 만들되 제단의 그릇을 다 놋으로 만들지며
>
>출 27:4 제단을 위하여 놋으로 그물을 만들고 그 위 네 모퉁이에 놋 고리 넷을

만들고

출 27:5   그물은 제단 주위 가장자리 아래 곧 제단 절반에 오르게 할지며

출 27:6   또 그 제단을 위하여 채를 만들되 조각목으로 만들고 놋으로 쌀지며

출 27:7   제단 양쪽 고리에 그 채를 꿰어 제단을 메게 할지며

불로 제물을 태우는 데 필요한 부속 도구들이 3절에 소개되었는데, 재를 담은 통, 재를 긁어낼 때 사용될 부삽, 불을 옮기는 그릇입니다. 아마도 대야는 피나 기름을 담는 데 필요했을 것입니다. 고기 갈고리는 고기를 태우거나, 제거하는 데 필요했겠죠.

4절부터는 놋그물이란 것을 만들어야 했습니다. 고기를 불에 굽는 장면을 생각해 보십시오. 석쇠가 필요합니다.

아래는 불이 있고, 석쇠 위에 고기를 얹어 놓아야 하지 않겠습니까?

4절의 놋그물이 바로 석쇠와 같은 것입니다.

5절에 의하면 이 석쇠의 높이가 제단 높이의 절반이었습니다. 놋그물 위에는 고기가 있고, 놋그물 아래에는 불과 나무가 있었고, 공기가 공급되어 잘 탈 수 있었을 것입니다. 그러니까 고기와 불에 직접 닿는 부분은 놋제단이 아니라 석쇠 역할을 하는 놋그물입니다.

그럼 나무에다가 놋을 입힌 놋제단은 무슨 역할을 합니까?

사실상 놋제단은 놋그물 위에 고기가 잘 타도록 바람은 막는 바람막이 역할을 합니다. 그래서 나무에다가 놋을 입혀도 괜찮았던 것입니다.

이 놋제단도 이동할 때를 위해 고리와 채를 만들어야 했는데, 4절을 보니 바람막이 역할을 하는 놋제단에 고리를 만들지 않고, 석쇠 역할을 하는 놋그물에다가 고리 넷을 만들라고 합니다.

제단에 관해 출애굽기 20:24-25에서 이미 규정한 바가 있습니다. 제단은 기본적으로 흙으로 만들고, 다듬지 않은 돌로도 만들어야 했습니다. 출애굽

기 20장의 제단 규정 때문에 놋제단 바닥에 상당한 양의 흙이 쌓여 있었을 것이라고 추측합니다.

희생제사의 낭비

이렇게 완성된 제단에서 희생제사를 드리는 과정은 가축을 잡아서 불에 태우는 과정이었습니다. 그러니 성막에서는 고기 굽는 냄새와 연기가 항상 진동했습니다. 하나님의 성막은 마치 오늘날 고기집 같아 보입니다.

더군다나 짐승을 잡아 불태워 버리는 제사는 자원을 낭비하는 것처럼 보입니다. 이교도들은 제사에 사용한 고기를 재활용 차원에서 다시 내다 팔았습니다.

경제적이지 않습니까?

짐승을 불에 태워 냄새와 연기가 진동하게 하는 것도 거룩한 하나님의 성막과 어울리지 않는 장면처럼 보입니다. 좀 더 다른 고상한 방식의 제사가 있었을 텐데, 하나님은 굳이 이런 방식을 고수하셨습니다. 그래서 오늘 우리는 제단에서 이루어지는 불에 태우는 제사의 의미와, 제단에 달린 뿔의 의미를 알아야 합니다.

하나님이 이 제단 위에서 드리도록 규정한 제사는 소란스럽고, 힘겨운 제사입니다. 가축을 끌고 와서 죽여야 합니다. 여기저기서 가축의 비명이 들리고, 가축을 치는 소리가 들려옵니다. 하나님이 이처럼 거칠고 원시적인 제사 방법을 제시한 것은 제사를 드리는 그 사람에게 어떤 뚜렷한 가르침을 주기 위함입니다.

희생제사의 비싼 교훈

구약의 5가지 제사들은 저마다 밟아야 하는 과정이 조금씩 차이가 있습니다. 문자적인 과정도 복잡한데, 그 과정이 의미하는 바는 성경이 자세히 설명하지 않습니다. 이 모든 것들은 레위기의 주제이며, 알아보면 상당히 복잡하고 논쟁도 심합니다. 우리는 번제를 중심으로 그 의미를 알아봅시다.

번제의 목적은 하나님과의 화목과 하나님께의 헌신입니다. 하나님께 제사를 드리러 온 사람, 즉 헌제자는 자신의 가축을 데리고 옵니다. 부자는 수소, 중산층은 숫양이나 숫염소, 가난한 자라면 비둘기를 데리고 옵니다.

그들은 이 가축을 키운다고 얼마나 많은 노력을 했습니까?

더군다나 이 가축은 흠 없는 최상품입니다. 자신의 소중한 재산이자, 자신의 분신과도 같은 가축입니다. 이런 귀중한 가축에게 자신의 손을 얹어 놓습니다. 자신과 가축을 동일시하는 절차입니다.[1] 제사장이 제물의 멱을 딴 후, 헌제자는 가축을 가죽, 사지, 내장 등으로 손수 해체합니다. 제물의 피는 제단에 뿌려지고, 고기는 불에 태워집니다.

> 안수를 통해 헌제자와 동일시된 제물의 피가 제단(야웨 앞)에 뿌려질 때, 이는 헌제자의 생명이 드려지는 것과 동일한 효력을 발휘한다. 이를 통해 죄의 값인 죽음의 문제가 해결되는 것이며 속죄의 근거가 발생하게 되는 것이다.[2]

이 희생제물을 하나님이 받으시고 하나님과의 화목이 이루어졌음을 가시적으로 보여주는 것이 연기입니다. 번제의 히브리어는 '올라'인데, 한글로 '올라가다'의 뜻을 가진 히브리어 '알라'에서 나왔습니다. 번제는 문자적으로는 하나님께 올라가는 것을 뜻합니다. 제물이 불에 타면서 내는 연기는 제물이 연기로 바뀐 것이며, 그 연기가 하나님이 계신 하늘로 올라가는 것은 하

---

[1] 안수(샤마크)의 의미는 죄의 이동(transfer of sin), 소유권 표시, 동일시 등 3가지로 논쟁 중이다. 김경열의 『레위기의 신학과 해석』은 죄의 이동을 선호한다(pp. 196-202). 성기문『키워드로 읽는 레위기』는 동일시를 선호한다(pp.19-48). 정희경,『레위기의 속죄 사상』은 이 각각의 의미에 대해서 잘 요약하고 있는데, 그도 동일시를 선호한다(pp.389-401).
[2] 정희경,『레위기의 속죄 사상』, p. 395.

나님이 제물을 받으신다는 것을 시각적으로 보여주는 것입니다. 그래서 레위기는 번제가 "여호와께 향기로운 냄새"를 풍기는 연기임 강조합니다(레 1:9, 13, 17; 2:2, 9; 3:5, 16; 4:31; 6:8, 14).

히브리어 '올라,' 우리말로 '올라가는 것'은 무엇입니까?

헌제자에게 그 연기는, 자신을 대신한 제물이 연기로 변한 것이기에, 헌제자 자신입니다. 헌제자는 불결한 몸으로는 하나님께 다가갈 수 없었습니다. 하지만 정결한 제물의 희생으로 연기처럼 하나님께 받아들여지며, 화목을 이루는 것입니다.

이것을 무엇이라고 말해야겠습니까?

은혜입니다.

어린 양이신 예수님

이와 같은 구약적 배경하에, 하나님은 그리스도의 십자가 위에서 화목을 이루어 주시는 은혜를 베푸셨습니다. 범죄한 우리들을 직접 심판하시지 않고, 하나님이 준비하신 어린 양이신 그리스도를 심판하셨습니다. 우리가 죽어야 하지만, 십자가 위의 그리스도가 희생제물로 죽으심으로 우리는 생명을 얻었습니다. 우리 인간들을 사랑하셔서, 차마 우리들을 진멸하지 않으시고 어린 양 그리스도의 생명을 대신 받으셨습니다. 그러므로 십자가는 어린 양을 믿는 모든 이들에게 죄 사함을 주시는 은혜와 사랑의 십자가인 것입니다.

항상 그렇듯이, 옛 언약보다 새 언약이 더 완전합니다. 보충할 것이 없습니다. 옛 언약 백성들은 짐승을 불태우는 제사를 지속적으로 드려야 했습니다. 자기 손으로 제물을 마련해야 했습니다. 그러나 새 언약 백성들은 그리스도의 완전한 희생 사역으로 인해, 다시금 제사를 드릴 필요가 없습니다. 우리 손으로 제물을 마련하지 않았습니다. 하나님이 다시 제사드릴 필요가 없는 그 위대한 어린 양을 내어 놓으셨습니다.

이런 값비싼 희생을 대가로 완성된 구원을 우리는 공짜로 받았습니다. 은혜가 곧 공짜입니다. 우리 새 언약 백성들이 입은 은혜가 더 크고, 위대합니다. 입은 은혜가 크고 위대한 만큼, 우리들이 보답해야 할 것도 더 큽니다. 옛 언약 백성들보다 더 하나님을 사랑해야 하고, 하나님을 위해 살아야 합니다.

그런데 공짜로 받아서 그런지, 이 은혜를 귀하게 여기지 않는 경향이 있습니다. 공짜로 구원받고 죄 사함을 받아서 그러는지, 구원받고 나서도 범죄하는 일에 크게 경각심을 갖지 않는 경향이 있습니다. 나를 위해 어린 양 그리스도가 피 흘리시고 살 찢으신 그 은혜를 값싸게 취급하지 마시기 바랍니다. 그 고귀한 피값에 마땅히 나도 소중한 순종의 제사를 드리시기 바랍니다.

제단의 뿔

이제 마지막으로 제단의 뿔이 의미하는 바를 말씀드리겠습니다. 어떤 구약 학자는 제단의 뿔은 희생제물로 쓸 동물을 묶어 놓는 역할을 했다고 가볍게 해석하기도 합니다. 그러나 고대 근동 지역에서 뿔은 신적인 힘을 상징합니다. 고대 근동 전역에서 제단에 뿔을 만든 것은 제단과 신이 동일하다는 것을 의미합니다.

성막의 제단은 사죄와 화목의 제사가 이뤄지는 곳이니, 제단의 뿔은 죄를 사하시는 하나님의 권세를 상징합니다. 죄 사함의 권능이 정결한 희생제물에게서 나오는 것이라고 착각할 수 있습니다. 또 제물을 잡아 태우는 제사장들의 권위에서 나온다고 착각할 수 있습니다. 아닙니다. 죄 사함은 거룩하신 하나님의 권위에서 나온다는 것을 제단의 뿔이 상징합니다. 뿔이 없는 제단은 하나님과는 무관한 제단이며, 죄 사함을 받을 수 없는 무용지물의 제단입니다.

뿔과 도피성

이런 점에서 이 뿔은 제단에서 가장 거룩한 부분이었습니다. 제단의 뿔은 하나님의 권세를 상징하기 때문에, 제단의 뿔을 잡은 자는 하나님께 모든 것을 의지하겠다는 뜻을 표현한 것입니다. 뿔을 잡으면, 그 사람은 하나님께 바쳐진 제물이 되는 셈입니다. 그렇게 되면, 하나님이 그를 보호해 주십니다. 하나님은 제단의 뿔을 잡는 사람은 함부로 죽이지 못하도록 하셨습니다. 직접 그를 심판하셔서, 그의 억울함을 살펴보십니다.

실수로 사람을 죽인 사람도 즉시 제단의 뿔을 잡고 하나님의 보호를 받을 수 있습니다. 과실치사가 발생하면, 죽은 자들의 가족들은 과실이 아니라 고의라고 판단하여 보복살인을 할 수 있습니다. 이럴 때 과실치사범은 즉시 제단의 뿔을 잡고 하나님께 호소하면, 그는 인간들의 복수로부터 보호받을 수 있었던 것입니다.

이 뿔의 권능을 이어받은 것이 도피성 제도였습니다. 이스라엘이 가나안 땅에 흩어져서 정착하게 되면, 지리적으로 이 제단의 뿔을 잡을 기회가 공평하게 주어지지 않습니다. 그래서 하나님께서는 요단 강 동서쪽에 각각 도피성 3개, 총 6개를 마련하셔서, 제단의 뿔을 잡을 기회와 같은 기회를 열두 지파에게 공평하게 주셨던 것입니다.

구원의 뿔

그러니까 제단의 뿔은, 진실로 억울한 자를 구원해 주는 뿔이 되는 셈입니다. 제단의 뿔이 바로 구원의 뿔임을 우리는 주목해야 합니다. 성경에서 "구원의 뿔"이란 표현은 딱 3번 나옵니다. 먼저 구약성경에서는 2번 나오는데, 모두 다윗이 자신이 구원받았음을 찬양한 것입니다.

> 여호와는 나의 반석이시요 나의 요새시요 나를 위하여 나를 건지시는 자시요 내가 피할 나의 반석의 하나님이시요 나의 방패시요 나의 구원의 뿔이시요 (삼하 22:2-3).

> 여호와는 나의 반석이시요 나의 요새시요 나를 건지시는 이시요 나의 하나님
> 이시요 내가 그 안에 피할 나의 바위시요 나의 방패시요 나의 구원의 뿔이시요
> (시 18:2).

다윗은 사울 왕에게 부당하게 쫓기고 생명의 위협을 받았습니다. 사울은 자신의 권력을 총동원해서 다윗을 죽이려고 했습니다. 다윗은 억울했고, 정말로 아슬아슬한 도피 생활을 이어가야 했습니다. 그러나 하나님은 사울의 핍박에서 다윗을 기어코 구원해 주시고 다윗을 왕으로 삼으셨습니다. 이 경험이야말로 다윗에게는 제단의 뿔을 잡은 것과 마찬가지였습니다. 그래서 하나님은 다윗에게 구원의 뿔이셨던 것입니다.

구원의 뿔은 신약성경에서는 딱 한 번 등장합니다. 세례 요한의 부친 사가랴는 아기 예수의 탄생을 이렇게 예언했습니다.

> 우리를 위하여 구원의 뿔을 그 종 다윗의 집에 일으키셨으니(눅 1:69).

사가랴가 예수님의 탄생을 뿔을 일으키는 것으로 표현한 것은 에스겔의 예언 때문입니다.

> 그 날에 나는 이스라엘 족속에게 한 뿔이 돋아나게 하고 나는 또 네가 그들
> 가운데에서 입을 열게 하리니 내가 여호와인 줄을 그들이 알리라(겔 29:21).

이 뿔은 다윗의 자손 메시아로 믿어졌습니다. 다윗에게 구원의 뿔이셨던 분이 여호와라면, 이제 사가랴에게 구원의 뿔은 다윗의 집에서 태어날 아기 예수였던 것입니다.

다윗에게 하나님이 구원의 뿔이셨듯이, 저와 여러분들에게도 하나님은 변

함없이 구원의 뿌리심을 믿으시기 바랍니다.

　앞이 캄캄하고, 탈출구도 없고, 억울하게 당할 일만 남은 것 같습니까?

　그럴 때, 구원의 뿌을 잡으십시오. 하나님이 여러분들의 사정을 아십니다. 하나님이 여러분들의 진심을 아십니다. 하나님이 억울함을 풀어주실 것입니다. 하나님이 여러분들의 상황을 역전시킬 것입니다. 하나님이 의인을 의롭다고, 죄인을 죄인이라고 심판하실 것입니다.

　예수 그리스도께서 우리에게 구원의 뿌로 오신 분이십니다. 우리 주님만 붙잡고 승리하시기 바랍니다. 주님 안에서 내게 능력 주시는 주님 안에서 내가 모든 것을 할 수 있음을 믿으시고 이번 한 주간도 승리하시는 여러분들이 되시기 바랍니다.

10. 성막의 뜰

출애굽기 27:9-21

성막은 단지 텐트 하나만 가리키는 단어가 아닙니다. 성막은 텐트와 뜰까지 포함하는 단어임을 유념해야 합니다. 담장 없는 집과 뜰을 보면 그 개방성에 마음이 시원해집니다.

하나님의 성막도 담장 없이 뜰을 개방하면 좋지 않겠습니까?

그러나 하나님은 거룩하신 분이시며, 성막의 뜰도 거룩한 장소, 성소이기 때문에 구별되고 폐쇄적이어야 합니다.

출 27:9 너는 성막의 뜰을 만들지니 남쪽을 향하여 뜰 남쪽에 너비가 백 규빗의 세마포 휘장을 쳐서 그 한 쪽을 당하게 할지니

출 27:10 그 기둥이 스물이며 그 받침 스물은 놋으로 하고 그 기둥의 갈고리와 가름대는 은으로 할지며

출 27:11 그 북쪽에도 너비가 백 규빗의 포장을 치되 그 기둥이 스물이며 그 기둥의 받침 스물은 놋으로 하고 그 기둥의 갈고리와 가름대는 은으로 할지며

출 27:12 뜰의 옆 곧 서쪽에 너비 쉰 규빗의 포장을 치되 그 기둥이 열이요 받침이 열이며

출 27:13 동쪽을 향하여 뜰 동쪽의 너비도 쉰 규빗이 될지며

출 27:14 문 이쪽을 위하여 포장이 열다섯 규빗이며 그 기둥이 셋이요 받침이 셋이요

출 27:15 문 저쪽을 위하여도 포장이 열다섯 규빗이며 그 기둥이 셋이요 받침이 셋이며

출 27:16 뜰 문을 위하여는 청색 자색 홍색 실과 가늘게 꼰 베 실로 수 놓아 짠 스무 규빗의 휘장이 있게 할지니 그 기둥이 넷이요 받침이 넷이며

고대 근동 유목민들의 텐트 주변에는 돌이나 나무 울타리가 있었습니다. 성막에도 울타리 역할을 하는 세마포 휘장이 있습니다. 9절부터는 16절까지 회막과 뜰을 다른 장소와 구별하기 위해 쳐야 할 울타리에 관해 남북서동(南北西東) 순으로 말씀합니다. 동쪽에 관해 마지막으로, 그리고 가장 길게 언급한 이유는 동쪽에 뜰 출입문이 있기 때문입니다.

남북쪽 울타리의 길이는 100규빗(45m), 서동쪽 울타리는 50규빗(22.5m)입니다. 가로세로 2:1의 비율을 가진 직사각형 울타리였습니다. 그리하여 총 둘레는 135m이며, 이 울타리 안의 평수는 약 306평이었습니다. 제일 먼저 살펴본 회막만의 평수는 18평 정도이니, 뜰 전체 면적의 16분의 1밖에 되지 않았습니다.

이 공간을 울타리 같은 세마포 휘장으로 두르려면 기둥들이 필요합니다. 기둥을 5규빗 간격으로 세워 뜰 휘장을 받치는 골격이 되게 하셨습니다. 기둥과 흰색 휘장을 연결하는 데 필요한 도구들로는 갈고리와 가름대도 필요했습니다.

출 27:17 뜰 주위 모든 기둥의 가름대와 갈고리는 은이요 그 받침은 놋이며

출 27:18 뜰의 길이는 백 규빗이요 너비는 쉰 규빗이요 세마포 휘장의 높이는 다섯 규빗이요 그 받침은 놋이며

> 출 27:19 성막에서 쓰는 모든 기구와 그 말뚝과 뜰의 포장 말뚝을 다 놋으로 할지니라

17절에 의하면 가름대와 갈고리는 은으로, 그 받침대는 놋으로, 19절에는 말뚝과 포장 말뚝이라는 것도 있었는데, 당연히 놋으로 제작되었습니다. 이제는 왜 당연히 놋인지 아실 것입니다. 울타리에 관해서는 더 많은 정보가 필요한데도 자세히 소개되어 있지 않습니다(출애굽기 35:18을 보면 줄이 필요했음을 알 수 있습니다). 18절에 의하면 뜰 휘장의 높이가 5규빗(2.25m)입니다. 그러면 기둥의 높이도 똑같았을 것입니다. 2.25m 높이의 기둥과 휘장이 2.25m 간격으로 설치되는 셈입니다. 성막의 높이는 10규빗(4.5m)이니 뜰의 울타리 높이는 성막 높이의 절반 높이였습니다.

출입문들

16절은 특별히 뜰의 문, 즉 제1출입문 역할을 하는 너비 20규빗(9m)짜리 휘장을 소개합니다. 높이는 5규빗(2.25m)이겠죠. 울타리로 쓰인 휘장이 흰색인데 반해, 제1출입문 역할을 하는 휘장은 청색, 자색, 홍색 실로 제작된 컬러풀한 휘장이었습니다.

울타리 출입문을 지나오면, 제2출입문이라고 할 수 있는 회막의 출입문이 있습니다. 앞서 살펴보았듯이, 회막의 출입문은 너비와 높이 둘 다 10규빗(4.5m)입니다.

제3출입문이라고 할 수 있는 지성소의 휘장도 마찬가지입니다. 이 휘장들 역시 청색, 자색, 홍색 실로 제작된 컬러풀한 휘장이었습니다. 모든 출입문 휘장의 재료는 동일합니다. 가로세로 사이즈가 다르지만, 면적을 계산해 보면 약 6평 정도로 모두 똑같습니다.

세 개의 출입문 역할을 하는 휘장이 모두 청색, 자색, 홍색 실로 제작된 것

은 이 문이 하늘로 들어가는 문임을 상징합니다. 성막의 뜰을 두르는 휘장은 사람에게서 나온 것이지만, 성막의 문은 하늘에 속한 것입니다. 하늘에 이르는 문은 하늘에서 내려와야 합니다. 이미 말씀드렸듯이 지성소의 문에만 천사들이 지키고 있습니다.

유대인들은 성막을 어떻게 이해했는지를 6세기경에 제작된 유대 회당의 모자이크를 통해 알 수 있습니다. 이스르엘 골짜기 근처에 있는 '베이트 알파'라는 마을에서 주후 6세기경의 유대인 회당이 발견되었습니다. 이 회당 바닥에는 3개의 연결된 모자이크가 있는데, 이 모자이크는 유대인들이 생각하는 하늘의 3중 구조, 즉 삼층천을 표현하고 있습니다.

첫 번째 모자이크는 아브라함이 모리아 산에서 이삭을 희생제물로 드린 것을 표현했습니다. 모리아 산은 땅과 맞닿은 하늘, 구름의 하늘입니다. 고대인들은 하늘로 높이 솟아 있는 산을 하늘과 땅을 연결시켜 주는 영적인 장소로 인식했습니다. 그래서 에덴도 산이었고, 지금 하나님이 이스라엘과 언약을 체결하고 있는 곳도 시내 산입니다.

성막의 울타리가 흰색 천으로 둘러 쳐진 것은 구름이 시내 산을 덮은 것과 구름의 하늘을 상징합니다. 모리아 산의 모자이크를 성막에 대입해 보면, 뜰의 문은 땅과 맞닿은 하늘문입니다.

두 번째 모자이크는 회당의 중앙에 있는데, 황도대를 표현했습니다. 황도대는 지상에서 볼 때, 태양이 움직이는 황도 주위에 7개의 행성이 동행하는 하늘 공간인데, 이 공간에는 열두 별자리도 있었습니다. 별들의 하늘을 표현한 것입니다. 역시 성막에 대입해 보면, 성막의 문은 별들의 하늘로 들어가는 문입니다. 성소 안의 일곱 등잔대의 등불이 황도대의 일곱 별을 상징하는 것과 잘 어울립니다.

세 번째 모자이크는 거룩한 하늘 문을 표현했습니다. 당연히 하나님이 계시는 하늘, 즉 보이지 않는 천상에 들어가는 문을 표현한 것입니다. 성막에 대입해 보면, 마지막 지성소의 문은 하나님이 계시는 하늘로 들어가는 문입니다.

구별됨의 거룩

울타리는 성막을 세상에서 구별되게 합니다. 히브리어 거룩의 문자적인 뜻이 '구별된다'는 뜻입니다. 하나님을 위해 구별된 모든 것을 거룩하다고 불렀습니다. 하나님이 이 세상과 구별된 분, 거룩한 분이기 때문입니다.

우리는 한자 거룩할 성(聖) 자를 경건하고 도덕적인 것으로 먼저 생각합니다. 그러나 성경이 말하는 거룩함은 먼저 공간적으로 구별되는 것입니다. 하나님을 위해 공간적으로 구별된 상태를 거룩하다고 합니다. 울타리를 침으로 성막은 지상으로부터 구별된 거룩한 공간이 됩니다.

확장된 뜰

원래 성막과 성전의 뜰은 하나였습니다. 그런데 예수님 탄생 시 유대를 다스리고 있었던 헤롯 대왕은 그 당시 초라한 규모의 성전을 재건축하여 확장했습니다. 주전 20년경부터 확장공사를 시작했는데, 주전 9년경에 성전은 다 지어졌지만, 성전의 뜰을 무리하게 3개로 확장하는 바람에 공사 기간이 더 길어져서 주후 64년경에 완공되었습니다. 그러면서 원래 하나였던 성전의 뜰이 이스라엘의 뜰, 여인의 뜰, 이방인의 뜰로 나누어서 확장했습니다.

원래 성전의 뜰이었을 공간이 이스라엘의 뜰이 되었고, 추가된 여인의 뜰이 원래 성전의 너비만큼 성전 동쪽에 조성되었습니다. 여인의 뜰에는 헌금함이 있었습니다. 그래서 가난한 과부가 두 렙돈을 이 헌금함에 집어넣었죠.

그리고 성전과 여인의 뜰을 합친 것보다 두 배나 넓은 이방인의 뜰이 성전 남북쪽에 나누어져 조성되었습니다. 이방인들의 뜰에 새워진 행각에는 환전상들과 비둘기 파는 자들이 자리잡고 있었습니다. 그래서 예수님이 이들을 쫓아버리셨죠. 특히 이방인의 뜰을 구분하기 위해서 낮은 돌담까지 세웠습니다. 그 돌담에는 이런 경고문이 붙어 있었습니다.

"이방인은 안쪽 뜰과 성소 주변으로 들어올 수 없다. 들어오다가 잡히는 모든 이방인들은 죽을 것이다."

이렇게 예수님 당시의 헤롯 성전은 한 개의 뜰을 3개로 나눈 결과로 성전의 3중 거룩을 5중 거룩으로 만들어 버렸습니다. 이것은 유대교가 얼마나 강압적이고 불필요한 정결·불결의 전통으로 인생들을 괴롭혔는지를 잘 보여줍니다. 여인의 뜰과 이방인의 뜰은 유대교가 여인들과 이방인들을 차별하는 전통을 가졌음을 잘 보여줍니다.

특히 이방인들을 향한 경고문이야말로 예수님 당시의 유대교가 여호와 하나님을 오해하고 있고, 구약성경의 하나님보다 못한 하나님을 믿고 있다는 증거였습니다. 여호와 하나님은 이방인들이 하나님의 백성이 되는 길을 열어 놓으신 분이셨습니다. 출애굽의 구원을 체험한 무리 속에는 이방인들도 섞여 있었습니다. 그 이방인의 아들이 갈렙이었습니다. 심지어 가나안 땅을 정복할 때에도, 가나안의 기생 라합과 가나안의 기브온 주민들도 구원과 보호를 받을 수 있었습니다(민 9-10장). 선지자 시대에도 요나를 통해 니느웨 성 주민들을 구원하시기도 하셨습니다.

차별 폐지

오늘날 우리들에겐 3중의 하나님의 집도, 3중의 거룩도 없습니다. 예수님이 이 땅에 오셔서 몇 단계에 걸친 차별적인 거룩을 다 허무시고, 공평한 거룩을 명하신 덕분입니다.

먼저 이방인들에게 차별적인 거룩을 예수님은 폐하셨습니다. 바울은 예수님이 차별적인 거룩을 허무셨다고 선언했습니다.

> 그는 우리의 화평이신지라 둘로 하나를 만드사 원수 된 것 곧 중간에 막힌 담을 자기 육체로 허시고(엡 2:14).

여기서 중간에 막힌 담이 바로 이방인의 뜰과 성전을 구별하고 있는 돌담입니다. "성전 안으로 들어오는 모든 이방인들은 죽을 것이다"라는 경고문이 걸려있는 그 담입니다. 예수님의 십자가 죽음은 그 담을 사실상 허물어 버리는 것과 같은 일입니다.

예수님은 성소와 지성소의 구분하고 있는 휘장마저 없애버리지 않으셨습니까?

동등한 거룩

이제 예수님 안에서 모든 거룩의 단계들, 구분들, 담이 다 허물어졌습니다. 제사장들은 더 거룩하고, 일반인들은 덜 거룩하고, 이방인들은 개같이 더럽다는 이런 차별적인 거룩은 예수님 안에서 단 하나의 거룩으로 공평해졌습니다. 예수님 안에서 우리 모든 성도들은 제사장이 됩니다. 우리의 대제사장이신 예수 그리스도께서 휘장 가운데로 열어 놓으신 새롭고 산 길을 따라 걸어가서 하나님 앞에서 모두 공평하게 단 하나의 명령을 받습니다.

> 오직 너희를 부르신 거룩한 이처럼 너희도 모든 행실에 거룩한 자가 되라 기록되었으되 내가 거룩하니 너희도 거룩할지어다 하셨느니라(벧전 1:15-16).

십자가를 먼저 지신 주님은 모든 제자들에게 공평한 명령을 내리십니다.

> 또 무리에게 이르시되 아무든지 나를 따라오려거든 자기를 부인하고 날마다 제 십자가를 지고 나를 따를 것이니라(눅 9:23).

누구는 십자가 전부 지고, 누구는 십자가 반만 지고, 그런 것 없습니다. 나는 1등급 신자다, 나는 3등급 신자다, 그런 차별적인 생각들 이제 집어치워 버리십시오.

종교개혁의 여러 모토들이 있지만, 루터의 개혁 운동 중에서 중세 기독교의 생활과 가치관마저 개혁시켜 버린 가장 영향력 있는 것은 다름 아니라 '만인제사장설'(萬人祭司長說)입니다.

성도 만 명이 제사장이란 말입니까?

모든 성도가 제사장이란 뜻입니다. 가톨릭은 성인도 있고, 사제들도 있고, 다양한 거룩의 계급이 있었습니다. 이에 루터는 모든 성도들이 제사장이며, 모든 성도들의 대제사장은 단 한 분 예수 그리스도밖에 없다고 주장했습니다.

우리 모두는 다 예수 그리스도의 피로 구원받은 귀한 존재들이며, 하나님이 제사장으로 여기는 귀한 존재들임을 믿으시기 바랍니다.

> 출 27:20 너는 또 이스라엘 자손에게 명령하여 감람으로 짠 순수한 기름을 등불을 위하여 네게로 가져오게 하고 끊이지 않게 등불을 켜되
>
> 출 27:21 아론과 그의 아들들로 회막 안 증거궤 앞 휘장 밖에서 저녁부터 아침까지 항상 여호와 앞에 그 등불을 보살피게 하라 이는 이스라엘 자손이 대대로 지킬 규례이니라

21절에서 처음으로 회막, 미팅 텐트라는 단어가 나옵니다. 우리는 편의상 이 단어를 이미 앞당겨서 사용하고 있었습니다. 27장의 마지막 두 절은 등불에 관한 것입니다. 20절은 순수한 감람유, 올리브유를 등불을 밝히는 원료로 사용하라고 하십니다. 우리말 성경이 "짜다"로 번역한 것을 영어성경은 '때린'(beaten)으로 번역했습니다.

고대에 올리브유를 얻는 방법은 2가지였습니다.

첫째, 올리브를 으깨어서, 마치 갈아서 만드는 방법입니다. 이 방법은 양이 많이 나오지만 찌꺼기가 섞여 있어 투명하지 않습니다. 값이 저렴하겠죠.

둘째, 올리브를 방아 찧듯 막대기로 가볍게 때려서 기름을 얻는 방법이 있습니다. 이렇게 하면 찌꺼기가 거의 없어 기름이 투명합니다. 그래서 첫 번째 방법으로 완전히 으깨어 만든 기름보다 그을음도 없고, 빛이 더 밝습니다. 당연히 비싸겠죠.

성막에서 사용된 순수한 올리브유가 더 비싼 것, 지꺼기가 없어서 그을음도 없고 더 밝은 빛을 내는 기름이었습니다. 21절은 이 기름으로 불을 밝히고 관리하는 일을 제사장이 맡을 것을 명하고 있습니다.

이 자리에?

출애굽기 27:20-21은 학자들과 설교자도 난감하게 만드는 짜투리 본문입니다. 겉보기에 이상한 점이 있기 때문입니다. 등불에 관한 것이라면, 등잔대가 소개되고 있는 출애굽기 25:31 이하에 있지 않고, 왜 출애굽기 27장 마지막 부분에 있는 것이 이상하기 때문입니다. 가장 설득력 있는 해석에 의하면, 등불 관리를 맡은 자들이 제사장이기에, 등불에 관한 본문 위치가 출애굽기 28장 제사장들에 관한 본문 직전에 위치하게 되었다는 것입니다.

흥미롭게도, 출애굽기 27:20-21에서 등불에 관한 본문으로 제사장 주제가 시작된다면, 제사장 주제가 끝나는 출애굽기 30:1-10에서도 등불이 또 언급됩니다. 30:7은 아론에게 "아침마다 그 위에 향기로운 향을 사르되 등불을 손질할 때에 사를지며"라고 명령합니다. 이것은 제사장 본문을 등불에 관한 말씀이, 마치 책꽂이나 북엔드의 양끝처럼 감싸고 있는 모습입니다. 제사장들의 본문 시작과 끝에 등불이 언급된 것은 제사장의 역할을 상징하고 있습니다. 제사장은 등불을 관리하는 자이며, 빛의 중재자입니다

세상 속의 빛나는 제사장

등불과 제사장의 관계는 오늘날 모두가 제사장으로 부름받은 신약의 성도들에게도 의미가 있습니다.

제사장이 관리하는 불이 하나님에게서 나온 불이듯, 우리도 하나님에게서 나온 불 같은 성령을 받았습니다. 예수님은 산상설교의 그 유명한 선언으로 신약의 제자들의 정체성을 세상 속의 빛이라고 규정하셨습니다(마 5:14). 제사장이 성막의 등불을 매일 관리하는 것이 기본적인 업무이듯이, 우리 신약의 성도들도 우리 안에서 빛을 밝히고 있는 하나님의 불을 소중하게 여기면서 빛의 자녀로 살아야 합니다. 건강한 신자라면, 어디를 가든 빛나는 언행을 할 것입니다.

그렇게 세상 속에서 우리는 빛으로 구별되어야 합니다. 주일날 교회당 안에서만 빛나는 존재들이 아니라, 평일날 세상 속에서 빛을 발하는 불이 되어야 합니다. 그냥 빛으로 구별되는 것 자체만으로도 어둠을 쫓아냅니다. 그래서 예수님은 빛의 자녀들이 어둠의 세력들에게 미움을 받을 것이라고 예고하셨습니다.

> 너희가 세상에 속하였으면 세상이 자기의 것을 사랑할 것이나 너희는 세상에 속한 자가 아니요 도리어 내가 너희를 세상에서 택하였기 때문에 세상이 너희를 미워하느니라(요 15:19).

이번 한 주간도 어둠의 세상에 불을 밝히는 제사장이 되시기 바랍니다. 저와 여러분 모두 동일하게 제사장으로 세상 속에서 빛을 발하는 존재로 부름받았으니, 세상의 미움을 받는 것을 오히려 감사하시면서, 빛나는 승리를 거두시는 한 주간이 되시기 바랍니다.

제6부 대제사장

11. 대제사장의 의관: 에봇

12. 대제사장의 의관: 판결 흉패

13. 대제사장의 의관: 우림과 둠밈

14. 대제사장의 의관: 겉옷

15. 대제사장의 의관: 순금패

16. 제사장 위임식

17. 위임식 이후

11. 대제사장의 의관: 에봇

출애굽기 28:1-14

오늘 본문부터 성막을 소개하는 관점에 변화가 있습니다. 지금까지는 성막의 하드웨어를 소개하였습니다. 그러나 이제부터는 성막의 소프트웨어를 소개합니다. 그 소프트웨어가 바로 오늘 강해의 주인공인 대제사장입니다.

성막 시스템과 제사장
우리는 제사장들을 그저 관리인으로 생각해서는 안 됩니다. 제사장들도 성막 기구의 일부입니다. 성막 시스템에서 성막 기구들이 하드웨어라면 제사장들은 소프트웨어라고 할 수 있습니다. 성막 안에서 성막 기구들을 관리하고 운영하는 제사장들이 없는 성막은 무용지물입니다. 그래서 하나님은 성막 기구의 설계도상에서 제사장이라는 성막 기구를 소개하시는 데 많은 분량을 할당하십니다.

특히 성막 시스템에서 대제사장은 가장 중요한 소프트웨어입니다. 그래서 출애굽기 28장과 29장 두 장이나 대제사장에게 할당하고 있습니다. 오늘 우리는 출애굽기 28장에서 대제사장의 패션을 살펴보게 됩니다.

요즘 시대는 한 개인이 갖추어야 할 경쟁력 중에는 적당히 멋을 부릴 줄 아는 능력도 포함됩니다. 멋을 낸다는 말은 옷을 잘 입는다는 말과 거의 동일합니다. 촌스러운 분위기를 풍기며, 묵묵히 일만 하는 사람보다는 세련된 인상을 주면서, 일도 잘 하는 사람이 되어야 하는 것이 요즘 시대입니다. 그래서 누구든지 패션에 크고 작은 관심을 가지게 됩니다.

그러나 우리 중에 아무도 대제사장의 의상을 입지 않습니다.

교황이라면 모를까, 우리가 패션의 역사를 공부하는 의상학도도 아니면서, 대제사장의 의상을 알아야 할 필요가 무엇입니까?

대제사장이라는 직분은 사람보다는 의관이 더 중요하기 때문입니다. 의관이 평범한 사람을 대제사장으로 만듭니다. 하나님께서는 의관의 디자인 속에 대제사장의 정체, 직무 등 많은 상징들을 담아 놓으셨습니다. 우리는 그 상징성을 바로 이해하고, 그것이 오늘날 우리들에게 무엇을 교훈하는지를 알아야 합니다.

출 28:1 너는 이스라엘 자손 중 네 형 아론과 그의 아들들 곧 아론과 아론의 아들들 나답과 아비후와 엘르아살과 이다말을 그와 함께 네게로 나아오게 하여 나를 섬기는 제사장 직분을 행하게 하되

출 28:2 네 형 아론을 위하여 거룩한 옷을 지어 영화롭고 아름답게 할지니

출 28:3 너는 무릇 마음에 지혜있는 모든 자 곧 내가 지혜로운 영으로 채운 자들에게 말하여 아론의 옷을 지어 그를 거룩하게 하여 내게 제사장 직분을 행하게 하라

1절에는 당시 대제사장과 제사장 후보들을 소개합니다. 이 중에서 아론의 첫째, 둘째 아들은 죄를 지어 탈락하게 됩니다(레 10:1, 2). 셋째 아들 엘르아살이 아론을 계승할 것입니다. 대제사장이라고 별난 사람이 선택된 것이 아닙니다. 다 죄인들 속에서 선택되었습니다.

출 28:4   그들이 지을 옷은 이러하니 곧 흉패와 에봇과 겉옷과 반포 속옷과 관과 띠라 그들이 네 형 아론과 그 아들들을 위하여 거룩한 옷을 지어 아론이 내게 제사장 직분을 행하게 하라
출 28:5   그들이 쓸 것은 금 실과 청색 자색 홍색 실과 가늘게 꼰 베 실이니라

4절은 대제사장에 관해 6가지로 구성된 의관을 소개하고 있지만, 제사장이 입는 의관을 소개한 것과 비교해 보면, 기본적으로 제사장과 대제사장이 공통으로 입은 의상들이 있습니다. 속옷, 속바지, 머리에 쓰는 관, 허리띠가 기본 의상 4가지입니다. 여기에다가 대제사장에게만 4개가 더 추가됩니다. 에봇, 판결 흉패, 겉옷, 순금패인데 공교롭게도 완전수 4가 반복적으로 나타납니다. 출애굽기 28장에서는 가장 바깥에 입는 옷부터 안쪽에 입는 옷 순으로 소개하고 있습니다. 우리는 오늘부터 그 순서대로 한 주씩 살펴볼 것입니다.

문제는 이 옷을 만드는 법과 재료, 그 활용법, 장식된 수많은 보석들을 오늘날 완벽하게 이해하기 어렵다는 점입니다. 히브리어를 정확하게 번역하기는 것이 어렵습니다. 그래서 본문을 문자적으로 이해하는 데에도 이견이 있음을 염두에 둬야 합니다.

출 28:6   그들이 금 실과 청색 자색 홍색 실과 가늘게 꼰 베 실로 정교하게 짜서 에봇을 짓되
출 28:7   그것에 어깨받이 둘을 달아 그 두 끝을 이어지게 하고
출 28:8   에봇 위에 매는 띠는 에봇 짜는 법으로 금 실과 청색 자색 홍색 실과 가늘게 꼰 베 실로 에봇에 정교하게 붙여 짤지며

에봇이 제일 먼저 언급되었습니다. 에봇의 히브리어 '에포드'의 어원이 불확실하기에 여러 제안들이 있습니다. 에봇은 귀한 옷을 가리키는 말이었는데,

귀한 옷을 신상(神像)에 입히기도 했던 것 같습니다. 그래서 에봇은 신상을 가리키기도 합니다.

> 기드온이 그 금으로 에봇 하나를 만들어 자기의 성읍 오브라에 두었더니 온 이스라엘이 그것을 음란하게 위하므로 그것이 기드온과 그의 집에 올무가 되니라 (삿 8:27).

내용상 기드온이 만든 에봇은 신상이 분명합니다. 또 다른 구절을 보면, 어린 사무엘(삼상 2:18)과 다윗(삼하 6:14)도 에봇을 입었는데, 그렇다면 대제사장의 에봇 외에도 일반인들이 입을 수 있는 에봇이 있었던 것 같습니다.

조끼? 치마?

진짜 중요한 것은 에봇의 형태인데 여기에도 이견이 있습니다. 에봇이 조끼였는지, 아니면 무릎까지 내려오는 치마였는지 불확실합니다. 그래서 어떤 영어성경은 조끼(vest)라고 번역하기도 하지만, 학자들은 치마(skirt)라고 주장합니다. 치마라고 주장하는 근거는 사무엘하 6장에 있습니다.

> 다윗이 여호와 앞에서 힘을 다하여 춤을 추는데 그 때에 다윗이 베 에봇을 입었더라…사울의 딸 미갈이 나와서 다윗을 맞으며 이르되 이스라엘 왕이 오늘 어떻게 영화로우신지 방탕한 자가 염치 없이 자기의 몸을 드러내는 것처럼 오늘 그의 신복의 계집종의 눈앞에서 몸을 드러내셨도다 (삼하 6:14, 20).

다윗의 몸이 드러났다는 말은 하체가 드러났다는 뜻입니다. 베 에봇이 치마여야 문맥이 자연스럽습니다. 하여간 에봇의 길이에 관해서는, 에봇 아래 입는 겉옷의 가장자리가 보여야 하기 때문에, 에봇이 겉옷보다 짧았다는 것은 확실합니다.

에봇의 구성품들은 4개입니다. 몸체 1개, 어깨받이 2개, 그리고 띠 1개입니다. 7절에 의하면 에봇의 몸체는 2개의 어깨받이, 쉽게 말하자면 멜빵이 필요했습니다. 그러니까 에봇에는 어깨와 팔을 감싸는 부분은 전혀 없었고, 오직 몸통 부분만 가리기 때문에 어깨받이가 필요했습니다. 7절, "그것(에봇)에 어깨받이 둘을 달아 그 두 끝을 이어지게 하고," 이 말씀은 어깨받이 2개를 에봇의 앞과 뒤에 연결시키라는 뜻입니다. 그러면 에봇의 몸체는 등과 배를 덮었던 것 같습니다.

저는 에봇을 갑옷 같은 것으로 여깁니다. 제사장들과 레위인들은 성막과 성전을 지키는 경비병 역할도 감당하고 있습니다. 레위인들을 성막 경비대라고 볼 때, 대제사장은 경비대장입니다. 에봇은 성막 경비대장이 입는 갑옷 같은 의상이라 할 수 있습니다. 그래서 민수기 31:6에서 제사장이 전쟁에 참여할 때 가져갔던 성전의 기구가 바로 갑옷 같은 에봇일 수도 있습니다.

이스라엘과 미디안 간의 전쟁을 앞두고 제사장 엘르아살은 자신 대신 참전하는 아들 제사장 비느하스에게 "성전의 기구"를 주었습니다. "성전의 기구"가 무엇인지에 대해 주석가들은 제사장이 입는 전투용 옷, 법궤, 우림과 둠밈 등을 유력한 후보로 제시하지만, 저는 엘르아살이 전쟁터에 나가는 아들에게 에봇을 입혀준 것 같습니다. 그러면 우림과 둠밈도 따라갔을 것입니다. 제사장 비느하스는 에봇을 입는 순간 대제사장으로서 참전했던 것입니다.

출 28:9   호마노 두 개를 가져다가 그 위에 이스라엘 아들들의 이름을 새기되

출 28:10   그들의 나이대로 여섯 이름을 한 보석에, 나머지 여섯 이름은 다른 보석에 새기라

출 28:11   보석을 새기는 자가 도장에 새김 같이 너는 이스라엘 아들들의 이름을 그 두 보석에 새겨 금 테에 물리고

출 28:12 그 두 보석을 에봇의 두 어깨받이에 붙여 이스라엘 아들들의 기념 보석을 삼되 아론이 여호와 앞에서 그들의 이름을 그 두 어깨에 메워서 기념이 되게 할지며

출 28:13 너는 금으로 테를 만들고

출 28:14 순금으로 노끈처럼 두 사슬을 땋고 그 땋은 사슬을 그 테에 달지니라

9절 이하를 보시면, 호마노 보석 2개에 열두 지파의 이름을 각각 6개씩 새겨 넣었습니다. 이로써 이 호마노는 "이스라엘의 아들들의 기념 보석"이 되었습니다. 이 호마노 2개가 에봇의 어깨받이에 달려 있는 금테에 물려졌습니다. 어깨받이라고 하찮게 여길 것이 아니었습니다. 호마노라는 보석에 대해선 다음 시간에 더 자세하게 말씀드리겠습니다.

대제사장이 이 에봇을 입으면, 대제사장의 양 어깨에는 열두 지파의 이름이 새긴 호마노 보석이 놓이게 됩니다. 딱 보기에도 대제사장이 이스라엘 열두 지파를 어깨에 짊어지고 있는 것을 상징합니다. 대제사장의 임무는 간단하게 이스라엘을 하나님의 임재 앞으로 데려가는 것입니다. 이스라엘의 열두 지파는 호마노로 상징되어 대제사장의 어깨에 실려 하나님 앞에 갈 수 있었던 것입니다.

에봇의 재료

중요한 점은 에봇의 재료입니다. 5절을 보면 대제사장 의상 재료가 금 실, 청색, 자색, 홍색 실, 가늘게 꼰 베 실이 사용되었습니다. 6절 에봇의 재료뿐만 아니라 8절의 에봇을 매는 허리띠까지도 똑같은 재료로 만들어야 했습니다. 우리말 성경은 "금 실"이라고 번역했는데, 그냥 금으로 번역해야 한다는 주장도 있습니다.

어쨌든 대제사장의 에봇은 그야말로 금빛 찬란한 옷입니다. 유대인들은 대

제사장의 옷을 금 의복이라고 불렀고, 유대문헌에는 대제사장의 옷을 보고 감명을 받아 그것을 찬양하는 글이 있을 정도입니다. 대제사장의 옷의 첫인상은 무엇보다도 화려하다는 것입니다.

화려함

우리가 인터넷에서 볼 수 있는 제사장 의상을 보면, 오늘날 감각으로는 '무엇이 그렇게 화려했을까, 오히려 촌스럽다'고 느낄 수도 있겠지만, 지금으로부터 무려 3,500년 전의 옷이라는 것을 유념해야 합니다.

오늘날 세상이 아무리 패션의 사회일지라도, 종교 지도자나 영적 지도자의 의상에 대해서는 대부분 화려하기보다는 단정해야 한다고 생각할 것입니다. 단적인 예로, 오늘 이 시간 제가 금빛과 삼색 컬러의 화려한 정장을 입고 이 자리에 섰다면, 여러분들은 어떻게 생각하시겠습니까?

분명히 '제비족인가?' 하고 언짢게 생각하실 것입니다. 사실 저는 신경 써서 옷 챙겨 입기 시작하면, 세상이 감당하지 못할 사람입니다. 그냥 걸려 있는 것 아무거나 집어 입어도 이 정도입니다. 굳이 옷에 신경 쓰지 않아도 되는 사람입니다. 믿으십니까?

본론으로 돌아와서, 하나님이 디자인하신 이스라엘 최고의 영적 지도자의 의상은 이스라엘에서 가장 화려한 의상이었습니다. 하나님은 아예 대제사장보다 더 화려한 사람이 없도록 디자인하셨습니다. 모든 사람이 대제사장에게 시선을 둘 수밖에 없도록 하신 것입니다.

에봇의 상징성

그럼 대제사장이 입은 에봇은 무엇을 상징하고 있을까요?

성막 기구는 그 거룩함에 따라서 재료도 달라집니다.

성막 기구들 중에서 금, 청색, 자색, 홍색, 베 실이 사용된 곳이 어디입니까?

지성소입니다.

금이 사용된 이유는 무엇입니까? 하나님께서 금을 좋아하셔서 입니까?

하나님의 빛나는 영광을 표현하기 위해서입니다. 천상의 빛나는 하나님의 영광을 이 땅의 것으로 표현하려니까, 고대에 지상에서 빛나는 것은 귀금속 뿐이었고, 그중에 금이 제일이었습니다.

왜 지성소의 출입문과 성막의 덮개는 청색, 자색, 홍색 실이 사용되었습니까?

청색 하늘, 자색 하늘, 홍색 하늘을 표현한 것입니다. 에봇의 빛나고 컬러풀한 재료는 하늘에 계신 하나님의 영광을 상징하는 재료들입니다. 그래서 2절에 의하면, 에봇은 거룩한 옷이며, 영화롭고 아름다운 옷이었습니다. 거룩하다의 뜻은 일차적으로는 구별되다란 뜻입니다. 에봇은 이 땅의 옷이 아니었습니다. 하늘에 속한 옷이었습니다.

땅의 인간이 하늘의 옷을 입다

그렇다면 대제사장이 에봇을 입는다는 것은 하늘에 계신 하나님의 영광을 입는 것이었습니다. 사실 재료로 따져보면, 대제사장의 의관 중에 하늘에 속하지 않은 것이 없습니다. 겉옷마저 하늘에 속한 옷입니다. 옷을 입는 대제사장 본인만이 땅에 속했고, 대제사장의 의관은 모두 하늘에 속했습니다. 대제사장은 땅에 속한 사람인데, 에봇을 입음으로서 하나님의 영광을 입은 사람이 됩니다. 즉 하나님과 사람이 만난 것이며, 하늘과 땅이 만난 것입니다.

대제사장의 역할이 무엇입니까?

중보자입니다. 대제사장은 하나님의 사정과 인간의 사정을 잘 알아야 둘 사이를 중재할 수 있습니다. 그런데 대제사장은 범죄한 인간입니다. 그는 땅의 사정을 잘 알고 있지만, 하늘의 사정을 알 수 없습니다. 하늘의 영광과 거룩함에 함량 미달입니다. 그래서 그는 에봇, 즉 하늘의 영광을 입어 자격 있는 중재자가 됩니다.

에봇을 입은 제사장만이 하늘과 땅을 연결시킬 수 있습니다. 성막의 역할도 궁극적으로는 하늘이 땅에 내려와서 하나님이 사람을 만나주시는 것입니다. 그래서 성막을 회막(미팅 텐트)라고 부릅니다.

에덴 동산의 옷 이야기

하나님의 관심은 늘 '하늘과 땅을 어떻게 연결시킬까?' 입니다. 하늘에 계신 하나님의 관심은 '내가 어떻게 하면 땅과 소통할까?' 입니다.

천지를 창조하시고 하나님이 땅과 소통하기 위해 만드신 최초 미팅 장소가 어디입니까?

에덴 동산이었습니다. 에덴 동산에서 아담은 대제사장처럼 활동했습니다. 그때 아담은 옷을 입을 필요가 없었습니다. 하나님의 형상으로 지음받아서 하나님의 영광이 충만했기 때문입니다.

그러나 아담이 죄를 범하자, 영광을 잃어버린 아담에게 하나님은 짐승의 가죽 옷을 입히셨습니다. 에덴의 대제사장 아담이 입은 가죽옷과 성막의 대제사장이 입은 에봇은 상징적으로 비교해 볼 가치가 있습니다. 옷을 입히거나 벗기는 행동은 상속권과 관련있기에, 아담에게 옷을 입히신 것은 상속권을 회복시키시겠다는 하나님의 은혜가 표현된 것이라는 견해가 있습니다.[1]

그러나 이때 아담이 입은 옷은 짐승의 가죽 옷입니다. 하나님이 아담에게 짐승의 가죽 옷을 입힌 것은 아담이 짐승의 말에 순종한 짐승 같은 존재가 되었음을 표시하기 위함입니다. 만약 옷을 입힌 것이 상속권을 상징한다면, 아담은 짐승의 상속자가 되고 만 것입니다. 이 비루한 짐승의 옷이야말로 아담이 에덴 동산에서 더 이상 대제사장 역할을 할 수 없음을 명약관화하게 보여

---

[1] 그레고리 빌, 『성전신학』, pp. 40-41.

줍니다. 결국 아담은 에덴 동산에서 퇴출되고 말았습니다.

하나님이 제사장에게 입히신 옷

그러나 땅의 인간과 소통하시고자 하는 하나님의 바램은 기어코 에덴 동산과 같은 성막을 만들고 말았습니다. 그리고 대제사장을 두셨습니다. 대제사장은 타락한 아담이 입은 짐승의 가죽 옷 같은 것을 입어서는 안 됩니다. 대제사장은 타락하기 이전의 아담과 같은 존재가 되어야 합니다. 그래서 하나님은 성막의 대제사장에게는 영광스러운 옷을 입혀주십니다. 만약 옷 입히는 것이 상속권을 상징한다면, 대제사장이야말로 영광을 상속할 자임을 상징합니다.

그런데 대제사장은 양 어깨에 열두 지파를 짊어지고, 하나님께 나아가는 이스라엘의 대표요, 이스라엘 자체입니다. 대제사장이 영광의 옷을 입었다는 것은 이스라엘 민족 전체가 영광의 옷을 입은 것과 마찬가지입니다. 만약 옷 입히는 것이 상속권을 상징한다면, 에봇을 입은 대제사장은 이스라엘이 하나님의 상속자임을 상징합니다.

대제사장이 필요한 인간

우리가 알아야 할 것은 우리 인간에게 죄의 문제가 존재하는 한, 대제사장의 직분이 필요하다는 것입니다. 사람이 죄 때문에 하나님의 임재를 누리는 데 문제가 있는 한, 대제사장은 절대적으로 필요합니다. 하나님과 인간을 중재하려면, 하나님과도 통하고 인간과도 통해야 합니다. 이스라엘의 대제사장도 죄 많은 인간이어서 인간과는 잘 통하지만, 하나님과는 전혀 통하지 않습니다.

그래서 그는 하나님의 영광의 에봇을 입어야 했습니다. 에봇이라는 옷이 대제사장을 만듭니다. 아론이 본래 영광스럽거나 자격이 있어서 대제사장이

된 것이 아닙니다. 사람으로 따지자면 대제사장이나 목동이나 똑같습니다. 그러나 대제사장이 자신의 직분을 수행하기 위하여, 에봇을 입는 순간, 그는 가장 영광스러운 직분을 수행하는 인간이 되는 것입니다.

육신을 입으신 예수님

옛 언약에서는 사람이 에봇을 입고 대제사장의 직분을 감당했습니다. 그러나 새 언약에서는 더 위대하고 완전한 대제사장이 오셔서 이 직분을 감당하셨습니다. 새 언약의 대제사장은 예수 그리스도, 하나님의 독생자이신 성자 하나님이십니다.

예수님은 본래부터 하늘의 영광을 가지고 계신 분이셨습니다. 예수님은 인간 대제사장과는 반대로 하늘의 영광을 가졌지만, 인간의 사정을 몰랐습니다. 하늘의 영광을 이미 가지신 예수님에게 에봇은 필요없습니다.

그럼 인간의 사정을 모르는 예수님에게 필요한 것이 무엇입니까?

하나님과 인간 사이의 중재가가 되기 위해 인간의 몸을 입어야 했습니다.

예수님이 변화산에서 보여주신 것이 무엇입니까?

인간의 몸을 입고 계시지만, 본래 얼마나 영광스러운 분인지를 보여주신 것입니다.

오늘날 우리들의 대제사장이 바로 그와 같은 분입니다. 우리들의 이름이 그리스도의 어깨와 가슴에 얹혀 있습니다. 우리가 그리스도를 대제사장으로 삼고 나아가면, 하나님은 그리스도의 완전한 중보사역으로 인해 우리를 물리치시지 않습니다. 외면하시지 않습니다. 완전한 대제사장이신 그리스도야말로 우리 인간이 하나님께 받아들여질 수 있는 유일한 길이며 유일한 대문인 것입니다.

그리스도로 옷 입음

오늘 우리들에게는 예수님이 바로 에봇입니다.

> 누구든지 그리스도와 합하기 위하여 세례를 받은 자는 그리스도로 옷 입었느니라(갈 3:27).

우리는 예수를 옷 입음으로 하나님을 만날 수 있습니다. 하나님은 에봇을 입은 대제사장을 받아주셨듯이, 그리스도를 옷 입은 우리를 받아주십니다. 우리가 예수를 옷 입는 순간, 우리는 대제사장처럼 영광스러운 존재가 됩니다. 하늘 영광을 담은 에봇을 입은 대제사장이 하나님께 나아갈 수 있듯이, 하나님의 영광이신 예수님을 입은 우리도 하나님께 나아갈 수 있습니다.

무엇보다도 우리의 대제사장 예수 그리스도는 하나님이 언제나 반기시며 기뻐하시는 아들이십니다. 그래서 예수님 안에 있는 우리 또한 하나님이 반기시며 기뻐하시는 자녀가 되었음을 믿으시기 바랍니다. 이번 한 주간도 예수 안에서 예수님의 이름으로 살아가는 하나님의 자녀임을 믿으시고, 예수 안에서 약속된 자녀의 권세를 마음껏 누리시는 여러분들이 되시길 바랍니다.

12. 대제사장의 의관: 판결 흉패

출애굽기 28:15-29

성막 강해의 목표는 늘 동일합니다.

첫째, 오늘 본문 자체가 문자적으로 어떤 설계도를 그리고 있는지 이해하는 것입니다. 그래서 다음번에 여러분들 혼자 오늘 본문을 읽을 때 혹은 필사할 때, 무슨 말인지도 모르는 일이 없도록, '아, 이런 걸 만들라고 명령하구나' 하고 대략 그림을 그릴 수 있도록 하는 것입니다.

둘째, 상징성을 이해하는 것입니다. 우리는 건축학도로서 성막 본문에 관심을 가지는 것이 아닙니다. 21세기를 살고 있는 신자로서 3,500년 전의 성막이 무엇을 말하는지 깨닫고자 하는 것입니다.

에봇 다음으로 주목할 것은 판결 흉패입니다. 에봇과 판결 흉패 간의 순서와 중요도는 언약궤와 속죄소 간의 그것과 같습니다. 언약궤가 속죄소를 받치고 있듯이, 에봇은 판결 흉패를 달고 있습니다. 굳이 따지자면 언약궤보다 속죄소가 더 중요하듯이, 에봇보다 판결 흉패가 더 중요합니다.

그래서 어떤 학자가 헤아려 보았듯이, 에봇에는 196 단어가 할당되었지만, 흉패에는 400 단어가 할당되어 대제사장의 의관 목록 중에서 가장 많은 열여섯 절이나 할당되어 있습니다. 당연히 제 강해 설교도 길어질 수밖에 없었습니다. 그래서 판결 흉패에 관해서만 오늘 말씀드리겠고, 판결 흉패 속에 보관된 우림과 둠밈에 관해서는 다음 시간에 말씀드리도록 하겠습니다.

> 출 28:15 너는 판결 흉패를 에봇 짜는 방법으로 금 실과 청색 자색 홍색 실과 가늘게 꼰 베 실로 정교하게 짜서 만들되
> 출 28:16 길이와 너비가 한 뼘씩 두 겹으로 네모 반듯하게 하고

우리말 성경은 히브리어 '호셴 미쉬파트'를 "판결 흉패"라고 번역했지만, 가톨릭에서는 "시비를 가리는 가슴받이"라고 번역했습니다. 히브리어 '호셴'의 정확한 뜻을 알고 이렇게 번역한 것이 아니라 목걸이처럼 가슴앞에 달려 있는 장식물이기 때문에 이렇게 번역했습니다. 고대 근동의 왕들도 금목걸이처럼 금패로 가슴을 장식했습니다.

직물 주머니

그러나 판결 흉패는 직물입니다. 우리말 성경의 흉패라는 번역은 딱딱한 금속이나 나무로 만든 것이라는 오해를 불러일으킵니다. 흉패라는 번역어는 직물 가슴주머니를 연상시키지 못하는 단점을 가지고 있습니다. 그래서 가톨릭성경은 "가슴받이"라고 번역했는데, 가슴받이는 실로 짜서 만든 직물이란 점을 잘 표현하고 있습니다.

하지만 우리말 성경이 이 가슴주머니를 판결하는 것으로 번역한 것은 정확한 번역입니다. 다음 시간에 말씀드리겠지만, 이 가슴주머니에 보관된 우림과 둠밈은 재판하는 데 쓰이는 도구이기 때문입니다.

에봇과 마찬가지로 판결 흉패의 재료는 지성소의 재료와 동일합니다. 가로 세로 크기가 한뼘씩 약 20cm 정사각형인데, 역시 정사각형인 지성소를 닮았습니다. 2겹으로 만들어졌는데, 2겹은 판결 흉패가 주머니 형태의 직물임을 뜻합니다.

출 28:17 그것에 네 줄로 보석을 물리되 첫 줄은 홍보석 황옥 녹주옥이요

출 28:18 둘째 줄은 석류석 남보석 홍마노요

출 28:19 셋째 줄은 호박 백마노 자수정이요

출 28:20 넷째 줄은 녹보석 호마노 벽옥으로 다 금 테에 물릴지니

　17절부터는 이 주머니 앞에다가 한 줄에 3개씩 4줄로 12개의 보석을 달라는 명령입니다. 20절 마지막에 12개의 보석 모두 "다 금 테에 물리라" 하는데, 이 주머니 앞에 12개의 금테가 달려 있어서 12개의 보석을 그 금테에 끼워 넣었던 것입니다.

출 28:21 이 보석들은 이스라엘 아들들의 이름대로 열둘이라 보석마다 열두 지파의 한 이름씩 도장을 새기는 법으로 새기고

　중요한 점은 12개의 보석에다가 열두 지파의 이름을 새겼다는 것입니다. 앞서 대제사장은 에봇을 입으면서 열두 지파의 이름을 새긴 보석 호마노 2개를 어깨에 이미 달았습니다. 여기에다가 가슴에도 또 열두 지파의 이름을 새긴 보석 12개를 달았습니다. 그러니까 대제사장은 이중으로 이스라엘을 어깨에 매고, 가슴에 품고 성막으로 들어갑니다.

출 28:22 순금으로 노끈처럼 땋은 사슬을 흉패 위에 붙이고

출 28:23 또 금 고리 둘을 만들어 흉패 위 곧 흉패 두 끝에 그 두 고리를 달고

출 28:24 땋은 두 금 사슬로 흉패 두 끝 두 고리에 꿰어 매고

출 28:25 두 땋은 사슬의 다른 두 끝을 에봇 앞 두 어깨받이의 금 테에 매고

출 28:26 또 금 고리 둘을 만들어 흉패 아래 양쪽 가 안쪽 곧 에봇에 닿은 곳에 달고

출 28:27　또 금 고리 둘을 만들어 에봇 앞 두 어깨받이 아래 매는 자리 가까운 쪽 곧 정교하게 짠 띠 위쪽에 달고

출 28:28　청색 끈으로 흉패 고리와 에봇 고리에 꿰어 흉패로 정교하게 짠 에봇 띠 위에 붙여 떨어지지 않게 하라

출 28:29　아론이 성소에 들어갈 때에는 이스라엘 아들들의 이름을 기록한 이 판결 흉패를 가슴에 붙여 여호와 앞에 영원한 기념을 삼을 것이니라

22절부터는 이 주머니 기능의 흉패 네 귀퉁이에 금고리를 달아서, 위 아래로 연결하는 법입니다. 위로는 순금 사슬을 만들어서 에봇의 어깨받이와 연결하고, 아래로는 청색 끈을 사용해서 에봇에 달려 있는 고리와 연결합니다. 이상과 같이 판결 흉패라는 직물 주머니에 관한 성경의 설명을 정리해 보았습니다.

판결 흉패의 상징성

이제 우리의 관심은 이런 개관적인 설명 속에 담긴 상징적인 의미입니다. 이 판결주머니를 만드는 재료를 다시 주목해 봅시다. 성막의 상징성은 성막의 재료에 의해 뒷받침되고, 근거가 되어야 합니다. 16절에선 금 실과 청색 자색 홍색 실과 가늘게 꼰 베 실, 22절엔 순금 사슬, 23절엔 금고리까지 동원되었습니다.

성막에서 금과 삼색 실과 베 실이 모두 사용된 곳이 어디 입니까?

지성소입니다. 지난 시간에 말씀드렸다시피 에봇도 같은 재료로 만들어졌습니다. 에봇과 마찬가지로 판결 흉패도 지성소에 속한 것, 즉 하늘에 속한 기구였습니다.

여기서 또 중요한 것이 판결 흉패의 디자인입니다. 16절에서처럼 판결 흉패의 디자인은 가로세로가 동일한 정사각형입니다. 지성소를 모방한 디자인

입니다. 판결 흉패는 제사장 가슴에 달려 있는 지성소라고 할 수 있습니다. 여기서 2가지 상징성을 얻을 수 있습니다.

첫째, 이스라엘 열두 지파와 지성소 간의 만남입니다. 이스라엘 백성들은 지성소뿐만 아니라 성소에도 들어갈 수 없습니다. 제사장은 성소에 들어갈 수 있지만 지성소엔 대제사장만 들어갈 수 있습니다. 대제사장은 작은 지성소인 판결 흉패에 이스라엘의 열두 지파를 상징하는 열두 보석을 달고 지성소까지 들어갑니다. 열두 지파는 상징적으로 대제사장의 가슴에 매달려 성소는 물론이고 지성소까지 들어갑니다. 열두 지파는 중보자인 대제사장을 통해 지성소에 계신 하나님을 만났던 것입니다.

둘째, 이스라엘 열두 지파는 원래 지성소에 있어야 하는 존재였다는 것입니다. 지성소와 같은 판결 흉패에 열두 지파의 이름이 달린 보석들은, 원래 하나님의 백성은 지성소에서 하나님을 만날 수 있었던 과거와 동시에 앞으로는 지성소에서 하나님을 만나게 될 것이다는 미래를 보여주고 있습니다. 이와 같은 상징적 의미가 12가지 보석과 연결되어 있습니다. 상징적 의미는 항상 재료와 연결되어 있습니다.

하나님은 당신의 백성들을 당대 최고의 보석 12가지로 상징하였습니다. 이것은 하나님께서 당신의 백성들을 보석 같은 존재로 여기심을 상징합니다.

출애굽기 19:5에서 하나님은 언약식을 시작하시면서, "세계가 다 내게 속하였나니 너희가 내 말을 잘 듣고 내 언약을 지키면 너희는 모든 민족 중에서 내 소유가 되겠고"라고 말씀하셨습니다. 이 말씀에서 "소유"를 뜻하는 히브리어 '세굴라'는 귀한 소유물이나, 보석 같은 개인 재산을 뜻하는 단어입니다. 이제 하나님의 백성이되는 이스라엘은 하나님에게 보석 같은 소유물이 되었던 것입니다.

서양의 부모들은 자신의 자녀들에게 이런 말을 자주 합니다.

"넌 아주 특별한 존재란다"(You are very special).

하나님께서는 당신의 백성들의 이름을 귀한 보석 위에 새김으로써 '넌 아주 특별한 존재란다'라고 말씀하십니다.

새 예루살렘 성의 보석

오늘날 완성된 하나님의 계시를 가지고 있는 우리들은 열두 보석에 관해서 이스라엘 백성들이 깨달을 수 없었던 상징성을 배울 수 있습니다. 다름 아니라 판결 흉패의 열두 보석이 새 예루살렘 성에도 사용된다는 요한계시록 21장의 환상 예언이 바로 오늘날 우리들에게 또 다른 의미를 주고 있습니다.

새 예루살렘 성은 하나님의 영광이 머무는 공간이며, 성 전체가 금으로 만들어졌습니다.

그럼 성막과 비교하면 어떤 장소와 같습니까?

하나님이 임재하시고 금으로 단장된 지성소와 동일한 것이 새 예루살렘 성입니다. 그래서 새 예루살렘 성에는 성전이 없습니다. 성 자체가 지성소이기 때문입니다. 그래서 새 예루살렘 성은 가로세로 높이가 똑같은 정육면체입니다.

구약 예언자들은 하나님이 시온 산의 예루살렘 성에 거하실 것과 하나님이 백성들 가운데 직접 임재하실 것을 예언하였습니다. 새 예루살렘 성이 지성소가 된 것은 이 예언들이 복합적으로 성취된 것입니다.

새 예루살렘 성은 당연히 하나님의 영광이 임재한 공간이었습니다. 그 영광을 우리 수준에 맞춰 표현하기 위해 많은 귀금속을 동원해 묘사합니다. 이 성에는 구약의 성도들을 대표하는 열두 지파의 이름이 새겨진 12개의 진주문이 있을 뿐만 아니라 신약의 성도들을 대표하는 열두 사도의 이름이 새겨진 열두 보석의 기초석도 있습니다. 새 예루살렘 성에서는 구약의 교회와 신약의 교회 모두 성의 한 부분으로 하나님의 영광을 직접 누리게 됩니다.

열두 지파의 이름은 새 예루살렘 성의 열두 진주문에 새겨져 있습니다. 오늘날 진주는 양식이 되는 바람에 값싼 보석이 되었지만, 고대엔 가장 값비싼 보석이었습니다. 그래서 마태복음 13장 천국 비유에서는 좋은 진주를 얻기 위해 전 재산을 팔기도 했던 것입니다.

구약의 열두 보석에는 열두 지파의 이름을 새겼지만, 요한계시록의 열두 보석에는 열두 사도들의 이름을 새긴 것이 다른 점입니다. 이제 교회는 그리스도의 교회이기에 그리스도의 사도들이 새 예루살렘 성의 기초석이 된 것입니다.

중요한 사실은 새 예루살렘 성은 또한 어린양의 신부인 교회라는 점입니다. 6평짜리 지성소는 이제 문자적으로는 12,000스다디온, 2,300km^{3}짜리 공간이 되어 당시 로마제국을 덮을 수 있습니다. 신천신지의 지성소는 모든 민족이 출입할 수 있는 곳이 됩니다. 하나뿐이었던 성막의 출입문은 이제 사방 각 3개씩 12개가 되었습니다. 모든 민족들이 어디서나 쉽게 출입하게 하기 위함입니다.

대제사장의 판결 흉패의 열두 보석이 성막을 지은 이스라엘 백성들에겐 자신들을 상징한다면, 새 예루살렘 성의 열두 보석까지 알고 있는 우리들에겐 판결 흉패의 열두 보석은 새 하늘과 새 땅의 영광스러운 하나님의 백성까지도 상징합니다. 대제사장의 판결 흉패에 매달려 상징적으로 지성소에 들어갔던 구약의 교회도, 그리스도 안에서 영적으로 하늘 보좌에 자리를 마련한 신약의 교회도 새 하늘과 새 땅에선 모두 영광스러운 존재가 되어 하나님의 영광을 직접 누릴 것을 믿으시기 바랍니다.

기독교는 영광스러운 미래를 소망하는 종교입니다. 이 미래를 무시하고 현실에만 집착한다면, 현실에서도 승리하기 힘든, 반쪽짜리 기독교가 되고 맙니다. 우리의 영광스러운 미래를 믿고 현재의 삶에서 승리하시는 여러분들이 되시기 바랍니다.

13. 대제사장의 의관: 우림과 둠밈

출애굽기 28:30

지난 시간에 우리는 판결 흉패의 재료, 디자인, 그리고 열두 보석이 의미하는 바를 집중했습니다. 그런데 기능상 판결 흉패는 직물 주머니에 지나지 않습니다. 판결 흉패는 기능상 우림과 둠밈이라는 것을 보존하기 위한 주머니였습니다. 오늘은 판결 흉패의 기능상 핵심인 우림과 둠밈에 대해서 말씀드리겠습니다.

출 28:30 너는 우림과 둠밈을 판결 흉패 안에 넣어 아론이 여호와 앞에 들어갈 때에 그의 가슴에 붙이게 하라 아론은 여호와 앞에서 이스라엘 자손의 흉패를 항상 그의 가슴에 붙일지니라

우림(Urim)과 둠밈(T[h]ummim)은 오늘날 우리들에겐 의문투성이입니다. 30절은 이것들의 보관 장소만 지정할 뿐, 재료, 제작방법, 사용법 등에 대한 자세한 설명이 없습니다. 그래서 추측컨대, 우림과 둠밈은 이미 사용되고 있었던 것 같습니다.

우림과 둠밈의 용례

다행히도 구약성경에는 우림과 둠밈이 어떤 환경에서 사용되었는지를 알려주는 구절들이 있습니다.

> 그는 제사장 엘르아살 앞에 설 것이요 엘르아살은 그를 위하여 우림의 판결로써 여호와 앞에 물을 것이며 그와 온 이스라엘 자손 곧 온 회중은 엘르아살의 말을 따라 나가며 들어올 것이니라(민 27:21).

> 사울이 여호와께 묻자오되 여호와께서 꿈으로도, 우림으로도, 선지자로도 그에게 대답하지 아니하시므로(삼상 28:6).

> 이에 사울이 이스라엘의 하나님 여호와께 아뢰되 원하건대 실상을 보이소서 하였더니 요나단과 사울이 뽑히고 백성은 면한지라(삼상 14:41).

민수기 27:21은 여호수아가 모세의 후계자인지를 물어보라는 명령입니다. 사무엘상 28:6의 경우, 다윗 죽이기에 환장한 사울에게 하나님이 우림을 포함한 어떤 방법으로도 말씀하지 않으셨습니다. 그러자 사울은 무당을 찾습니다.

사무엘상 14:41은, 사울이 밤에 블레셋 사람들을 추격할지를 하나님께 여쭈었는데 하나님께서 응답하시지 않자 그 원인을 찾는 과정입니다. "원하건대 실상을 보이소서"라고 간단하게 번역한 문구를 영어성경들과 라틴어성경은 70인역에 영향을 받아서 이렇게 번역했습니다.

> 만일 저나 제 아들 요나단에게 죄가 있다면 우림을 주시고 만일 이스라엘 백성들에게 죄가 있다면 둠밈을 주십시오(삼상 14:41, ESV, NIV, NOV).

이런 용례를 살펴보면, 우림과 둠밈은 하나님의 뜻을 알아내는 방법이었음이 분명합니다. 고대인들은 하나님의 뜻을 알기 위해 무당을 통한 신탁 외에도, 짐승의 내장이나 별자리를 관찰하기도 했습니다. 그중에 하나가 조약돌을 이용해서 점을 치는 방법인데, 이것을 '세포만시'(psephomancy)라고 부릅니다. '세포'(psepho)는 조약돌을 뜻하고 '만시'(mancy)는 점술을 뜻합니다. 이 고대 관습을 하나님께서 이스라엘화시킨 것이 우림과 둠밈입니다.

다른 견해들

몇 개의 성경 구절을 통해서도 여전히 해결되지 않은 의문점들이 있기에, 우림과 둠밈에 관해서는 다음과 같은 이견들이 있습니다.

첫째, 모양에 관해 통일된 의견이 없습니다. 성막을 실제로 건축하는 본문을 보면, 우림과 둠밈을 만들었다는 언급이 없습니다. 가공품이 아니라 자연물인 것 같습니다.

둘째, 우림과 둠밈이라는 이름의 뜻이 애매합니다. 일단 우리말 성경 각주에는 각각 "빛"과 "완전함"을 뜻한다고 인쇄되어 있습니다. 이 이름은 단수형이 아니라 복수형인데, 그러면 빛과 완전함이 풍부하다는 뜻인지, 아니면 돌이 한 개씩이 아니라 두세 개씩 있었다는 뜻인지 확실하지 않습니다.

일단 둠밈은 창세기 6:9 노아의 '완전함'을 뜻하는 '타밈'에서 유래했다는 것이 유력한 데 비해, 우림은 어원이 확실치 않습니다. 만약 우림과 둠밈이 '예'와 '아니오'를 뜻하려면 색깔이라든지, 그 뜻이 정반대여야 합니다. 그러면 우림은 빛을 뜻하는 '오르'가 아니라 저주를 뜻하는 히브리어 '아라르'와 관련있을 수 있습니다.

만약 우림의 뜻이 빛이라면 흰색의 광물인 것 같고, 그렇다면 둠밈은 검은색의 광물일 수도 있습니다. 아마도 제사장이 판결 흉패라는 주머니 속에서 우림과 둠밈을 섞어 흔들다가 흰 색의 우림을 꺼내면, 하나님이 그렇다고 판결하신 것으로 확정했던 것 같습니다.

그러니까 대제사장은 단지 희생제사만 집전하는 것이 아니라 율법도 가르쳤고(신 33:10), 하나님의 판결을 내리기도 했습니다(출 22:8, 9). 성막의 뜰의 제단에 관해 강해할 때 제단의 뿔을 기억하십니까?

이스라엘 백성들 중에 억울한 경우가 있으면 제단의 뿔을 잡는 경우가 있지 않습니까?

사람의 재판이 아니라 하나님의 재판에 직접 호소하는 자들이었습니다. 제단의 뿔을 잡은 자들을 재판할 때, 대제사장은 우림과 둠밈의 재판을 내렸습니다. 또한 하나님께 직접 물어야 하는 중요한 문제도 우림과 둠밈을 통해 답을 얻었습니다.

지성소에서 내린 판결

지난 주에 우리는 판결 흉패와 지성소가 똑같은 재료로 만들어졌다는 것을 주목했습니다. 판결 흉패와 지성소가 똑같은 재료로 만들어졌다는 사실은 우림과 둠밈의 기능까지 지성소 같게 만듭니다. 즉 우림과 둠밈이 내리는 판결은 지성소에서나 나온 판결, 즉 천상에서 내려진 판결이며 하나님이 내리신 판결임을 뜻합니다.

이스라엘의 앞날이 달려 있는 중요한 문제를 안고 대제사장이 하나님께 나아가 질문을 하고 판결 흉패를 사용하는 것을 단지 주머니에서 제비뽑기 식의 즉흥적인 판결로 가볍게 보지 말라는 것입니다. 판결 흉패는 또 하나의 지성소입니다. 지성소에 계신 하나님이 대제사장의 가슴에 있는 지성소 속에 있는 우림과 둠밈을 통해 판결을 내리시니, 이 판결 흉패의 결정은 곧 지성소이자 하늘이자 하나님의 판결이었던 것입니다.

소통의 한계

그러나 우림과 둠밈의 시스템은 구약이 가지고 있는 한계를 상징하고 있기도 합니다. 우림과 둠밈은 하나님과의 소통의 방법임과 동시에 소통의 장애를 상징합니다. 모세는 우림과 둠밈을 사용하지 않고도, 하나님께 질문하고 답을 얻었습니다. 우림과 둠밈은 모세가 없을 때를 대비한 제도였던 것입니다. 이것들은 하나님과의 소통이 막혀버린 범죄한 인생들을 위한, 우리들이 보기엔 미개한 것 같은 통신 시스템이었습니다. 모세와 같은 위대한 중보자가 있을 때, 그것들은 무용지물입니다. 그러나 위대한 중보자가 없을 땐, 우림과 둠밈 같은 초라한 통신 방법으로 하나님과 소통해야 합니다.

위대한 중보자 모세가 죽기 직전에 하나님은 모세에게 이렇게 예언하셨습니다.

> 내가 그들의 형제 중에서 너와 같은 선지자 하나를 그들을 위하여 일으키고 내 말을 그 입에 두리니 내가 그에게 명령하는 것을 그가 무리에게 다 말하리라 (신 18:18).

모세와 같은 선지자는 어떤 선지자입니까?

우림과 둠밈 같은 것이 불필요한, 친구처럼 하나님과 소통할 수 있는 선지자입니다. 결국 우림과 둠밈은 모세와 같은 선지자의 필요성을 간절하게 보여줍니다.

사라진 우림과 둠밈

모세 사후에 성막과 성전이 있을 때에는 우림과 둠밈의 판결 흉패 시스템이 계속 유지되었습니다. 그리고 구약 시대엔 성전에 갈 수 없는 이스라엘 백성들도 제비뽑기를 통해 하나님의 뜻을 확인했습니다. 그런데 바벨론의 침

략으로 솔로몬의 성전이 사라진 이후에는 우림과 둠밈의 시스템도 사라졌습니다.

이스라엘 백성들이 바벨론에서 돌아온 이후 성전 시스템을 재건할 때, 우림과 둠밈에 관해 언급한 본문이 있습니다. 에스라 2장은 유대인들이 유대땅으로 돌아온 후 족보를 정리하는 장인데, 제사장이라고 주장하는 자들 중에 족보가 확인되지 않는 자들이 있었습니다. 이들에게 이런 명령이 내려집니다.

> 방백이 그들에게 명령하여 우림과 둠밈을 가진 제사장이 일어나기 전에는 지성물을 먹지 말라 하였느니라(스 2:63).

스룹바벨이 지은 제2성전에는 우림과 둠밈이 없었던 것입니다. 그래서 그것들을 가진 제사장이 일어나기 전까지 판결을 할 수 없고, 그렇다면 하나님의 뜻을 찾는 대제사장의 역할도 중단되었던 것입니다. 모세와 같은 선지자의 필요성이 더 간절해졌던 것입니다. 이상이 구약성경이 우림과 둠밈에 관해 가르치는 바입니다.

신약의 우림과 둠밈

그러면 신약 시대를 살고 있는 우리들에게 우림과 둠밈는 어떤 의미가 있을까요?

사실 하나님께서 우림과 둠밈을 통해 제비뽑기 식으로 판결을 내리셨다는 역사는 오늘날 우리들에게 다소 황당하기까지 합니다. 오늘날 제비뽑기 식으로 중요한 결정을 내린다면 아마 거부감을 느끼실 것입니다.

우리 신약 시대의 백성들은 신약성경을 통해 우림과 둠밈이 어떻게 변했는지 알아야 합니다. 아시다시피 신약성경에는 우림과 둠밈에 관한 언급이 전혀 없습니다. 그러나 하나님의 뜻을 묻고 응답받는 역사는 변함없이 지속되고 있었습니다.

기도와 제비뽑기

이스라엘 백성들은 계속해서 제비뽑기를 통해 하나님의 판결을 받았습니다. 심지어 유대인이었던 사도들도 사도행전 1장에서 제비뽑기를 통해 하나님의 뜻을 확인하였습니다.

> 그들이 기도하여 이르되 뭇 사람의 마음을 아시는 주여 이 두 사람 중에 누가 주님께 택하신 바 되어 봉사와 및 사도의 직무를 대신할 자인지를 보이시옵소서…제비 뽑아 맛디아를 얻으니 그가 열한 사도의 수에 들어가니라 (행 1:24-26).

유념할 점은 먼저 기도한 후에 제비뽑았다는 사실입니다. 그런데 신약성경에서 신약의 성도들이 제비뽑았다는 기록은 사도행전 1장이 마지막입니다. 이후로는 제비뽑기가 언급되지 않습니다.

왜 그럴까요?

무슨 일이 있었을까요?

바로 사도행전 2장에 오순절 성령 강림이 있었던 것입니다.

사라진 제비뽑기, 등장한 성령

아시다시피 오순절 성령 강림은 예수님이 생전에 예언하셨던 사건입니다. 그런데 예수님이 바로 신명기 18장이 예언하던 모세와 같은 선지자셨던 것입니다. 아니 모세보다 더 큰 선지자요 중보자셨습니다. 모세는 살아생전에 휘장 앞에서 하나님과 대화했지만, 예수님은 영원 전부터 하나님 품에 계시면, 하나님과 소통하시는 분이셨습니다.

신약의 축복이 무엇입니까?

하나님 아버지와 자유롭게 소통하는 권세, 즉 자녀의 권세를 그리스도 안에 있는 모든 자들이 누리게 되는 것입니다.

신약의 성도들이 하나님 아버지와 어떻게 부자간의 소통을 누릴 수 있습니까?

바로 예수의 영이신 성령을 통해서입니다. 예수님은 고별설교에서 제자들에게 이렇게 약속하셨습니다.

> (7) 그러나 내가 너희에게 실상을 말하노니 내가 떠나가는 것이 너희에게 유익이라 내가 떠나가지 아니하면 보혜사가 너희에게로 오시지 아니할 것이요 가면 내가 그를 너희에게로 보내리니 (8) 그가 와서 죄에 대하여, 의에 대하여, 심판에 대하여 세상을 책망하시리라(요 16:7-8).

8절 "죄에 대하여, 의에 대하여, 심판에 대하여 책망"하는 일이 바로 구약에서 우림과 둠밈이 하던 일이지 않습니까?

한 사람이 우림과 둠밈을 가지고 있어서 매번 하나님의 뜻을 그 사람 찾아가서 묻는 게 유익합니까, 아니면 내가 우림과 둠밈 같은 성령님을 모시고 있으면서 기회가 되는 대로 묻는 게 유익합니까?

당연히 성령님이 유익합니다.

그래서 성령이 강림하신 이후, 신약의 성도들은 제비뽑기할 필요성을 느끼지 못했습니다. 성령님께서 답을 주셨기 때문입니다. 사도 바울이 우림과 둠밈 같은 제비뽑기 식으로 하나님의 뜻을 구하지 않고, 성령을 통해 직통으로 하나님의 뜻을 확인했음을 알 수 있는 대표적인 역사적 사례가 바울의 제2차 선교여행 때 있었습니다.

성령이 아시아에서 말씀을 전하지 못하게 하시거늘 그들이 브루기아와 갈라디아 땅으로 다녀가 무시아 앞에 이르러 비두니아로 가고자 애쓰되 예수의 영이 허락하지 아니하시는지라 무시아를 지나 드로아로 내려갔는데 밤에 환상이 바울에게 보이니 마게도냐 사람 하나가 서서 그에게 청하여 이르되 마게도냐로 건너와서 우리를 도우라 하거늘 바울이 그 환상을 보았을 때 우리가 곧 마게도냐로 떠나기를 힘쓰니 이는 하나님이 저 사람들에게 복음을 전하라고 우리를 부르신 줄로 인정함이러라(행 16:6-10).

바울은 에베소 근처 아시아에서 선교하고 싶은데 하나님께서는 다른 곳으로 몰아가시다가 결국 바다 건너 마게도냐로 인도하신 내용입니다.

이 모든 과정에서 만약에 사도 바울에게 예수의 영, 성령이 없었다면 어떻게 했겠습니까?

사도행전 1장에서 볼 수 있듯이, 기도하고 제비뽑기를 뽑았을 것입니다. 그런데 예수의 영이 계시므로 사도들은 더 이상 제비뽑을 이유가 없었습니다. 성령의 인도하심을 받는 것이 더 편했고, 더 확실했습니다.

우림과 둠밈보다 유익한 성령

요한복음 16장의 예수님이 성령님에 관해 하신 약속은 단지 사도들에게만 하신 약속이 아니라 신약의 성도들 모두에게 하신 약속인 줄 믿습니다. 오늘 우리들에겐 아론 계열의 대제사장도 없고, 당연히 우림과 둠밈이 있는 판결흉패도 없습니다. 그러나 우리들에겐 모세보다 크신 대제사장이신 예수 그리스도가 있습니다. 또한 우리들에겐 우림과 둠밈 역할을 대신하는 존재도 있으니, 바로 예수의 영이신 성령님이십니다.

4, 50년 전 시골 마을에는 전화가 딱 한 대 있었습니다.

어디 있었습니까?

이장님 댁입니다. 급한 일 있으면, 온 마을 사람들이 이장님 댁 전화를 이용해야 했습니다.

그런데 지금은 어떻습니까?

한 사람이 휴대전화 1대 이상 가지고 있습니다. 모든 사람이 어디에 있든지 자유롭게 통화합니다.

우림과 둠밈을 이용해 하나님의 뜻을 알아야 했던 구약 백성들은 바로 이장님댁 전화 한 대를 이용하는 상황과 똑같습니다. 전화가 사라지자, 새 전화가 올 때까지 불통을 겪어야 했습니다. 그런데 예수님은 성령님을 보내주셨습니다. 성령님을 통해 언제든지 자유롭게 하나님의 뜻을 알 수 있게 되었습니다. 그래서 성령님이 유익합니다.

우림과 둠밈보다 더 잘 인도하시는 성령님

구약의 대제사장이 가슴에 품고 있던 우림과 둠밈이 오늘날 우리 가슴 속에도 있음을 믿으시기 바랍니다. 이제 문제는 우림과 둠밈 같은 이 성령님을 우리가 얼마나 자주 사용하느냐입니다. 우림과 둠밈은 사용한다고 말할 수 있지만, 성령님을 사용한다고 표현하는 것은 어울리지 않습니다.

우리는 성령님과 교제를 나누어야 합니다. 성령님과 친밀하게 교제를 나누는 사람은 수시로 하나님의 인도를 체험하고 하나님의 판결을 받습니다. 기도하는 중에, 성령을 읽는 중에, 예배를 드리는 중에, 성령님은 우리들에게 다양한 방법으로 우리 주님의 판단을 알려주십니다.

성령님과 친밀하게 교제를 나누지 않는 사람은 하나님의 인도를 체험하지 못하고 하나님의 판결도 받지 못합니다. 결국 자기 마음대로 결정하고, 판단 내리고 맙니다. 우림과 둠밈 같은 성령님과 교제하지 않는 성도는 자기 경력을 믿고, 자기 직장을 믿고, 자기 은행계좌를 믿고, 자기 보험증서를 믿고 결정하고 판단하며 살 것입니다.

여러분들의 경력을 의지한다면, 여러분들의 경력만큼 도움을 받을 것입니다. 여러분들의 경력을 벗어난 일에는 무용지물입니다. 여러분들의 은행계좌, 보험을 의지한다면 여러분들의 계좌에 들어있는 금액만큼, 여러분들의 보험이 감당해 주는 금액만큼 도움을 받을 것입니다. 그 금액을 벗어난 일에는 여러분들의 계좌도 보험도 무용지물입니다.

그러나 성령님을 의지한다면 우리는 성령의 능력만큼, 성령의 역량만큼 우리는 도움을 받을 수 있습니다.

성령님은 얼마만큼의 역량으로 우리를 도와주십니까?

하나님의 역량만큼, 우리를 도와주실 것을 믿으시기 바랍니다.

로마서 8장은 성령님이 우림과 둠밈보다도 유익한 분임을 잘 설명하고 있습니다.

> 이와 같이 성령도 우리의 연약함을 도우시나니 우리는 마땅히 기도할 바를 알지 못하나 오직 성령이 말할 수 없는 탄식으로 우리를 위하여 친히 간구하시느니라(롬 8:26).

우리는 무엇을 위해 기도할지 모를 경우가 있습니다. 심지어는 사태를 잘못 파악해서 엉뚱한 기도제목으로 기도할 때도 있습니다. 엉뚱한 기도제목 정도가 아니라 어떤 때는 잘 되라고 기도했는데, 잘못 판단하는 바람에 오히려 망하기를 기도할 때도 있습니다.

그런데 여러분 성령님의 도움이 놀라운 것은, 우리가 마땅히 기도할 바를 알지 못할 때에도 성령이 말할 수 없는 탄식으로 우리를 위하여 친히 간구하신다는 사실입니다. 구약의 우림과 둠밈은 이런 도움을 줄 수가 없었습니다. 우림과 둠밈은 그냥 사람이 질문하는 것에 응답하든지 무응답하든지 둘 중 하나였습니다.

그러나 신약의 우림과 둠밈인 성령님은 다릅니다. 훨씬 유익하신 분이십니다. 우리가 묻지 않는 것까지 알아차리고 준비하십니다. 우리가 무엇을 기도해야 할지 잘 몰라서 잘못 기도해도, 성령님께서 꼭 필요한 기도를 대신 하시는 덕에 우리가 좋은 응답을 받는 줄 믿으시기 바랍니다.

성도의 미래는 은행에 있지 않습니다. 직장에 있지 않습니다. 성도의 미래는 영원한 대제사장이신 그리스도께 있습니다. 성도의 미래는 영원한 대제사장이신 그리스도께 얼마나 튼튼히 매달려 있느냐에 달려 있습니다. 성령의 끈으로 예수님께 질기게 매달려 있어야 합니다. 언제나 그리스도 안에 있어야 합니다. 항상 성령을 통해 주님의 뜻대로 주님의 판단대로 살아가시는 저와 여러분들이 되시기 바랍니다.

14. 대제사장의 의관: 겉옷

출애굽기 28:31-43

우리는 3,500년 전 이스라엘의 한 제사장의 의상을 살펴보고 있습니다. 오늘날 우리들 중 누구도 입지 않는 의상을 하나님께서 무려 40구절 이상을 할당하셔서 기록해서 우리에게 주셨습니다. 구약의 대제사장은 자신의 도덕적 자격이 아니라 대제사장의 의관을 입음으로 대제사장이 됩니다. 대제사장은 하나님을 직접 만날 수 없는 타락한 인간을 위한 중보자입니다. 대제사장의 의상 디자인 속에 하나님은 중보자를 통한 임재 체험의 진리를 심어 놓으셨습니다.

이제 더 이상 우리들에겐 대제사장의 의상은 필요없지만, 이 의상 디자인 속에 담아 놓으신 하나님의 뜻과 영적 유익 때문에 우리는 대제사장의 의상에 관해 배워야 합니다.

출 28:40   너는 아론의 아들들을 위하여 속옷을 만들며 그들을 위하여 띠를 만들며 그들을 위하여 관을 만들어 영화롭고 아름답게 하되

출 28:41   너는 그것들로 네 형 아론과 그와 함께 한 그의 아들들에게 입히고 그들에게 기름을 부어 위임하고 거룩하게 하여 그들이 제사장 직분을 내게 행하게 할지며

> 출 28:42 또 그들을 위하여 베로 속바지를 만들어 허리에서부터 두 넓적다리까지 이르게 하여 하체를 가리게 하라
>
> 출 28:43 아론과 그의 아들들이 회막에 들어갈 때에나 제단에 가까이 하여 거룩한 곳에서 섬길 때에 그것들을 입어야 죄를 짊어진 채 죽지 아니하리니 그와 그의 후손이 영원히 지킬 규례니라

오늘은 먼저 40절 이하에 기록된 제사장들의 의관과 대제사장의 의관을 비교해 보겠습니다. 아론의 아들들, 즉 제사장들이 입는 의관은 속옷, 띠, 관, 속바지입니다.

속옷과 반포 속옷

먼저 속옷으로 번역된 옷은 오늘날 우리가 입는 속옷이 아니라 고급스러운 일상복과 같습니다. 아마도 우리말 성경에는 대제사장의 의관 중에 있는 겉옷이라는 번역 때문에 속옷으로 번역된 것 같은데, 제사장들을 속옷만 입고 돌아다니는 꼴로 만들어 버렸습니다. 영어성경은 '코트'(coat)나 '튜닉'(tunic)으로 번역합니다.

대제사장이 입는 속옷은 제사장들의 속옷에 비해 더 고급스러웠습니다. 제사장의 속옷은 그냥 속옷이라고 했는데, 대제사장의 속옷은 39절에 의하면 반포 속옷(케토네트)이라고 했습니다. 반포(斑布)의 한자 반 자는 얼룩 반(斑) 자입니다. 가톨릭성경은 "자수 속옷"이라고 번역했습니다.

대제사장이 입는 반포 속옷은 자수를 놓은 고급 예복이었습니다. 바로 이 고급 예복이 야곱이 요셉에게 입혔던 채색옷 같습니다. 요셉의 채색옷은 세마포 옷에다가 삼색 실로 수를 놓았을 것입니다.

제사장의 관과 대제사장의 관

제사장들이 머리에 쓰는 관의 히브리어는 '미그바오트'인데, 대제사장이 쓰는 관의 히브리어는 '미쯔네페트'입니다. 우리말 성경은 대제사장의 관을 한자 '갓 관'(冠) 자로 번역했는데, 관은 모자처럼 머리에 쓰는 것을 뜻해서 이것은 바람직한 번역이 아닙니다. 가톨릭성경은 사모관대 할 때의 "사모"(紗帽)라고 번역했습니다. 너무 어려운 단어이기에 역시 좋은 번역어가 아닙니다.

히브리어로는 '둥글게 감은 것'을 뜻합니다. 즉 머리에 쓰고 있는 것이 아니라 무엇을 감고 있었던 것입니다. 그래서 영어성경도 터번(turban)으로 번역합니다. 대제사장의 관을 터번이라고 번역한 영어성경은 제사장의 관을 '캡'(cap)이라고 번역합니다. 틀림없이 대제사장의 터번이 제사장들의 캡보다 더 고급스러웠을 것입니다.

속바지

제사장들은 물론이고 대제사장도 입는 예복에서 중요한 점은 42절에서 속바지를 꼭 입으라는 것입니다. 속바지야말로 오늘날 우리가 입는 속옷입니다. 오늘날 우리가 입고 있는 팬티는 20세기 초 프랑스의 '쁘띠 바또'라는 회사가 속바지의 다리 부분을 제거해 버린 충격적인 디자인으로 만들어서 확산시킨 것입니다. 속바지의 히브리어 '미크네세'는 모으다를 뜻하는 '카나스'에서 유래했습니다. 아마도 다른 옷이 헐렁한 반면에 속바지는 몸에 맞는 옷이었기 때문일 것입니다. 속바지를 입고 그 위에 속옷, 즉 세마포 예복을 입었습니다.

속바지에 관한 명령이 특별한 이유는 수천 년 전 사회에는 속바지를 입지 않았기 때문입니다. 그래서 당시 고대 근동의 이교 제사장들은 심지어 겉옷도 입지 않았은 채 나체로 제사를 집전했습니다. 이스라엘의 제사장들도 평상시에는 속바지를 입지 않다가 직무 시에만 속바지를 입었을 것입니다. 하나님은 타락한 본성이 드러나는 모습으로 예배드리기를 원하지 않으셨습니다. 하체를 가림으로써 타락한 본성을 가리는 예배를 원하셨던 것입니다.

그런데 발이나 신발에 관한 언급은 전혀 없습니다. 제사장들은 맨발로 봉사했던 것 같습니다.

겉옷

이런 기본 예복 위에다가 대제사장은 4가지를 더 입었습니다. 출애굽기 28장은 그 4가지 중에서 제일 먼저 에봇을 소개했고, 다음은 판결 흉패를 소개했습니다. 그리고 오늘 본문 31절부터 겉옷과 순금패를 소개합니다. 오늘은 겉옷에 대해서 강해하도록 하겠습니다.

> 출 28:31 너는 에봇 받침 겉옷을 전부 청색으로 하되
> 출 28:32 두 어깨 사이에 머리 들어갈 구멍을 내고 그 주위에 갑옷 깃 같이 깃을 짜서 찢어지지 않게 하고
> 출 28:33 그 옷 가장자리로 돌아가며 청색 자색 홍색 실로 석류를 수 놓고 금 방울을 간격을 두어 달되
> 출 28:34 그 옷 가장자리로 돌아가며 한 금 방울, 한 석류, 한 금 방울, 한 석류가 있게 하라

겉옷은 제사장들이 입는 기본 예복 위에 대제사장이 제일 먼저 입는 옷입니다. 겉옷의 색깔은 청색입니다. 디자인은 긴 스웨터같이 통으로 만들었습니다. 32절은 머리 구멍을 내고 찢어지지 않도록 '깃을 짜라'고 합니다. 아마 머리 구멍을 보호하기 위해 직물을 덧대었던 것 같습니다. 이렇게 기본 흰색 예복에다가 청색 겉옷을 입은 상태에서 에봇을 입고 판결 흉패를 달았습니다.

겉옷의 중요한 곳은 가장자리입니다. 가장자리는 겉옷의 맨 밑단을 가리킵

니다. 33절에 의하면 청색 자색 홍색 실로 석류를 만들어 달아 놓고, 또한 금 방울들을 여러 개 달아야 했습니다.

석류

그러면 먼저 왜 하필 석류일까요?

나중에 살펴볼 순금패에서 "패"로 번역된 히브리어는 놀랍게도 꽃을 뜻합니다. 아마도 순금패를 꽃 모양으로 만든 것 같습니다. 그러니까 제사장의 의상에도 석류와 꽃이라는 식물이 디자인되어 있습니다.

등잔대가 살구나무 형상으로 만들어졌을 때 말씀드렸듯이, 성막은 에덴 동산을 상징하기 위해 나무, 열매, 꽃을 디자인에 포함시키고 있습니다. 석류는 생명나무일 것으로 추정되는 나무 종류 중에 하나입니다. 그래서인지 솔로몬 성전에도 석류나무는 빠지지 않습니다. 솔로몬 성전에는 보아스와 야긴이라는 이름을 가진 기둥 2개가 있었습니다. 이 기둥의 상부 "머리"에는 놋으로 만든 석류 이백 개가 줄지어 달려 있었습니다 (왕상 7:20).

석류는 또한 일반적으로 상징하는 바가 있습니다.

석류의 특징이 무엇입니까? 그 속의 알갱이들이 엄청나게 많이 있는 것이 특징 아닙니까?

그래서 석류는 고대 근동에서 풍성함을 상징합니다.

에덴 동산이 어떤 곳이었습니까?

먹을 것이 풍성하였던 곳이지 않습니까?

석류야말로 풍성한 에덴 동산을 상징하기에 안성맞춤인 근동 지방의 열매였습니다.

> 출 28:35 아론이 입고 여호와를 섬기러 성소에 들어갈 때와 성소에서 나올 때에 그 소리가 들릴 것이라 그리하면 그가 죽지 아니하리라

그러면 방울은 왜 달게 하셨을까요?

35절은 방울의 용도를 밝히고 있습니다. 방울 소리 때문에 필요했던 것입니다. 레위기 16:16-17에 의하면 속죄일에는 회막 안에는 오직 대제사장만 있어야 했습니다. 성막 밖의 이스라엘 사람들은 대제사장이 무엇을 하는지 볼 수가 없었습니다. 다만 방울 소리를 듣고 '아, 대제사장이 성막 안에서 제사를 드리고 있구나' 하고 알 수 있었습니다.

그런데 35절 마지막 문장이 뜻밖에도 "그리하면 그가 죽지 아니하리라"입니다. 이 문장은 2가지로 해석가능합니다.

첫째, 방울을 달아 소리가 나야만 대제사장은 죽지 않고, 반대로 방울소리 없이 들어오면 죽을 것이다는 해석입니다. 그래서 어떤 학자(카슈토)는 방울 소리가 노크 역할을 했다고 해석합니다. 신하가 왕을 알현할 때 신하가 왕을 뵙기를 원한다는 것을 알리는 것처럼 말입니다. 그래서 이것이 오늘날 노크 문화의 시초라고 주장하기도 합니다.

둘째, 방울 소리가 들리는 것은 대제사장이 살아 있다는 것을 알려준다는 해석입니다. 방울 소리가 안 들리면 어떻게 된 것입니까? 대제사장에게 변고가 생긴 것입니다. 대제사장이 불결함으로 인해 죽임을 당한 것입니다.

방울 소리와 관련해서 흥미로운 견해가 있습니다. 대제사장은 지성소로 들어갈 때에는 끈을 묶은 채로 들어간다는 것입니다. 방울 소리가 안들리면, 죽은 것인데, 지성소 밖에서 끈을 당겨서 시신을 꺼내올 수 있도록 말입니다. 그러나 이런 견해는 성경적인 근거가 없습니다.

겉옷의 상징성

저는 아주 기본적인 질문이 생겼습니다.

왜 겉옷이 필요할까요?

제사장들이 입는 기본 의상 위에 겉옷 없이 바로 에봇을 입으면 안 될까요?

제사장의 의관은 성막과 깊은 관련이 있도록, 그리고 동서남북 사방을 의미하는 완전수 4와 일치하도록 구성되어야 했기에 겉옷이 필요했습니다.

이제 겉옷이 지닌 상징성에 대해 말씀드리겠습니다. 석류가 에덴 동산의 이상향을 상징한다면, 방울은 사람이 하나님 앞에서 죽을 수 있기에 아무나 하나님 앞에 나와서는 안 된다는 비참한 현실을 보여주고 있습니다. 석류와 방울은 에덴 동산을 회복시키고자 하시는 하나님의 열심과 에덴 동산에 함부로 들어갈 수 없는 인간의 한심함을 상징하고 있습니다. 이 딜레마를 해결하는 것이 바로 대제사장 제도입니다.

재료가 힌트

여기서 우리는 겉옷의 재료를 주목해야 합니다. 겉옷을 만드는 데에는 금과 삼색 실과 베 실이 필요합니다.

성막에서 금과 삼색 실과 베 실로 지어진 유일한 공간이 있었죠?

어디 입니까?

하나님의 보좌실을 지상에 재현한 지성소입니다. 재료로 따지자면, 제사장의 겉옷은 지성소, 즉 하늘 보좌실에 속한 옷입니다. 에봇도 같은 재료였고, 판결 흉패도 마찬가지였습니다. 대제사장만이 추가로 입는 의관은 모두 하늘에 속한 것들이었습니다.

그러나 삼색 실은 자수 석류에만 사용되었으니 겉옷의 거의 전부는 청색을 지니고 있다는 점이 특징입니다. 겉옷뿐만이 아닙니다. 판결 흉패와 에봇을 연결하는 끈도 청색 끈이었습니다. 금패에도 청색 끈이 있습니다. 누가 봐도 대제사장은 청색을 입은 사람입니다.

삼색 염료 중에 청색이 가장 구하기 힘든 염료라고 하는데, 왜 이렇게 청색이 압도적으로 많이 사용될까요?

그 이유는 청색, 자색, 홍색이 하늘의 3가지 색깔이지만, 그중에서도 하늘을 대표하는 색은 당연히 청색이기 때문입니다.

청색 하늘의 하나님

청색이 특별히 하나님과 관련하여 사용된 곳은 놀랍게도 하나님이 시내 산에 강림하실 때입니다.

> 이스라엘의 하나님을 보니 그의 발 아래에는 청옥을 편 듯하고 하늘 같이 청명하더라(출 24:10).

청옥은 영어로는 사파이어이며, 요한계시록 21장에서는 남보석으로 번역되었습니다. 청옥이 구체적으로 무엇이든, 청옥을 편 듯한 것이 무엇인지 다음 문장, "하늘같이 청명하더라"가 설명하고 있습니다. 이 표현이 하늘 보좌실에 서 계신 하나님을 묘사한 것이라면, 하나님의 발 아래 청옥을 편 듯한 하늘같이 청명한 것은 하늘 보좌실의 방바닥으로서의 하늘일 것입니다.[1]

이 장면은 당시 시내 산 현장의 날씨와는 뚜렷이 구별됩니다. 출애굽기 19:16-18에 의하면, 하나님이 시내 산에 강림하실 때, "우레와 번개와 빽빽한 구름이 산 위에 있고 연기가 자욱"했습니다. 시내 산 주변의 날씨는 맑은 하늘을 볼 수 없는 날씨였습니다. 그러나 출애굽기 24장에서 이스라엘의 대표들이 시내 산 중턱에서 가진 언약 체결 기념 만찬 석상에서 목격한 하나님은 청색 보좌실 바닥으로서의 하늘 위에 서 계신 분이셨습니다. 하나님은 청색 하늘을 일부러 만들어 내셨던 것입니다. 하늘과 같은 청색은 거룩하신 하나님의 임재를 상징하는 색이었습니다.

대제사장은 청색 겉옷을 입음으로 누가 봐도 하늘을 입은 사람임을 한눈에

---

[1] 레이먼드 오틀런드 주니어, "구약의 하늘," 크리스토퍼 모건·로버트 피터슨 편, 『하늘』 (부흥과개혁사, 2018), p. 60.

알 수 있습니다. 흥미롭게도 하나님은 이스라엘 백성들에게도 청색을 입히셨습니다.

> 여호와께서 모세에게 말씀하여 이르시되 이스라엘 자손에게 명령하여 대대로 그들의 옷단 귀에 술을 만들고 청색 끈을 그 귀의 술에 더하라 이 술은 너희가 보고 여호와의 모든 계명을 기억하여 준행하고 너희를 방종하게 하는 자신의 마음과 눈의 욕심을 따라 음행하지 않게 하기 위함이라(민 15:37-39).

아마도 청색이 너무 비싸기 때문에 이스라엘 백성들에겐 대제사장처럼 청색 옷을 입게 하기 어려우니까, 청색 끈을 옷단에 달게 하신 것입니다. 그 의미는 39절에서처럼 "여호와의 모든 계명을 기억하여 준행하고 너희를 방종하게 하는 자신의 마음과 눈의 욕심을 따라 음행하지 않게 하기 위함"이었습니다. 땅에 속한 백성이 아니라 하나님께 속한 백성답게 살라는 의미입니다.

하늘의 옷을 입어야 함

그럼 대제사장이 하늘에 속한 옷을 입는 것은 어떤 의미입니까?

사람이 태어나면서 가진 것, 사람이 타고난 본성으로는 하나님 나라를 볼 수도, 들어갈 수도 없기 때문입니다.

요한복음 3장에서 예수님이 니고데모에게 이런 말씀을 하셨습니다.

> 예수께서 대답하여 이르시되 진실로 진실로 네게 이르노니 사람이 거듭나지 아니하면 하나님의 나라를 볼 수 없느니라(요 3:3).

우리말 성경은 "거듭"이라는 단어에다가 "각주 3"이라고 표시를 해두었습니다. 성경 밑에 각주 3을 찾아보면 "위에서"라고 인쇄해 놓았습니다. "거듭

난다"란 단어는 "위에서 난다"라고도 번역될 수 있기 때문입니다.

사람의 타고난 본성은 땅에 속한 사람으로만 살게 할 뿐 하늘에 속한 사람으로는 살게 하지 못합니다. 그러므로 위에서 태어나야 합니다. 그러면 하늘의 본성을 가져서 하늘에 속한 사람이 될 수 있습니다.

대제사장이 하늘에 속한 겉옷을 입는 이유는 하늘에 속한 옷을 입음으로써 비로소 하늘에 속한 사람이 되는 것을 상징합니다. 하늘에 속한 옷을 입음으로써 비로소 땅과 하늘을 연결시키고 중재할 수 있는 대제사장이 될 수 있었던 것입니다.

불완전한 대제사장

그런데 이 대제사장은 하나님 앞에서 불결함으로 인해 죽을 수 있는 제사장입니다. 대제사장이 반드시 속바지를 입어야 했던 이유도 성적인 불결을 가리기 위함입니다. 대제사장이 하늘에 속한 옷을 입는다고 완전히 거룩한 인간, 천상의 존재가 되는 것이 아닙니다. 대제사장은 여전히 속바지를 입고 자신의 불결함을 가려야 하는 인간입니다. 그래서 대제사장은 하나님 앞에서 죽을 수 있었기에, 방울을 달아서 살아 있음을 알려주어야 했던 것입니다. 직분만 대제사장이었지, 그의 몸과 마음은 여전히 죄 많은 인간이었습니다.

완전한 대제사장

그러나 오늘날 우리의 대제사장 그리스도는 어떤 분이십니까?

우리와 같은 사람이지만 죄가 없으신 분이십니다. 죄가 없기 때문에 하나님 앞에서 죽을 염려가 없는 분이십니다. 하나님의 아들이셨기 때문에 영원 전부터 아버지와 교제하시는 분이십니다. 하나님이 거룩하시듯이, 우리의 대제사장 그리스도께서도 거룩하십니다.

이렇게 거룩하신 분이 하나님께 죽임을 당했습니다. 자기 죄 때문이 아니라 희생제물로서 저와 여러분들의 죄를 대신 짊어짐으로 죽임을 당했습니다. 이 놀라운 은혜로 인해 대제사장 그리스도를 믿는 성도, 그리스도 안에 있는 성도는 자신의 죄 때문에 하나님께 심판받아 죽는 일은 결코 당하지 않습니다.

또한 우리가 우리의 대제사장인 예수 그리스도를 통해 누리는 복은 심판받아 죽음을 당하지 않는 정도에서 그치지 않습니다. 우리는 하나님의 보좌 앞에 거침없이 직진할 수 있는 은혜까지 누립니다.

대제사장은 하늘의 속한 옷을 입어야만 지성소로 들어갈 수 있었는데, 우리는 하늘에 속한 옷을 입지 않고서도 어떻게 지성소로 들어갈 수 있습니까?

우리의 대제사장인 그리스도는 우리에게 성령을 주셔서 거듭나게 하셨습니다. 거듭나는 것은 우리를 하늘에서 태어나게 하는 것입니다. 거듭나는 것은 성령이 우리를 새사람으로 태어나게 하는 것입니다. 그래서 우리는 하늘의 옷을 입지 않았지만, 성령의 거듭나게 하심으로, 하늘에 속한 사람이 되어 하나님의 보좌 앞으로 나아갈 수 있는 것입니다.

불신자나 신자나 똑같이 타락한 몸이며, DNA도 똑같습니다.

그런데 왜 신자는 하나님의 보좌실에 자유롭게 들어갈 수 있습니까?

성령의 역사로 하늘에서 거듭 태어났기 때문에, 하늘 DNA가 우리 영혼에 심어졌기 때문입니다. 중생으로 인해 이제 나는 땅에 살고 있지만, 하늘에 속한 존재가 되었기 때문에, 하늘에 속한 옷을 입지 않아도, 하나님의 보좌실에 자유롭게 들어갈 수 있는 것입니다.

그리스도를 통해 내가 하나님께 나아가면 하나님께서 내 죄로 인해 나를 심판하시지 않으신다는 것입니다. "이 더럽고 뻔뻔한 것, 어느 안전이라고 감히 찾아와" 하면서 죽이거나 쫓아내지 않으신다는 것입니다. 우리는 정말로 그리스도 안에서 뻔뻔하게 하나님께 나아갈 수 있습니다.

지성소의 휘장에 관해 강해할 때 읽었던 신약 구절을 다시 읽어보겠습니다.

> 그러므로 형제들아 우리가 예수의 피를 힘입어 성소에 들어갈 담력을 얻었나니 그 길은 우리를 위하여 휘장 가운데로 열어 놓으신 새로운 살 길이요 휘장은 곧 그의 육체니라(히 10:19-20).

오늘은 이 구절에서 "담력"이라는 단어에 주목해 봅시다. 구약의 대제사장들과 이스라엘 백성들은 담력을 가질 수가 없었습니다. 거룩하신 하나님 앞에 불결한 채로 나가면 그 자리에서 죽임을 당했습니다. 그래서 담력을 가질 수가 없어서, 방울을 달고 죽을 각오로 나가야 했습니다.

그러나 우리는 그리스도로 인해 담력을 얻었습니다. 담력이 곧 뻔뻔함입니다. 그리스도만 믿고 하나님께 나가는 것입니다. 우리가 가진 믿음이 곧 뻔뻔함이요 담력입니다. 대제사장이신 예수 그리스도께서 휘장 가운데로 열어 놓으신 새로운 살 길을 따라 걸어 들어가서는 뻔뻔하게도 하나님을 부릅니다.

"아버지! 이 죄 많은 아들이 찾아 왔습니다."

탕자의 비유를 생각해 보세요.

탕자가 잃어버린 것이 무엇입니까?

아버지가 물려준 재산뿐입니까?

탕자는 아들의 뻔뻔함을 잃어버렸습니다.

뻔뻔함을 잃어버린 아버지가 아들에게 무엇을 주십니까?

아들의 뻔뻔함을 회복시킵니다.

하나님 앞으로 날아갈 때 우리의 대제사장이신 예수 그리스도만 믿고, 내가 중생한 하늘에 속한 성도임을 믿고 뻔뻔하게 하나님 앞에 나아가시기 바랍니다. 이번 한 주도 담대하게 하나님과 동행하는 복을 누리시는 한 주간 되시기 바랍니다.

15. 대제사장의 의관: 순금패

출애굽기 28:36-38

출애굽기 28장은 대제사장만이 입는 의관 4개를 소개하고 있습니다. 언급된 순서는 에봇, 판결 흉패, 겉옷, 순금패이지만, 입을 때에는 겉옷, 에봇, 판결 흉패, 순금패 순으로 착용합니다. 오늘은 마지막 의관 순금패를 알아보겠습니다.

> 출 28:36 너는 또 순금으로 패를 만들어 도장을 새기는 법으로 그 위에 새기되 '여호와께 성결'이라 하고
> 출 28:37 그 패를 청색 끈으로 관 위에 매되 곧 관 전면에 있게 하라

먼저 36절을 보면, 이 순금으로 만들면서 이 패에다가 "여호와께 성결"이라는 문구를 새겨 넣어야 합니다. 37절을 보시면 순금패는 대제사장이 머리에 쓰는 관, 터번의 이마 부위에 달아 놓은 작은 패입니다. 파란색 끈으로 묶어 달았으니, 왕관이나 반원형의 '티아라'도 아니었습니다.

그런데 패라고 번역된 히브리어는 '찌쯔'인데, 이 단어의 뜻은 꽃입니다. 지난 시간에 겉옷 가장자리에 석류가 달려 있었습니다. 그것은 진짜 석류가 아니고, 석류 모양의 장식물이었습니다. 마찬가지로 제사장의 머리에 꽃을

만들라는 것은 꽃 모양의 패를 만들라는 명령입니다.

대제사장의 겉옷에는 석류가 있고, 이마에는 꽃이 있습니다. 성소에는 살구나무 모양의 등잔대가 있었습니다. 결국 하나님이 디자인하신 성막 시스템에는 나무, 꽃, 열매가 있었던 것입니다. 이것은 지상의 성막이 에덴 동산을 재현한 것이기 때문입니다.

대제사장만이 착용하는 의상 아이템들의 재료는 모두 지성소의 재료와 똑같습니다. 모두 하늘에 속한 의상들임을 뜻합니다. 순금패도 마찬가지입니다. 이것은 하늘에서 내려온 패와 다를 바 없습니다. 이 패가 금으로 만들어진 것은 하나님의 영광과 직결된 중요한 것임을 상징합니다.

하지만 이 순금패에서 가장 중요한 것은 이 패에 새겨진 문구입니다. '여호와께 성결'이라는 뜻을 가진 히브리어 '카토쉬 랴웨'라고 새겨져 있습니다. 결국 순금패가 필요한 이유는 이 문구를 담아 놓기 위함이었습니다. 패 자체로는 아무 의미가 없습니다. 명패를 생각해 보십시오. 이름 없는 명패는 무용지물입니다.

직책과 이름을 새겨 놓은 문구 때문에 명패가 의미 있지 않습니까?

순금패를 귀하게 만드는 것도 이 패에 새겨진 '여호와께 성결'이라는 문구입니다.

> 출 28:38 이 패를 아론의 이마에 두어 그가 이스라엘 자손이 거룩하게 드리는 성물과 관련된 죄책을 담당하게 하라 그 패가 아론의 이마에 늘 있으므로 그 성물을 여호와께서 받으시게 되리라

38절은 이 순금패와 아론이 하는 일이 직결되어 있음을 말씀하십니다. 특히 38절 하반절, "그 패가 아론의 이마에 늘 있으므로 그 성물 즉 희생제물을 여호와께서 받으시게 되리라"를 보십시오.

이 말씀은 그 패가 이마에 없으면 희생제물을 받지 않으시겠다는 말씀처럼 들립니다. 에봇이나 판결 흉패나 겉옷에 대해 말씀하실 때, 이 옷 때문에 희생제물을 받으시겠다고 말씀하지 않으셨습니다. 오직 이마의 패가 있으므로 희생제물을 받으시겠다고 말씀하셨습니다. 그만큼 대제사장의 하는 일이 이 순금패에 새겨진 '여호와께 성결'이라는 문구에 달려 있는 것입니다.

여호와께 성결

그렇다면 '여호와께 성결'이라는 문구가 뜻하는 바가 무엇인지 알아야겠죠?

여러분들 대부분은 아마 '여호와께 성결'이라는 문구를 어떤 도덕성 향상 캠페인의 문구로 받아들이실 것 같습니다.

데모나 캠페인을 할 때, 이마에 띠를 두르고, 거기다가 캠페인성 문구를 새기지 않습니까?

그래서 '여호와께 성결'이라는 문구도 아마 이스라엘 백성 전체에게 윤리적으로 정결한 삶을 살자는 캠페인성 문구처럼 들립니다. 이런 해석은 절반은 맞고 절반은 틀립니다.

먼저 절반은 틀린 이유를 말씀드리겠습니다. 한자로는 '성결'(聖潔) 혹은 한글로는 '거룩'으로 번역되는 히브리어 '카도쉬'는 일차적으로 구분되고 구별되었다는 뜻입니다. 한 곳에 모여 있는 것들 중에서 한 개를 구분해서 다른 곳에 두는 것, 이렇게 공간적으로 구별되었음을 뜻하는 것이 바로 구약이 말하는 성결 혹은 거룩의 원래 뜻입니다.

하나님은 거룩하신 분이십니다. 이 세상의 어떤 존재와도 같지 않고, 구별되는 분이시기 때문입니다. 그래서 하나님을 가장 간단하게 잘 설명하는 표현이 바로 거룩하신 하나님입니다. 거룩하신 하나님께서 사용하시기 위해 따로 구별해 두신 것은 무엇이든 거룩하게 됩니다.

하나님께 속한 것이라면, 인간뿐만 아니라, 물건, 장소, 시간까지도 거룩하게 됩니다. 그래서 제사장, 레위인, 이스라엘, 제물, 성막과 성전 기구, 제사장의 옷, 기름, 향료, 성소, 시온 산, 예루살렘, 안식일, 절기들, 희년 등이 거룩하다고 일컬어지는 것들입니다. 그 존재의 영역이 더 이상 세상에 속하지 않고 하나님께 속했기 때문입니다. 대제사장은 구별되어서 하나님께 속한 존재입니다. 이것이 '여호와께 성결'이라는 문구가 말하는 바입니다.

거룩한 백성

그런데 대제사장은 이스라엘을 대표하는 존재이며, 하나님 앞에서 이스라엘 그 자체인 존재이기도 합니다. 대제사장의 이마에 '여호와께 성결'이란 글이 있다는 것은, 단지 대제사장만 하나님께 속해 있는 구별된 존재라는 뜻이 아니라, 이스라엘 전체도 하나님을 위해 구별되어 하나님께 속한 존재라는 것입니다.

하나님께서 시내 산에 도착한 모세를 불러서 이런 말씀을 하셨습니다.

> 세계가 다 내게 속하였나니 너희가 내 말을 잘 듣고 내 언약을 지키면 너희는 모든 민족 중에서 내 소유가 되겠고 너희가 내게 대하여 제사장 나라가 되며 거룩한 백성이 되리라 너는 이 말을 이스라엘 자손에게 전할지니라 (출 19:5-6).

이 지상의 모든 존재가 다 하나님께 속해 있습니다. 그런데 하나님은 그중에 이스라엘 민족을 구별해서 특별한 소유로 삼겠다고 하십니다. 여기 소유로 번역된 히브리어 '세굴라'는 이전에 말씀드렸듯이, 귀중한 소유물, 보석 같은 소유물을 뜻합니다. 하나님은 이스라엘을 특별한 존재로 구별하셨습니다. 그리하여 이스라엘은 "제사장 나라"가 되며, "거룩한 백성"이 되었던 것입니다.

이렇듯 거룩과 성결이라는 개념은 존재와 관련되어 있습니다. 어디에 속해 있느냐가 중요한데, 하나님께 속해 있다면 단지 하나님이 소유하셨다는 이유만으로 그는 거룩한 존재가 됩니다. 그래서 그저 텐트에 지나지 않는 것이 거룩할 성(聖) 자를 붙여서 성막(聖幕)이라고 부르는 것입니다. 대제사장이 머리에 하나님께 성결이라고 새긴 것은 대제사장뿐만 아니라 대제사장이 대표하는 이스라엘 민족 전체가 하나님께 구별되어 속해 있다는 사실, 하나님의 소유라는 사실을 선포하고 있는 것입니다.

도장(印)을 새기는 법으로

거룩함이 하나님께 속한 것을 의미한다면, 이 순금패가 왜 하필 이마에 붙여졌는지도 알 수 있습니다. 36절은 '여호와께 성결'을 "도장을 새기는 법으로" 새기라고 특별하게 명령합니다. 도장이 곧 인(印)입니다. 대제사장은 마치 이마에 인 맞는 자처럼 순금패를 이마에 붙이고 있습니다.

이마에 인 맞은 자 하니까 떠오르는 것이 무엇입니까?

요한계시록의 인 맞은 자 144,000명이 떠오르시죠?

과연 대제사장의 순금패와 인 맞은 자 144,000명이 관련있을까요?

36절에 "도장"에 해당하는 히브리어는 '호탐'입니다. '호탐'을 헬라어 구약성경인 70인역에서는 '스프라기스'라고 번역했습니다. 요한계시록에서 인 맞은 자 144,000명을 표현할 때, '인'에 해당하는 헬라어가 역시 '스프라기스'입니다. 제가 지금 무슨 근거를 말씀드렸느냐 하면요, 대제사장 이마에 달린 순금패에 도장을 새긴 법이나 요한계시록에 등장하는 이마에 인을 치는 것이나 문자적으로는 똑같다는 것입니다.

고대 세계의 낙인(烙印) 문화

오늘날 우리들은 전혀 모르지만, 고대인들은 사람의 이마에 인을 친다는 것이 무엇을 의미하는지 다 알고 있었습니다. 고대 세계에서는 주인이 자기 소유의 가축을 구별하기 위해 가축의 엉덩이나 귀에다가 인을 찍었습니다.

내 것을 구별하려면 잘 보여야 하지 않겠습니까?

고대 세계에서는 노예를 구별하기 위해서도 인을 찍었습니다. 소위 낙인(烙印)이 되는 셈이죠.

그럼 어디에다가 찍어야 할까요?

가축처럼 엉덩이에 인을 찍을까요?

항상 노출되어 있는 곳이 어디입니까?

이마입니다.

하나님께서 대제사장의 이마에다가 '여호와께 성결'이 새겨진 패를 착용하게 한 것은, 사실상 노예의 이마에 인을 새기는 절차를 세련되게 하신 것입니다. 불에 달궈진 인을 이마에 찍는 절차 대신에, 인을 찍듯이 새긴 순금패를 이마에 달도록 해서 아프지 않도록 세련된 절차로 바꾼 것입니다.

그래서 대제사장뿐만 아니라 이스라엘의 백성들 모두는, 오늘날 우리들과는 달리 이마에 인을 찍듯이 새긴 순금패가 의미하는 바를 쉽게 알고 있었습니다. 그것은 두말할 것도 없이, 노예의 이마에 인을 찍듯이 이스라엘이 하나님 소유라는 것을 증명하는 인이었던 것입니다. 인에는 소유주의 이름을 새기거나 간단한 문양이나 알파벳을 새깁니다.

그러면 '여호와께 성결'이라는 문구는 누가보더라도 여호와께 구별되었음, 여호와께 소유되었음을 노골적으로 광고하고 있는 것입니다.

성경의 낙인 이야기

놀랍게도 하나님께서 사람에게 인을 새기는 역사는 창세기 4장부터 시작합니다.

> 가인에게 표를 주사 그를 만나는 모든 사람에게서 죽임을 면하게 하시니라
> (창 4:15).

하나님이 가인에게 주신 표가 어디에 있는지 정확하게 언급은 되지 않았습니다. 하지만 가인을 노상에서 만나는 모든 사람은 가인에게 하나님의 표가 있다는 것을 알 수 있어야만 가인을 건드리지 않을 것입니다.

그럼 어디에 표가 있는 것입니까?

엉덩이입니까?

이마밖에 없습니다. 그래서 가인을 만나는 사람은 누구든지 가인의 이마에 하나님의 표가 있는 것을 쉽게 보고, 가인이 하나님께 속한 소유임을 알고 가인을 건드릴 수가 없었던 것입니다. 그럼 가인이 받은 표는 두말할 것도 없이 하나님의 인입니다. 분명히 하나님의 이름이 찍혀 있었을 것입니다.

출애굽기 12장에서 보면 하나님의 인은 하나님의 백성이 사는 집에도 새겨졌습니다.

> 그 피를 양을 먹을 집 좌우 문설주와 인방에 바르고…내가 애굽 땅을 칠 때에 그 피가 너희가 사는 집에 있어서 너희를 위하여 표적이 될지라 내가 피를 볼 때에 너희를 넘어가리니 재앙이 너희에게 내려 멸하지 아니하리라(출 12:7, 13).

어린양의 피를 집 좌우 문설주와 인방에 바르면, 그것이 표적이 됩니다.

어떤 표적이겠습니까?

이 집은 하나님의 소유이니 재앙을 내리지 말라는 표적입니다. 이마에 인을 쳐 놓듯이, 집 문 가에다가 인을 쳐 놓은 것입니다.

인 맞은 자 144,000명

하나님이 자기 소유물에다가 인을 치시는 이야기는 요한계시록에서 완결됩니다. 그 유명한 요한계시록 7장의 인 맞은 자 144,000명입니다. 이들은 하나님이 땅에 허락하시는 재앙으로부터 보호받습니다. 인은 하나님의 소유임을 입증합니다.

그런데 요한계시록의 이마에 인을 친다는 것을 문자 그대로 이해해서는 안 됩니다. 인을 찍는 이유는 쉽게 구별하기 위함입니다.

그럼 이마에 인이 없으면 하나님이 자기 백성을 구별 못하시는 분이십니까?

이마에 인이 있어서 그것을 봐야만 자기 백성을 구별할 수 있는 그 정도의 능력을 가진 자라면, 하나님으로 믿지 않는 것이 상책입니다. 하나님은 이마에 인이 없어도 자기 백성을 구별하고 아시는 분이심을 믿으시기 바랍니다. 하나님에게는 인을 찍는 행위는 사실상 아무런 의미가 없습니다. 하나님은 언제나 어떤 경우에도 당신의 백성들을 잘 알고 계시기 때문입니다.

그럼 하나님은 왜 '인을 친다'는 표현을 사용하셨을까요?

이 표현은 수천 년 전 고대인들을 배려한 것입니다. '너는 내 것이다. 내가 너의 주인이다, 내가 너를 보호하겠다,' 이 사실을 말하고 싶은데, 수천 년 전 고대인들에게 가장 간단하게 설명하는 방법이 바로 '내가 나의 인을 네게 쳤다'고 표현하는 것이었습니다.

그러니까 인을 쳤다는 표현은 하나님이 물리적으로 낙인의 도움을 받아서 자기 백성을 구별하기 위함이 아니라, 하나님의 소유된 백성에게 확신을 주는 상징적인 행위인 것입니다.

고대인들은 자신이 하나님께 구별되어 소유되었다는 확신을 어떻게 가질 수 있습니까?

'내가 하나님의 인을 받은 자'란 사실에서 확신을 가질 수 있습니다.

하나님의 인을 이마에 받은 하나님의 백성들을 요한계시록 7장뿐만 아니라 마지막 장 22장에서도 볼 수 있습니다.

> 그의 얼굴을 볼 터이요 그의 이름도 그들의 이마에 있으리라(계 22:4).

구약에서는 하나님의 얼굴을 보면 죽을 것을 각오해야 했습니다. 대제사장의 이마에 여호와의 이름이 있었고, 대제사장 혼자만 여호와가 임재해 계신 지성소에 들어갈 수 있었습니다. 그러나 신천신지의 백성들은 누구나 다 대제사장처럼 이마에 하나님의 이름을 지니고 있습니다. 그래서 누구나 다 하나님의 임재 체험의 최고인 하나님의 얼굴을 볼 수 있습니다.

오늘날 우리들이 받은 인

여러분, 이스라엘 전체를 대표하는 대제사장이 이마에 하나님께 성결이라는 인을 달고 있었습니다. 그리고 신약의 마지막 때에도 성도들은 이마에 인을 상징적으로 받았습니다.

그럼 오늘날 우리들도 이마에 인을 상징적으로 받아야 하지 않겠습니까?

내가 하나님의 소유된 백성인데, 그럼 하나님께서 너는 내 것이라고 표시할 인을 쳐야 하지 않겠습니까?

당연히 저와 여러분들의 이마에도 하나님이 인을 쳐 놓으셨습니다.

> 그(그리스도) 안에서 너희도 진리의 말씀 곧 너희의 구원의 복음을 듣고 그 안에서 또한 믿어 약속의 성령으로 인치심을 받았으니 이는 우리 기업의 보증이 되사(엡 1:13-14).

그리스도는 승천하셔서 자기 백성들에게 성령을 내주셨습니다. 이 성령이 하나님의 인입니다. 오순절 성령 강림 때 하나님께서 성령의 인을 어떻게 치셨는지 주목해 보십시오.

> 마치 불의 혀처럼 갈라지는 것들이 그들에게 보여 각 사람 위에 하나씩 임하여 있더니 (행 2:3).

불 같은 성령이 사람 위에 임하는 법과 인을 치는 법, 둘 사이에 연관성이 있습니까?

인을 선명하게 찍으려면 인이 어떻게 되어야 할까요?

인이 불에 시뻘겋게 달궈져야 합니다. 성령의 인을 찍으려면, 성령도 불 같은 분이셔야 합니다. 그리하여 오순절에 그리스도께서 제자들에게 불 같은 성령의 인으로 제자들 이마에 찍으셨던 것입니다.

우리 성도의 이마에는 영적으로 하나님만 볼 수 있는 성령의 인이 있음을 믿으시기 바랍니다. 여러분 이마를 한번 만져보세요. 성령의 인이 영적으로 상징적으로 찍혀 있음을 확신하시기 바랍니다.

그러니까 하나님 앞에 나올 때 어디부터 내밀어야 하겠습니까?

이마부터 들이미세요. 지난 시간에는 담대하게 뻔뻔하게 나올 수 있다고 말씀드렸는데, 오늘도 동일합니다. 하나님 앞에 나올 때 여러분의 이마에 성령의 인이 있음을 믿고, 이마들고 뻔뻔하게 나오세요.

오늘날 신자들은 고개를 숙이고 기도하지만, 복음서를 보면 유대인들은 어떻게 기도했습니까?

고개를 들고 기도했다고 하지 않습니까?

하나님이 소중하게 여기시는 자녀라면 이마를 들이대는 이런 담대함을 누리시기 바랍니다.

인 침과 보호

하나님이 인을 치신 것은 자기 소유임을 표시하기 위함입니다. 자기 소유이기 때문에 하나님께서 보호하시는 것입니다. 그래서 인을 치는 것은 반드시 하나님의 보호와 연결되어 있습니다. 어떤 시대를 사는 사람이었든지, 하나님의 인을 받은 자는 보호받았습니다.

가인 같은 죄인도 하나님이 이마에 인을 쳐서 보호해 주셨고, 애굽의 백성들의 집에도 인을 쳐서 그 집을 보호해 주셨습니다. 순금패를 착용한 아론은 곧 우상숭배자가 될 것이지만, 그래도 하나님께서 살려주셨습니다. 오늘날 그리스도 안에서 그리스도께서 성령으로 인을 쳐 놓으신 우리와 우리 집도 주님께서 보호해 주실 것을 믿으시기 바랍니다.

이마에 새겨진 성령의 인이 우리 생명 줄입니다. 이마의 인이 없는 사람은 하나님이 내리시는 모든 재앙과 심판을 다 받을 것입니다. 그러나 이마의 인이 있는 성도는 하나님이 기쁘게 맞아주시고 보호해 주실 것을 믿으시기 바랍니다. 그리스도를 대제사장으로 모시고 있는 나에게도 하나님께서 치신 성령의 인이 있음을 믿으시고, 하나님의 보호를 확신하고 누리시는 여러분들 되시기 바랍니다.

거룩한 존재의 거룩한 언행

저는 말씀을 시작하면서 "여호와께 성결"이라는 문구를 윤리적인 캠페인 문구로 생각하는 것이 절반은 옳고 절반은 틀리다고 말씀드렸습니다. 조금 전까지는 절반이 틀린 이유를 말씀드렸는데, 이제부터는 절반이 맞는 이유를 말씀드리겠습니다.

우리가 성령의 인치심을 받은 자들이니, 무조건 하나님께 이마 들이밀고 마음대로 살아도 됩니까?

대제사장의 이마 패에 새겨진 '여호와께 성결'이란 문구는 우리에게 언행에 관해서 지시하는 바가 있습니다. 성도는 먼저 공간적으로 구별되고, 소유 관계와 존재에 있어서 구별되었기 때문에 자연스럽게 언행에 있어서도 구별되는 의무가 생깁니다. 내가 하나님께 구별된 존재이기 때문에 하나님이 기뻐하시는 언행을 해야 할 의무가 생긴 것입니다. 그래서 거룩하다 혹은 성결하다는 것은 하나님이 기뻐하시는 정결한 언행을 뜻하게 된 것입니다. 믿지 않는 이방 민족과는 구별된 언행을 위해 하나님께서는 이스라엘 백성들에게 율법을 주셨던 것입니다.

'여호와께 성결'이란 이마의 패는 제사에 참여하는 자가 하나님이 기뻐하시는 대로 살고, 하나님의 말씀대로 제사와 예배를 준비해야 함을 강조합니다. 여호와께 구별된 존재라면, 여호와께 구별된 언행으로 살아야 합니다. 그것이 오늘날 저와 여러분들이 익히 알고 있는 거룩함입니다.

내 존재가 하나님께 소유되었다면, 내 언행도 하나님께 소유된 것이어야 합니다. 내 존재와 언행이 동일해야 합니다. 이번 한 주간도 하나님께 소유된 존재답게 살면서 승리하시는 여러분들이 되시길 바랍니다.

16. 제사장들의 위임식

출애굽기 29:1-37

컴퓨터를 조립해 보셨습니까?

대부분 이미 조립되고, 소프트웨어까지 완전히 설치된 컴퓨터를 구입하셨을 것입니다. 하지만 적지 않은 마니아들이 부품을 일일이 구입한 뒤, 소프트웨어도 일일이 다 설치를 해서 사용하고 있습니다. 저도 그런 마니아들 중의 한 명입니다. 가장 짜릿한 순간은 하드웨어를 다 조립하고 윈도우를 설치한 후, 처음으로 윈도우가 정상적으로 뜰 때입니다. 그러면 이 컴퓨터는 아무런 문제없이 사용할 수 있습니다.

제사장들의 위임식이 바로 성막 시스템이 정상적으로 작동하기 시작하는 날입니다. 성막의 기구들이 성막 시스템의 하드웨어라면, 제사장은 윈도우 운영체제와 같은 소프트웨어입니다. 성막의 하드웨어와 운영체제 소프트웨어가 다 갖춰졌으니, 이제 성막 안에서는 예배 프로g들이 활발하게 작동할 수 있습니다.

하나님은 출애굽기 29장에 위임식 절차를 기록하여 오늘날 우리들에게까지 읽도록 보존하셨습니다. 대단한 의미가 있기 때문입니다. 오늘 강해 설교는 사실상 29장 전체를 이해하는 것입니다. 29장은 위임 전, 위임 당시, 위임 후로 나눕니다.

출 29:1 네가 그들에게 나를 섬길 제사장 직분을 위임하여 그들을 거룩하게 할 일은 이러하니 곧 어린 수소 하나와 흠 없는 숫양 둘을 택하고

출 29:2 무교병과 기름 섞인 무교 과자와 기름 바른 무교 전병을 모두 고운 밀가루로 만들고

출 29:3 그것들을 한 광주리에 담고 그것을 광주리에 담은 채 그 송아지와 두 양과 함께 가져오라

먼저, 위임 전의 절차인데 아래 표와 같습니다.

위임 전	재료	1-3절
	예복	4-9절
	속죄제(수소)	10-14절
	번제(숫양)	15-18절

1절부터 3절은 위임식에 필요한 준비물들, 가까이 "가져와야" 할 것들을 소개합니다. 수소 한 마리와 숫양 두 마리, 떡, 과자, 전병을 준비해야 했습니다.

출 29:4 너는 아론과 그의 아들들을 회막 문으로 데려다가 물로 씻기고

출 29:5 의복을 가져다가 아론에게 속옷과 에봇 받침 겉옷과 에봇을 입히고 흉패를 달고 에봇에 정교하게 짠 띠를 띠게 하고

출 29:6 그의 머리에 관을 씌우고 그 위에 거룩한 패를 더하고

출 29:7 관유를 가져다가 그의 머리에 부어바르고

출 29:8 그의 아들들을 데려다가 그들에게 속옷을 입히고

출 29:9 아론과 그의 아들들에게 띠를 띠우며 관을 씌워 그들에게 제사장의 직분을 맡겨 영원한 규례가 되게 하라 너는 이같이 아론과 그의 아들들

에게 위임하여 거룩하게 할지니라

4절부터 모세는 위임하게 되는 대제사장과 제사장들을 회막 문 앞에서 물로 씻겼습니다. 회막 문 앞에는 물두멍이 있었거든요. 유대인들은 침례받았다고 주석합니다. 그런 다음 출애굽기 28장에서 소개된 제사장들의 예복들을 갖춰 입었고, 대제사장과 제사장 모두 기름 부음을 받습니다(출 30:30). 인간으로서가 아니라, 제사장의 옷을 입고 제사장으로서 기름 부음 받습니다.

> 출 29:10 너는 수송아지를 회막 앞으로 끌어오고 아론과 그의 아들들은 그 송아지 머리에 안수할지며
>
> 출 29:11 너는 회막 문 여호와 앞에서 그 송아지를 잡고
>
> 출 29:12 그 피를 네 손가락으로 제단 뿔들에 바르고 그 피 전부를 제단 밑에 쏟을지며
>
> 출 29:13 내장에 덮인 모든 기름과 간 위에 있는 꺼풀과 두 콩팥과 그 위의 기름을 가져다가 제단 위에 불사르고
>
> 출 29:14 그 수소의 고기와 가죽과 똥을 진 밖에서 불사르라 이는 속죄제니라

10-14절에서 속죄제 수송아지를 먼저 바칩니다. 위임하게 되는 아론과 그의 아들들도 죄인들이기에 먼저 속죄를 받아야 했습니다. 대제사장은 이스라엘의 대표로서 처음으로 속죄제를 드리며, 뒤따라서 이스라엘이 이 속죄제를 드릴 것입니다. 수송아지는 제사장들을 대신해서 희생당합니다.

> 출 29:15 너는 또 숫양 한 마리를 끌어오고 아론과 그의 아들들은 그 숫양의 머리 위에 안수할지며
>
> 출 29:16 너는 그 숫양을 잡고 그 피를 가져다가 제단 위의 주위에 뿌리고

출 29:17 그 숫양의 각을 뜨고 그 장부와 다리는 씻어 각을 뜬 고기와 그 머리와 함께 두고

출 29:18 그 숫양 전부를 제단 위에 불사르라 이는 여호와께 드리는 번제요 이는 향기로운 냄새니 여호와께 드리는 화제니라

15-18절에서는 두 번째 제사로 숫양을 번제로 드리라고 명합니다. 두 번째 제사에서도 제사장들은 숫양에게 안수했습니다. 자신과 숫양을 동일시한 것입니다.

번제이니 그 연기가 하늘로 올라가지 않겠습니까?

연기가 하늘로 올라가는 것은 제사장 자신이 하늘로 올라가는 셈입니다. 그래서 18절에 말씀하듯이, 하나님께 올라가는 이 연기는 "향기로운 냄새"였습니다.

출 29:19 너는 다른 숫양을 택하고 아론과 그 아들들은 그 숫양의 머리 위에 안수할지며

출 29:20 너는 그 숫양을 잡고 그것의 피를 가져다가 아론의 오른쪽 귓부리와 그의 아들들의 오른쪽 귓부리에 바르고 그 오른손 엄지와 오른발 엄지에 바르고 그 피를 제단 주위에 뿌리고

출 29:21 제단 위의 피와 관유를 가져다가 아론과 그의 옷과 그의 아들들과 그의 아들들의 옷에 뿌리라 그와 그의 옷과 그의 아들들과 그의 아들들의 옷이 거룩하리라

출 29:22 또 너는 그 숫양의 기름과 기름진 꼬리와 그것의 내장에 덮인 기름과 간 위의 꺼풀과 두 콩팥과 그것들 위의 기름과 오른쪽 넓적다리를 가지라 이는 위임식의 숫양이라

18절까지가 위임식을 위한 사전 준비였다면, 19절부터는 위임식의 본 순서가 시작됩니다. 아래의 표처럼 정리할 수 있습니다.

위임	위임식 숫양	출 29:19-22
	떡, 과자, 병	출 29:23-25
	고기 배분	출 29:26-28
	착복식	출 29:29-30
	위임식 식사	출 29:31-34
	위임식 속죄제	출 29:35-37

먼저 22절까지 위임식을 위한 숫양을 바치는 제사입니다. 세 번째 제사인 셈입니다. 이 양은 순전히 위임식을 위해서만 바치는 숫양입니다. 그리고 위임식은 이 숫양을 어떻게 처리할 것인가와 깊이 연관되어 있습니다. 위임식을 위한 숫양의 특별한 점은 22절에서 고기와 내장으로 해체되었지만, 어느 부위도 태우거나 버리지 않는다는 것입니다. 그 이유는 뒤에서 말씀드리겠습니다.

위임식을 위한 이 숫양의 피는 먼저 위임받는 제사장들의 오른쪽 귓부리, 오른손 엄지, 오른발 엄지에만 발라져야 했고, 다음에는 제단 주위에도 뿌려졌습니다. 그리고 마지막으로는 제사장들의 옷에까지 뿌려져야 했습니다. 옷을 만든 사람들이 부정했기 때문에, 옷도 피로 깨끗하게 되어야 했던 것입니다. 제사장과 제사장의 옷에는 관유도 뿌려야 했습니다. 관유에 관해서는 출애굽기 30장에서 말씀드리겠습니다.

귓부리와 엄지들에만

제사장들 위임식에서는 제사장들의 귓부리, 오른손 엄지, 오른발 엄지에만 피를 발랐다는 점이 특별합니다.

무엇을 의미하며 무엇을 위한 절차일까요?

비교할 만한 피 뿌림이 이미 한 번 있었습니다. 이스라엘과 하나님이 시내산 언약을 맺을 때인 출애굽기 24:6-8에서 소의 피를 번제단과 백성에게 뿌렸습니다. 그리고 이 피는 "언약의 피"로 정의되었습니다. 이 언약의 피는 이스라엘과 하나님을 한 피로 맺어진 언약관계로 만듭니다. 그래서 이스라엘은 언약 백성이요, 제사장 민족이 됩니다.

더 유사한 피 뿌림이 레위기 14장 나병환자의 정결식에도 있습니다. 피부병에서 깨끗해진 자는 제사장의 완치 판정을 위해 정결식을 거쳐야 했습니다. 그 순서 중에 나병환자에게 어린 양의 피가 제사장들과 똑같은 부위에 발라져야 했습니다. 그런 다음 어린 양의 기름이 여호와 앞에 뿌려졌고 이미 피가 발라져 있는 그 부위에도 발라졌습니다.

귓부리, 엄지손가락, 엄지발가락은 신체 전체의 대표입니다. 나병환자의 이 부위에 피를 바르는 것은 환자의 몸 전체에 피를 뿌리는 것과 동일합니다. 이런 피 뿌림의 효과는 무엇입니까?

나병환자는 나병으로 인해 그동안 공동체에서 끊어져 있었습니다. 이 피 뿌림으로 인해 나병환자는 다시 하나님과 공동체에 연결됩니다. 그리고 이제 나병환자는 부정했던 자에서 정결한 자로 변화됩니다.

출애굽기 24장의 피 뿌림도 동일합니다.

모세가 소의 피를 백성들에게 뿌렸다고 했는데, 모든 백성들에게 다 뿌렸을까요?

불가능합니다. 귓부리, 오른손 엄지, 오른발 엄지에 피를 찍은 것처럼, 소량만 뿌렸을 것입니다. 그만큼만 뿌려도, 이스라엘은 하나님과 연결되어 하나님의 백성으로 변화됩니다.

그렇다면 위임식의 피 뿌림도 똑같이 해석할 수 있습니다. 제사장들의 신체 전체를 대신해서 귓부리, 엄지손가락, 엄지발가락에 피를 바릅니다. 피 뿌림의 결과 그들은 평범한 레위인에서 대제사장과 제사장으로 변화됩니다.

출 29:23   또 여호와 앞에 있는 무교병 광주리에서 떡 한 개와 기름 바른 과자 한 개와 전병 한 개를 가져다가

출 29:24   그 전부를 아론의 손과 그의 아들들의 손에 주고 그것을 흔들어 여호와 앞에 요제를 삼을지며

출 29:25   너는 그것을 그들의 손에서 가져다가 제단 위에서 번제물을 더하여 불사르라 이는 여호와 앞에 향기로운 냄새니 곧 여호와께 드리는 화제니라

23절부터 보면 제사장들은 무교병, 무교과자, 무교전병을 손으로 잡아서 하나님 앞에 흔든 다음 이미 불타고 있는 번제물 위에 던져 불타게 했습니다. 제사장들은 헌신을 바치는 번제물로 고기 대신 떡, 과자, 전병을 태웠던 것입니다.

출 29:26   너는 아론의 위임식 숫양의 가슴을 가져다가 여호와 앞에 흔들어 요제를 삼으라 이것이 네 분깃이니라

출 29:27   너는 그 흔든 요제물 곧 아론과 그의 아들들의 위임식 숫양의 가슴과 넓적다리를 거룩하게 하라

출 29:28   이는 이스라엘 자손이 아론과 그 자손에게 돌릴 영원한 분깃이요 거제물이니 곧 이스라엘 자손이 화목제의 제물 중에서 취한 거제물로서 여호와께 드리는 거제물이니라

26-28절까지는 불태우지 않았던 위임식 숫양의 고기를 어떻게 할 것인지에 관한 지침입니다. 간단하게 말씀드리자면, 아론과 그 아들들이 그 고기를 나눠 가졌습니다. 그 이유를 31절 이하에서 설명합니다.

출 29:29　아론의 성의는 후에 아론의 아들들에게 돌릴지니 그들이 그것을 입고 기름 부음으로 위임을 받을 것이며

출 29:30　그를 이어 제사장이 되는 아들이 회막에 들어가서 성소에서 섬길 때에는 이레 동안 그것을 입을지니라

29-30절은 아론이 입고 있는 대제사장의 의관이 아론 다음으로 누군가 대제사장이 될 때 어떻게 되야 하는지에 관한 지침입니다. 소위 착복식(着服式)이 있어야 했습니다. 아론을 계승한 대제사장은 대제사장의 의관을 물려받아 위임식이 계속되는 일주일 동안 입고 있어야 했습니다. 민수기 20장에서 아론이 죽을 때에도 역시 그의 의관을 그의 아들 엘르아살에게 입히는 과정이 주목받고 있습니다.

출 29:31　너는 위임식 숫양을 가져다가 거룩한 곳에서 그 고기를 삶고

출 29:32　아론과 그의 아들들은 회막 문에서 그 숫양의 고기와 광주리에 있는 떡을 먹을지라

출 29:33　그들은 속죄물 곧 그들을 위임하며 그들을 거룩하게 하는 데 쓰는 것을 먹되 타인은 먹지 못할지니 그것이 거룩하기 때문이라

출 29:34　위임식 고기나 떡이 아침까지 남아 있으면 그것을 불에 사를지니 이는 거룩한즉 먹지 못할지니라

출 29:35　너는 내가 네게 한 모든 명령대로 아론과 그의 아들들에게 그같이 하여 이레 동안 위임식을 행하되

출 29:36　매일 수송아지 하나로 속죄하기 위하여 속죄제를 드리며 또 제단을 위하여 속죄하여 깨끗하게 하고 그것에 기름을 부어 거룩하게 하라

출 29:37　너는 이레 동안 제단을 위하여 속죄하여 거룩하게 하라 그리하면 지극히 거룩한 제단이 되리니 제단에 접촉하는 모든 것이 거룩하리라

앞서 위임식을 위한 숫양 고기는 불태우지 않았는데, 그것은 아론과 그 아들들만 먹도록 하기 위함입니다. 그리고 마지막으로 35절부터 37절까지는 위임식 일주일 동안 매일 속죄제 수송아지를 바치라는 명령입니다.

하나님의 형상

대제사장의 위임식의 핵심은 착복식입니다. 위임식 이전에 길게 설명했던 대제사장의 의관, 하늘에 속한 그 의관을 빠짐없이 입음으로 땅에 속한 인간이 비로소 거룩한 대제사장이 됩니다.

저는 위임식을 통해 세워진 대제사장은 성막-성전에 세워진 하나님의 형상이란 사실을 말씀드리고 싶습니다. 고대문명의 신의 형상은 불가시적인 신을 가시적으로 대체하는 것이며, 단지 물질적인 것이 아니라 신적인 것을 담고 있는 영험한 것으로 믿어졌습니다. 그래서 신전에는 반드시 신전 주인의 형상이 거대하게 자리잡고 있었습니다.

에덴 동산이 여호와의 첫 번째 신전이라면, 하나님 자신의 형상으로 직접 만드신 사람이야말로 하나님의 유일한 형상입니다. 타락하기 이전의 아담과 하와는 하나님의 형상다운 존재였습니다.

성막은 여호와의 이동용 신전입니다. 고대인들의 믿음에 의하면, 이동용 신전이라 할찌라도 하나님의 형상이 세워져야 합니다. 그러나 하나님은 하나님의 형상을 만들지 못하게 하셨습니다. 그래서 지성소는 속죄소의 그룹들이 하나님의 보좌 역할을 하지만, 그 보좌 위에는 텅 비어 있습니다. 형상이 없으신 하나님은 그 빈 공간에서 말씀하십니다.

그러나 대제사장은 하늘에 속한 의관을 입고 세움받음으로 하나님의 형상이 됩니다. 이스라엘에서 가장 영광스럽고 빛나는 의관을 입은 대제사장이 여호와의 신전에 있는 하나님의 형상이었던 것입니다. 그리하여 에덴 동산에서 하나님의 형상이었던 아담을 성막의 대제사장이 재현하고 회복합니다. 그러므로 대제사장의 위임식은 바로 하나님 형상 건립식입니다.

은혜와 위임

하나님께서 제사장들의 위임식을 오늘날 성도들까지 읽도록 하신 것은 오늘날 저와 여러분들이 제사장 같은 존재이기 때문입니다. 우리는 제사장의 위임식을 단지 소수가 참여하는 행사로만 생각해서 나와는 상관없는 본문이라고 생각해서는 안 됩니다. 이 본문을 읽는 오늘날의 독자들은 나도 제사장이다는 자의식을 가지고, 하나님께서 나를 제사장으로 세우시는 본문으로 알고 해석하고 적용해야 합니다.

먼저 제사장들의 위임식은 하나님의 선택과 임명이라는 절차를 때어 놓고 생각할 수 없습니다. 위임식은 바로 하나님께서 은혜로 제사장으로 선택하셨다는 사실을 전제로 하고 있습니다. 오늘날 위임식이란 말은 거의 교회에서만 사용하는 단어인 것 같습니다. 일반 사회에서는 취임식이란 단어를 사용합니다.

취임(就任)과 위임(委任) 간에는 분명한 차이점이 있습니다. 취임이라는 단어는 직임을 받은 자 한 사람을 주인공으로 강조하는 단어입니다. 그런데 위임은 주인공이 두 사람이어야 하는 단어입니다. 직임을 위임하는 사람과 위임받는 사람, 이 두 사람의 주인공이 있어야 위임이 성립됩니다.

그러면 위임받는 아론과 그 아들들은 어떤 인물들입니까?

아론과 그 아들들은 거룩하신 하나님 앞에 죽을 수밖에 없는 죄인이어서 먼저 물로 씻어야 했고, 그것도 부족해서 속죄제를 위임식 7일 동안 매일 드려야 했습니다. 그들은 한낱 죄인에 지나지 않은 인물들이었습니다.

심지어 지금 모세가 시내 산 정상에서 하나님께 제사장들의 위임식을 이렇게 하라고 명령을 받고 있는 바로 그 순간에 대제사장이 될 아론은 시내 산 아래에서 무엇하고 있습니까?

금송아지 우상숭배를 계획하고 실행합니다. 그럼에도 불구하고 하나님은 아론을 대제사장으로 삼으시는 것을 변경하지 않으셨습니다. 하나님은 금송아지 숭배의 지도자였던 아론을 대제사장으로 삼으셨습니다. 한없는 은혜인 것이죠.

하나님은 위임식을 통해 위임받는 자들에게 자격 없는 자들에게 귀한 직분을 은혜로 맡기셨다는 사실을 상기시킵니다. 우리가 실용적으로, '위임식이라는 복잡한 절차를 생략하거나 간단하게 하면 좋지 않을까' 생각할 수 있습니다. 그러나 하나님은 위임식을 통해 하나님의 은혜를 떠올리게 하셨습니다.

빈손 인생

"위임"으로 번역되는 히브리어 '말라 야드'는 '손을 채우다, 손에 무엇인가 쥐어준다'는 뜻을 가졌습니다. 제 생각엔, 빈손인 상태에서 일거리를 맡겼다는 뜻인 것 같습니다. 손이 꽉 찬 상태면, 이미 여념 없이 바쁜 상태입니다. 손에 맡겨진 것을 빨리 처리하기 위해 전념해야 합니다. 반대로 빈손을 채우는 것은 새 일을 맡기는 것입니다. 위임은 손에 아무것도 없는 사람에게 손에 무엇인가를 쥐어주는 절차입니다. 반대로 취임은 손에 무엇인가 이미 쥐고 있는 사람이 자격을 검증받고 직임을 취하는 절차라고 할 수 있습니다.

제사장으로 부름받은 우리들은 영적으로 파산하여서 손에 아무것도 없는 빈손 인생이었습니다. 우리가 제사장으로 선택받은 데에는 아무런 특별한 자격이나 조건이 없었습니다. 유전인자가 우수해서, 도덕적 자질이 뛰어나서 선택받은 것이 아닙니다. 우리나 사실상 불신자와 별다른 차이가 없었습니다. 모두 똑같은 타락한 인간들입니다. 모두 하나님 앞에 영적으로 도덕적으로 파산한 빈손 인생이었습니다.

그러나 하나님이 주권적으로 우리를 선택하시고 부르셨습니다. 이것을 은혜라고 부릅니다. 교회에서 흔해 빠진 것이 은혜라는 말이지만, 진정한 은혜는 자격 없는 자에게 주시는 복입니다. 죄 많은 인생은 자기가 손에 쥐고 있는 것으로 하나님 앞에서 절대로 취임할 수 없습니다. 모든 인생이 하나님 앞에서 빈손으로 서 있을 수밖에 없지만, 하나님께서 조건 없이 손에 가득 차게 복을 쥐어주시는 것입니다.

하나님께서 내 손에 가득 쥐어주셨으니, 이제 우리는 이것에 전념해야 합니다. 하나님이 나에게 거룩하게 맡기신 것에 전념하여 헌신하시고, 충성하시는 한 주간이 되시기 바랍니다.

17. 위임식 이후

출애굽기 29:38-46

지난 시간에는 우리는 제사장들의 위임식을 살펴보았습니다. 출애굽기 29장은 위임식에 관한 말씀만 있는 것이 아니라, 위임식을 치른 대제사장과 제사장들이 무슨 일을 해야 하는지, 매일의 직무까지 규정해 놓고 있습니다.

출 29:38   네가 제단 위에 드릴 것은 이러하니라 매일 일 년 된 어린 양 두 마리니

출 29:39   한 어린 양은 아침에 드리고 한 어린 양은 저녁 때에 드릴지며

출 29:40   한 어린 양에 고운 밀가루 십분의 일 에바와 찧은 기름 사분의 일 힌을 더하고 또 전제로 포도주 사분의 일 힌을 더할지며

출 29:41   한 어린 양은 저녁 때에 드리되 아침에 한 것처럼 소제와 전제를 그것과 함께 드려 향기로운 냄새가 되게 하여 여호와께 화제로 삼을지니

출 29:42a 이는 너희가 대대로 여호와 앞 회막 문에서 늘 드릴 번제라

위임식이 끝나고 위임받은 제사장들이 가장 먼저 해야 할 일, 영원히 지속되어야 할 가장 기본적인 일이 38절부터 42절까지 소개되어 있습니다. 매일 아침저녁으로 1년 된 어린 양 한 마리를 번제로 바치라는 것입니다. 거기다가

약 1리터씩의 밀가루, 포도주를 더하여 제사로 드려야 합니다. 밀가루는 빵을 만드는 재료입니다. 하나님께 고기만 드리는 것이 아니라 이스라엘이 즐겨 먹는 빵과 포도주도 드렸던 것입니다.

레위기 6:9에 의하면 저녁에 바친 번제물을 "아침까지 제단 위에 있는 석쇠 위에" 두어야 했습니다. 제사장들은 번제의 불을 꺼뜨려서는 안 됩니다. 저녁처럼 아침에 바친 번제물도 반나절 동안 태웠을 것입니다. 번제물은 밤낮으로 타고 있었던 것입니다. 이렇게 해서 제사장들은 아침저녁으로 등잔대를 돌봐야 했고, 향도 그리해야 했습니다. 제사장들은 이 3가지 일, 즉 등잔불을 돌보는 일, 향을 피우는 일, 양을 바치는 일을 매일 2번 했습니다.

누가복음 18장의 유명한 일화인 바리새인과 세리의 기도가 바로 매일 2번 있는 성전 제사와 관련있습니다. 당시 성전에서의 속죄제사는 오전과 오후에 2번 있었습니다. 여인의 뜰에 있는 '니카노르의 문' 앞에서 제사장이 속죄의 피를 뿌리고, 제사장이 향을 피우기 위해 성전 안으로 들어가면, 참석자들은 여인의 뜰에서 개인적인 기도의 시간을 가집니다. 바리새인과 세리가 이 시간에 기도를 했던 것입니다. 속죄제사에 참여하지 못했던 유대인들도 향을 올리는 시간에 맞춰서 개인 기도 시간을 가졌습니다.

분향하러 성전에 들어갔던 제사장은 얼마 후에 여인의 뜰로 다시 나옵니다. 그리곤 제사 참석자들에게 속죄제사가 하나님께 받아들여졌고, 죄가 씻겨 나갔다고 선언합니다. 나팔이 울리고 찬양대가 찬양합니다. 제사를 드린 많은 예배자들이 기뻐하면서 성전에서 내려옵니다.

누가복음은 성전에서 선포되는 사죄 선언을 생략한 채, 바리새인과 세리가 각자 기도를 마치고 성전에서 내려갔다고만 말합니다. 개인 기도 후에 죄가 씻겨졌다는 제사장의 선언이 있어야 할 자리에 대제사장 예수님의 선언이 자리잡고 있습니다.

내가 너희에게 이르노니 이에 저 바리새인이 아니고 이 사람이 의롭다 하심을 받고 그의 집으로 내려갔느니라(눅 18:14).

출 29:42b 내가 거기서 너희와 만나고 네게 말하리라

출 29:43 내가 거기서 이스라엘 자손을 만나리니 내 영광으로 말미암아 회막이 거룩하게 될지라

출 29:44 내가 그 회막과 제단을 거룩하게 하며 아론과 그의 아들들도 거룩하게 하여 내게 제사장 직분을 행하게 하며

출 29:45 내가 이스라엘 자손 중에 거하여 그들의 하나님이 되리니

출 29:46 그들은 내가 그들의 하나님 여호와로서 그들 중에 거하려고 그들을 애굽 땅에서 인도하여 낸 줄을 알리라 나는 그들의 하나님 여호와니라

제사장들이 이렇게 성막을 잘 관리하면, 하나님이 어떻게 하실지 약속하십니다. 42절 하반절부터 "내가 하겠다"고 7번 말씀하십니다. 핵심은 회막 중에 임재하여서 이스라엘의 여호와가 되시겠다는 약속입니다. 제사장들의 매일의 직무는 하나님의 임재의 절대 조건이었습니다. 이렇게 해서 간단하게 대제사장과 제사장들에 관한 내용인 출애굽기 29장을 다 살펴보았습니다.

제사장의 민주화

출애굽기 29장의 말씀은 소수의 제사장들 그룹을 위한 말씀으로 받아서는 안 됩니다. 왜냐하면 하나님께서는 오늘날 성도들을 제사장으로 위임시키기 때문입니다. 하나님께서는 일찍부터 제사장의 민주화를 꿈꿔오셨습니다. 출애굽기 19장에서 이스라엘과 언약을 맺으시면서 이렇게 약속하셨습니다.

> 세계가 다 내게 속하였나니 너희가 내 말을 잘 듣고 내 언약을 지키면 너희는 모든 민족 중에서…내게 대하여 제사장 나라가 되며 거룩한 백성이 되리라 (출 19:5-6).

이스라엘 민족이 전 세계 속에서 제사장 나라가 되길 원하셨던 것입니다. 사도 베드로는 이 영적 진리를 신약의 성도들에게 그대로 적용하여 제사장의 민주화를 선언했습니다.

> 너희는 택하신 족속이요 왕 같은 제사장들이요 거룩한 나라요 그의 소유가 된 백성이니(벧전 2:9).

신약의 성도 한 사람 한 사람이 왕 같은 제사장이 되었다고 선언합니다.
그래서 종교개혁자 마틴 루터는 이와 같은 성경의 진리를 만인제사장설이라는 한 단어로 요약하지 않았습니까?

제사장다운 헌신

우리도 그리스도의 피 뿌림을 받은 자들입니다. 우리도 거룩한 제사장입니다. 자격으로 따지자면 제사장이 될 수 없었습니다. 금송아지 숭배 지도자였던 아론이 은혜로 대제사장이 되었던 것처럼 아론 못지 않은 우상숭배자였던 우리들도 은혜로 제사장으로 세움받았습니다. 제사장으로 임명되는 데에는 자격이 없었지만, 제사장으로 임명받고도 무자격자처럼 살라는 뜻은 아닙니다. 은혜로 위임받았으면, 이후에는 은혜받은 자답게 살아야 합니다. 이제 우리들에겐 제사장답게 살아야 할 의무가 있습니다.

지난 시간에 위임식에서 제사장들의 오른쪽 귓부리에 바르고 그 오른손 엄지와 오른발 엄지에 피를 바른다는 것을 주목했습니다. 피가 발라진 귀로는 하나님의 말씀을 청종해야 합니다. 피가 발라진 거룩한 손으로는 더러운 것을 만지지 말아야 합니다. 피가 발라진 발로 더러운 곳을 출입하지 말아야 합니다.

그럼 입은 더러워도 됩니까?

설교 말씀 귀로는 잘 듣고, 입만 열었다 하면 불평불만해도 괜찮습니까?

귀, 손, 발에 피를 바른 것은 우리 몸 전체를 그리스도의 피로 거룩하게 씻은 것인 줄 믿으시기 바랍니다.

오늘날 우리들은 그 옛날 제사장들의 직무를 담당하고 있지는 않지만, 제사장처럼 살아서 하나님의 임재를 누려야 합니다. 오늘 본문에서 제사장들이 하루에 2번 제사를 드린 것은 하루의 전부를 하나님께 헌신해야 함을 뜻합니다. 동이 터올 때 제사드리고, 해가 질 때 제사를 드리는 것은 날이 밝을 때나 날이 저물 때나 모든 시간을 하나님께 헌신한다는 뜻입니다.

하루의 시작은 성도로서 확실하게 시작했다가, 하루의 마무리는 흐지부지하게 끝내서는 안 됩니다. 신약의 제사장인 우리들도 하루의 시작은 제사장으로 시작했다가, 하루의 끝은 세상사람으로 끝나서는 안 됩니다. 반대의 경우도 역시 안 됩니다. 우리들은 하루 종일, 하루가 끝날 때까지 거룩한 제사장으로서 살아야 합니다.

헌신의 딜레마

하루의 먹고사는 문제를 온전히 주님께 맡기고, 거룩한 제사장으로 살아간다는 것이 얼마나 힘든 일입니까?

얼마나 신경이 많이 쓰이겠습니까?

얼마나 많은 스트레스를 받겠습니까?

과연 우리가 하루 종일 거룩한 제사장으로서 살아가는 것이 가능할까요?

여기서 우린 자격 없는 자가 위임받았을 때 직면하는 딜레마를 생각해 볼 수 있습니다. 운전할 줄 모르는 사람을 운전수로 뽑아서 월급을 준다는 것은 은혜입니다. 그러나 진짜로 그 사람에게 핸들을 맡기는 순간, 운전수로 뽑힌 사람이 겪게 되는 갈등은 이루 말할 수 없습니다. 스트레스를 못 이겨, 운전수를 그만두고 말 것입니다.

우리들의 영적 생활도 똑같이 생각해 볼 수 있습니다. 하나님이 거룩하게 살 의욕도 없고 제사장으로 살고 싶지도 않은 우리를 주권적으로 선택하시고 부르셨습니다. 그리고는 우리들에게 제사장으로 살아라고 명하십니다. 우리에게 그런 능력과 자질이 없다면, 이것은 은혜가 아니라 고문이며 스트레스입니다. 우리는 당장 제사장으로 살아가는 일을 포기하고 말 것입니다.

실제로 아론의 아들들 중에 이런 일이 벌어지고 말았습니다. 레위기 10장에서 나답과 아비후가 자기들 편한 대로 제사를 드리는 바람에 하나님의 불이 그들을 삼켜버리는 일이 일어나고 말았습니다.

제사장 자격이 없는 자들에게 제사장을 맡기니 이런 일이 벌어졌다고 볼 수 있지 않습니까?

구약의 이스라엘 백성들에게 일어난 비극이 바로 율법으로 억지로 제사장 노릇시킨 것이 원인이라고 볼 수 있습니다.

헌신할 수 있는 인생

그러나 이것은 우리 신약의 백성들에게는 무관한 일입니다. 우리의 대제사장 그리스도께서 하늘에 올라가셔서 성령을 내려 보내셨습니다. 성령을 받은 자들은 새로 태어납니다. 다시 태어납니다. 처음에는 땅에서 태어났지만, 성령으로 태어나는 일은 하늘에서 태어나는 일입니다. 우리는 이것을 거듭남, 중생(重生)이라고 부릅니다.

왜 성령을 받는 일을 다시 태어난다고 표현할까요?

그것은 그 사람에게 새로운 본성이 심어지는 일이기 때문입니다.

대게 우리는 본성이 안 바뀐다고 믿고 있지 않습니까?

하나님도 아시고 우리에게 새로운 본성을 심으시기 위해 우리를 다시 태어 나게 하신 것입니다. 신약의 제사장들은 새로운 본성, 즉 영적인 일이라면 무엇이든 감당할 수 있는 본성이 있음을 믿으시기 바랍니다. 우리 속에 거하시는 성령이 우리들을 하나님이 기뻐하는 자로 살아갈 능력을 주실 줄 믿으시기 바랍니다.

인간의 타고난 본성은 신앙생활과 맞지 않습니다. 모든 인간은 자기 천성으로 노력해도 신자로 살 수 없습니다. 이런 인생들에게 성령은 하나님의 DNA를 심어주시는 분이십니다. DNA가 있고 조건만 맞으면 그 DNA는 반드시 몸 밖으로 발현됩니다. 키 크는 DNA, 살찌는 DNA가 조건만 맞으면 키를 크게 하고 살을 찌우듯이, 성령의 DNA가 있는 우리들도 성령을 의지하고 동행하는 조건만 맞으면 능히 제사장으로 살아갈 수 있음을 믿으시기 바랍니다.

여러분, DNA가 낮에만 있고, 밤에는 없는 경우가 있겠습니까?

DNA가 10년만 있고 10년 후에는 사라지는 경우는 없습니다. 하나님의 DNA를 심어주신 성령님은 하루 종일, 아니 평생을 여러분 속에 거하심을 믿으시기 바랍니다.

그러니 우리들은 아침에도 밤에도 거룩한 제사장으로 하나님께 헌신할 수 있습니다. 지금도 10년 후에도 거룩한 제사장으로 헌신할 수 있습니다. 성령은 영원히 우리 속에 거하시겠다고 약속하셨습니다. 성령이 영원히 떠나지 않으시는 이유는 성령님이 떠나는 순간, 우리는 다시 육의 사람이 되고 말기 때문입니다. 그래서 성령은 한순간이라도 떠나지 않으시는 것입니다.

우리 신약의 제사장들이 받은 진정한 복이 무엇입니까?

우리가 제사장으로 살 수 있도록, 성령님까지 함께 받았다는 것이 가장 큰 복인 줄 믿으시기 바랍니다. 제사장으로 부르심을 받은 것만도 놀라운 은혜인데, 거기에다가 가장 중요한 능력까지 함께 받았습니다. 신약의 백성들이야말로 하나님의 복을 받는 데 있어서 최대의 수혜자들입니다.

오늘도 꾸역꾸역

여러분을 제사장으로 위임하셨고, 또한 성령을 주셔서, 그 직분에 합당한 일을 능히 할 수 있도록 하셨습니다. 그래서 베드로가 말한 바와 같이 우리는 능히 왕 같은 제사장, 거룩한 백성으로 살아갈 수 있습니다. 실제로 여러분들 자신을 돌아보십시오.

왜 저와 여러분들이 거룩한 제사장으로 살아가는 스트레스를 받고도 포기하지 않고, 잘 견뎌내고 있습니까?

왜 꾸역꾸역 주일이면 예배당으로 나오십니까?

어디서 그런 힘과 갈망이 나옵니까?

바로 우리 속에 거하시는 성령님에게서 나옵니다. 성령이 성도들에게 하늘의 본성을 부어주시니까, 성도는 땅의 본성대로 살지 못하는 것입니다.

여러분들은 지금 가슴 속에 놀라운 능력을 숨겨두고 있습니다. 여러분들의 생활뿐만 아니라 다른 사람들의 생활까지도 변화시킬 수 있는 그 놀라운 성령의 힘을 방치해 두고 있습니다.

그렇게 방치해 두고서는, '내 생활이 왜 이렇지? 나는 그리스도인으로서 살 수 없는가 봐! 내 체질에 안 맞는 거야' 이렇게 한탄하고 비관하면서, 힘겨운 생활을 하고 있지는 않습니까?

성도로 살아가는 것이 왜 그렇게 힘들고 부담스럽습니까?

성도로서 능히 살 수 있는, 하나님께서 주신 자질을 활용하지 않고 내 힘으로, 내 본성으로만 거룩하게 살려니 힘들 수밖에 없는 것입니다.

부디 하나님께서 여러분들에게 주신 성령을 의지하시기 바랍니다. 성령께서 주시는 능력으로 제사장답게 살아가십시오. 하나님은 우리에게 제사장으로 져야 할 짐을 주셨습니다. 그리고 예수님이 말씀하셨듯이, 그 짐은 가볍습니다. 무겁게 질 필요가 없습니다. 여러분이 이미 받은 능력으로 항상 승리하시는 삶을 사십시오.

우리 속에 이미 하나님께서 주신 능력으로 산다면, 어렵지 않습니다. 능력이 딸리면 억지로 해야 하고, 무리를 해야 하고, 부담스럽고, 스트레스를 받습니다. 그러나 능력이 넘치면 충분히 이깁니다. 쉽게 해결하고 능히 감당할 수 있습니다.

여러분에게 주어진 놀라운 능력을 발휘하십시오. 여러분들은 거룩한 제사장으로, 능히 헌신된 삶을 살 수 있는 분들입니다.

'내가 과연 이렇게 살 수 있을까? 내가 과연 이런 일을 감당할 수 있을까?'
여러분이 이렇게 질문한다면, 하나님은 이미 답변을 주셨습니다.
'할 수 있을까가 무슨 말이냐?
내 능력이 이미 너희 안에 있다.
너는 주 안에서 성령 안에서 모든 것을 할 수 있다.'
왕 같은 제사장인 우리들은 귀와 손과 발 등, 온몸을 하나님이 기뻐하시는 거룩한 산 제사를 드릴 수 있습니다. 언제나 제사장으로 거룩하게 살아가는 여러분들이 되길 바랍니다.

제7부 성막 마무리

18. 분향단

19. 속전과 물두멍

20. 거룩한 향기름

21. 기술자와 안식일

18. 분향단

출애굽기 30:1-10, 34-38

우리는 지성소부터 시작해서, 성소, 성막의 뜰, 그리고 대제사장의 의관, 마지막으로 제사장의 위임식까지 살펴보았습니다. 더 이상 살펴볼 것이 없는 것 같습니다. 그런데 앞에서 빠진 것들이 있었습니다. 출애굽기 25장에서 성소에 위치해야 할 기구들이 소개되었는데, 분향단이 빠졌습니다. 그리고 27장에서 성막의 뜰에 위치해야 기구들이 소개되었는데 물두멍이 빠졌습니다. 이렇게 빠진 기구들을 빠짐없이 채우려는 듯이 출애굽기 30장에 모아서 기록을 남겼습니다. 그래서 출애굽기 30장은 부록 같아 보입니다.

그러나 출애굽기 30장은 단지 빠뜨린 것들의 모음집이 아닙니다. 29장에서 제사장에 관해 설명했으니, 이어서 30장에서는 제사장들이 성막에서 무슨 일을 해야 하는지를 정해야 하는데, 분향단과 물두멍을 설명하는 자리는 30장이 더 적합했던 것입니다. 분향단과 물두멍은 제사장의 사역과 연관되어 있습니다. 제사장의 옷을 설명하는 28장 직전에 등잔대의 등불에 관해 설명이 위치한 것과 똑같은 이유입니다.

오늘은 먼저 분향단에 관해서 강해하도록 하겠습니다.

출 30:1 너는 분향할 제단을 만들지니 곧 조각목으로 만들되 출 30:2　길이가 한 규빗, 너비가 한 규빗으로 네모가 반듯하게 하고 높이는 두 규빗으로 하며 그 뿔을 그것과 이어지게 하고

출 30:3　제단 상면과 전후 좌우 면과 뿔을 순금으로 싸고 주위에 금 테를 두르지며

출 30:4　금 테 아래 양쪽에 금 고리 둘을 만들되 곧 그 양쪽에 만들지니 이는 제단을 메는 채를 꿸 곳이며

출 30:5　그 채를 조각목으로 만들고 금으로 싸고

1, 2절에 의하면, 분향단은 가로 세로 45cm, 높이는 90cm로 제작되었습니다. 분향에 쓰이는 제단인 만큼 클 필요가 없습니다. 향단을 위에서 보면 정사각형이고, 정면에서 보면 위로 길쭉한 직사각형의 모양을 가지고 있습니다. 특이한 것은 향단에도 뿔이 있다는 것입니다.

이미 뿔이 달린 성전 기구가 있었죠?

성막 뜰에 있는 제단에 뿔이 달려 있지 않았습니까?

그 뿔을 잡으면 죄인이라도 함부로 죽이지 못할 정도로, 하나님의 권위의 상징입니다.

그런데 향단에도 하나님의 권위의 상징인 뿔이 있습니다. 이 향단도 전설병을 위한 상처럼 금테를 둘렀고, 다른 기구들처럼 광야를 이동할 때 편의를 고려해, 고리와 채를 만들어야 했습니다.

출 30:6　그 제단을 증거궤 위 속죄소 맞은편 곧 증거궤 앞에 있는 휘장 밖에 두라 그 속죄소는 내가 너와 만날 곳이며

6절을 보시면, 이 향단은 지성소 휘장 밖, 즉 휘장 바로 앞에 두게 되어 있습니다. 그러니까 지성소 밖에 있는 기구들 중에서 지성소에 가장 가까이 있

는 기구가 바로 향단인 것입니다. 그 외에도 성소 북쪽 벽엔 진설병과 상, 그리고 성소 남쪽 벽엔 등잔대가 자리잡고 있습니다.

> 출 30:7 아론이 아침마다 그 위에 향기로운 향을 사르되 등불을 손질할 때에 사를지며
>
> 출 30:8 또 저녁 때 등불을 켤 때에 사를지니 이 향은 너희가 대대로 여호와 앞에 끊지 못할지며

7, 8절을 보시면, 아침저녁으로 성막의 등불을 끄고 켤 때 각각 한 차례씩, 그러니까 하루에 2번 향을 피우도록 명하셨습니다. 제사장들은 매일 등불을 켤 때 향도 같이 태워야 했습니다. 8절 하반절은 이 향이 "대대로 여호와 앞에 끊지 못하게" 하라고 명합니다. 매일 일정량의 향이 성막 안에서는 소비되었던 것입니다.

> 출 30:9 너희는 그 위에 다른 향을 사르지 말며 번제나 소제를 드리지 말며 전제의 술을 붓지 말며
>
> 출 30:10 아론이 일 년에 한 번씩 이 향단 뿔을 위하여 속죄하되 속죄제의 피로 일 년에 한 번씩 대대로 속죄할지니라 이 제단은 여호와께 지극히 거룩하니라

9절을 보면, 이 분향단을 다른 제사를 드리는데 사용하지 말고 오직 향을 피우는 일에만 사용하라고 엄히 제한하셨습니다. 번제단처럼 사용하지 말라는 것입니다. 그리고 다른 향을 피우지 말라고 하십니다. 출애굽기 30:34부터 성막에서 사용할 향에 관한 규정이 상세하게 따로 정해놓았습니다.

출 30:34 여호와께서 모세에게 이르시되 너는 소합향과 나감향과 풍자향의 향품을 가져다가 그 향품을 유향에 섞되 각기 같은 분량으로 하고

출 30:35 그것으로 향을 만들되 향 만드는 법대로 만들고 그것에 소금을 쳐서 성결하게 하고

34절을 보시면 여러 가지 향품들이 아주 생소한 이름으로 번역되어 있습니다. 뿐만 아니라 23절과 24절에 향유를 만드는 데 필요한 향품 목록도 있는데, 영어권의 학자는 이 목록에 대해서 이렇게 말합니다.

> 우리가 영어 상응어를 확실히 할 수 없는 히브리어 목록들을 사용한다.[1]

이 히브리어들은 70인역, 불가타역, 위클리프-틴데일역, 킹제임스역 등을 통해 오늘날 우리들에게 전해졌습니다. 그런데 이런 번역들이 원래 히브리어가 가리키는 것을 오늘날 우리에게 정확하게 전달했는지 확신할 수 없습니다. 영어 상응어를 확신할 수 없다면, 한국어 상응어도 확신할 수 없겠죠. 개정개역과 공동번역이 다른 점이 그 증거입니다.

34절의 경우, 아마 조개껍질에서 채취한 나감향을 제외하고선 모두 나뭇진(樹脂)인 것 같습니다. 이런 향품들을 배합하는 데 소금까지 넣도록 했는데, 소금이 당시 알려진 유일한 방부제였다거나, 더 잘 타게 하는 효과가 있었기 때문이라는 해석이 있습니다.

출 30:36 그 향 얼마를 곱게 찧어 내가 너와 만날 회막 안 증거궤 앞에 두라 이 향은 너희에게 지극히 거룩하니라

---

[1] 빅터 해밀턴, 『출애굽기』, p. 805.

이렇게 배합하여 만든 향은 아마 최상급 향이 되었을 것입니다. 36절에서는 이것을 곱게 찧어서 분말 형태로 보관하게 했습니다. 36절 중간 즈음에 "증거궤 앞에 두라"는 말씀은 분향단에 보관하라는 뜻 같습니다.

증거궤 앞에 있는 휘장 앞에 분향단이 있지 않습니까?

아니면 분말 형태의 향을 담은 향로가 놓이는 곳이 따로 있지 않았을까 추정하기도 합니다.

출 30:37   네가 여호와를 위하여 만들 향은 거룩한 것이니 너희를 위하여는 그 방법대로 만들지 말라

출 30:38   냄새를 맡으려고 이같은 것을 만드는 모든 자는 그 백성 중에서 끊어지리라

마지막으로 37, 38절은 이 향품은 오직 예배용으로만 제작하고 사용하라는 명령입니다. 이 최고급 향품을 단지 개인의 이익을 위하여 사용한다는 것은 하나님의 거룩함을 침해하는 것이 되므로 공동체에서 추방되어야 했습니다. 향품은 하나님께 드리는 예물로 만들어졌기 때문입니다.

분향단의 재료

자, 다시 분향단으로 돌아와 봅시다. 분향단을 만드는 재료를 주목해 봅시다. 3절부터 5절을 보시면, 분향단과 채는 조각목, 곧 아카시아나무로 만들었지만, 금박을 입혔습니다. 그리고 고리는 금으로 만들었습니다. 재료상으로는 지성소에 위치해 있는 증거궤와 똑같습니다. 그래서 분향단을 금제단(Golden Altar)이라고 부릅니다. 성전의 뜰의 번제단은 놋제단(Bronz Altar)이 되겠죠. 랍비들은 '안 제단,' '바깥 제단'으로도 불렀습니다.

분향단의 재료와 위치는 분향단의 독특한 가치를 드러냅니다.

성소에 놓일 기구인 분향단에 왜 지성소에 쓰이는 재료인 금이 사용되었을까요?

그 이유는 금분향단이 놓인 위치에서 답을 찾을 수 있습니다. 성소에 있는 기구들 중에 분향단이 지성소에 가장 가까이 위치해 있기 때문입니다. 하나님이 임재하는 데 필요한 기구는 아니어서 지성소에 있지는 않고 성소에 있지만, 단지 지성소에 가장 가까이 있다는 이유만으로 금으로 제작된 것입니다.

분향의 향기

금분향단이 필요한 이유는 당연히 향을 피우기 위함입니다.

그럼 향을 왜 피웠을까요?

고대 근동의 대부분의 종교들은 종교예식을 거행할 때 악령을 쫓아내기 위해 향을 피웠습니다. 또한 이교도들은 신전에서 분향하면 화가 난 신을 차분하게 달래고 기분 좋게 한다고 믿고 향을 피우기도 했습니다. 그러나 하나님은 향기 때문에 화를 푸시는 감각적인 하나님이 아닙니다. 하나님은 어떤 여왕이 향수에 환장하듯이, 향수에 환장한 분도 아닙니다. 또 어떤 학자는 성막에서의 분향은 탈취체, 방향제 역할을 하기 위함이라고 실용적으로 해석하기도 했습니다.

그러나 더 심오한 의미가 있습니다. 분향은 향기와 연기를 만들어 냅니다. 이 2가지는 각각의 의미가 있습니다.

첫째, 분향의 향기로 장소를 구분하기 위함입니다. 악취가 흔하고, 향내가 귀한 사회에서 하나님께서는 성막을 최상품 향내가 나는 곳으로 만드셨습니다. 향내는 하나님의 성막을 구별된 곳, 거룩한 곳으로 만듭니다. 하나님은 감각적인 분이 아니지만, 우리 인간은 감각적인 존재입니다. 하나님이 임재하시는 곳은 향기로운 곳이라는 감각적인 교훈을 주시고자 하셨던 것입니다.

그리하여 이스라엘 민족이 머물고 있는 집단 텐트촌에서 가장 향기로운 텐트가 바로 하나님의 성막이었습니다. 지상에서 빛나는 금을 사용하여 시각적으로 성막의 거룩함을 느끼게 하셨듯이, 분향의 향기를 사용하여 후각으로 성막의 구별됨, 거룩함을 느끼게 하셨던 것입니다. 그래서 향품을 성막에서만 사용하게 하신 것이며, 다른 용도로 사용하면 추방시켰던 것입니다.

분향의 연기[2]

둘째, 분향은 향기만이 아니라 연기도 만들어 냅니다. 이 책의 10장 "번제단"에서 알았듯이, 번제의 히브리어 '올라'는 우리말로 '올라가는 것'입니다. 번제단에서 피어오르는 연기는 "여호와께 향기로운 냄새"가 되는 연기였습니다. 향기로운 연기, 향연(香煙)이라는 점에서 분향단과 번제단은 공통점이 있을 뿐만 아니라, 다른 공통점도 있습니다. 성기문 교수는 다음과 같은 표로 공통점들을 요약하고 있습니다.[3]

	뜰(고정식)	내성소(고정식)	지성소(이동식)
향	제단의 향연	향단의 향연	향로의 향연
피	피	피	피

뜰의 번제단과 성소의 분향단과 지성소로 들어갈 때의 향로는 모두 향연이라는 공통점이 있으며, 피가 뿌려진다는 공통점까지 있습니다. 그리고 성막에서 모든 향연을 만들어 내는 불은 똑같은 불, 즉 하나님에게서 나온 불입니다.

번제단의 고기를 태워서 만들어 내는 향연이 하나님께 상달하는 것처럼, 분향단의 향연도 하나님께 상달하는 예물입니다. 분향단의 향연은 성막 뜰에

---

[2] 성기문, "제물을 번제단에 태운 이유에 대한 고찰"(복음주의 구약신학회 발표 논문)을 요약하다시피 했다.
[3] 성기문, "제물을 번제단에 태운 이유에 대한 고찰," p. 9.

서 하나님께서 제물의 고기를 받으시는 것을 성막 안에서 재현한 것입니다. 여기에다가 향연의 또 다른 의미가 있습니다.

연기와 구름

레위기 16장은 속죄일에 관한 장인데, 여기에 향연의 독특한 기능에 대해서 유일하게 언급한 구절이 있습니다.

> 여호와께서 모세에게 이르시되 네 형 아론에게 이르라 성소의 휘장 안 법궤 위 속죄소 앞에 아무 때나 들어오지 말라 그리하여 죽지 않도록 하라 이는 내가 구름 가운데에서 속죄소 위에 나타남이니라…여호와 앞에서 분향하여 향연으로 증거궤 위 속죄소를 가리게 할지니 그리하면 그가 죽지 아니할 것이며 (레 16:2, 13).

레위기 16:2을 함께 주목하는 이유는 13절의 향연이 히브리어로는 '구름'을 뜻하는 '아난'이기 때문입니다. 2절의 "구름"과 13절의 "향연" 둘 다 히브리어로 '아난' 입니다. 그래서 다수의 영어성경들도 13절의 "향연"을 "cloud"(구름)로 번역합니다(ESV, RSV, KJV).[4]

아시다시피 이미 이스라엘 백성들은 광야에서 하나님을 구름기둥으로 봐 왔습니다. 성막 설계도가 계시되고 있는 현장인 시내 산 정상에도 구름이 임재해 있습니다. 출애굽기 40장에서 성막이 완성되면, 레위기 16:2의 말씀대로 구름은 이스라엘 백성들에게 더 실감나는 존재가 됩니다.

> 구름이 회막에 덮이고 여호와의 영광이 성막에 충만하매 모세가 회막에 들어

---

4 김경열, 『레위기의 신학과 해설』, p.57.

갈 수 없었으니 이는 구름이 회막 위에 덮이고 여호와의 영광이 성막에 충만함이었으며 구름이 성막 위에서 떠오를 때에는 이스라엘 자손이 그 모든 행진하는 길에 앞으로 나아갔고 구름이 떠오르지 않을 때에는 떠오르는 날까지 나아가지 아니하였으며 낮에는 여호와의 구름이 성막 위에 있고 밤에는 불이 그 구름 가운데에 있음을 이스라엘의 온 족속이 그 모든 행진하는 길에서 그들의 눈으로 보았더라(출 40:34-38).

이스라엘 백성들의 눈에 하나님은 곧 구름입니다. 성막의 지성소, 속죄소(발등상) 위의 그룹들(보좌) 위에 하나님이 임재해 계신다면, 사람의 육안으로 보기에 성막 위에 구름이 있는 것처럼 성막 안에도 구름이 있어야 합니다. 그래서 성막 안의 분향단에서는 끊임없이 향이 피워지고 있어야 했습니다. 성소에서 피워지는 향연은 지성소 안으로도 들어갈 수 있습니다.

끊임없는 분향의 결과로 성소든, 지성소든 성막 안은 '아난'(구름, 향연)이 가득한 공간이었습니다. 속죄일에 대제사장이 지성소로 들어갈 때에는 이동용 분향단인 향로를 들고 들어가서, 지성소 안을 더 많은 '아난'으로 채워야 했습니다. 속죄소 위에 임재해 계신 영광의 하나님을 '아난'으로 가려야만 대제사장은 죽지 않을 수 있었습니다.

향연과 기도의 만남

마지막으로 분향단의 의미에 대해서 주목할 점은 향연과 기도의 만남입니다. 아시다시피 성경은 성막 분향단의 향연과 기도를 연관시키고 있습니다. 구약에서 분향단과 기도를 연관시킨 구절이 딱 하나 있습니다.

나의 기도가 주의 앞에 분향함과 같이 되며(시 141:2).

유대인들은 자신들의 기도가, 분향단에서 향이 타면서 올라가는 연기와 같이 되기를 바랬던 것입니다. 이 상징적인 믿음을 하나님은 신약성경 요한계시록의 환상 속에 넣으셨습니다. 한 구절 가지고는 부족하다 느끼셨는지 두 구절로 향연과 기도를 연관시키셨습니다.

> 네 생물과 이십사 장로들이 그 어린 양 앞에 엎드려 각각 거문고와 향이 가득한 금 대접을 가졌으니 이 향은 성도의 기도들이라(계 5:8).

> 네 생물과 이십사 장로들이 그 어린 양 앞에 엎드려 각각 거문고와 향이 가득한 금 대접을 가졌으니 이 향은 성도의 기도들이라(계 5:8).

> 또 다른 천사가 와서 제단 곁에 서서 금 향로를 가지고 많은 향을 받았으니 이는 모든 성도의 기도와 합하여 보좌 앞 금 제단에 드리고자 함이라 향연이 성도의 기도와 함께 천사의 손으로부터 하나님 앞으로 올라가는지라 (계 8:3-4).

어떻게 해서 분향단의 향연과 기도는 결합될 수 있었을까요?
성막을 지은 이스라엘 백성들도 그렇게 생각했을까요?
향연은 피어오르면서 지성소 안으로 들어갈 수 있습니다.
무슨 말일까요?
향의 연기, 즉 향연이 성막 안에서 어떻게 퍼져 나가는지 여러분들의 머릿속에서 영상을 만들어 보시기 바랍니다.
분향단은 휘장 바로 앞에 놓여 있습니다. 분향단에서 나온 향연은 휘장을 타고 올라가서 천정, 즉 성막 덮개에 도착합니다.
여기서 향연은 어떻게 될까요?

향연은 덮개를 타고 좌우로 나눠져서 지성소로 들어갈 수 있습니다. 왜냐하면 지성소는 휘장으로만 분리되어 있는 공간이지, 완전 밀폐되어 분리되어 있는 공간이 아니기 때문입니다. 사람은 지성소엔 출입할 수 없지만, 향연은 언제든지 자유롭게 지성소로 들어갈 수 있었던 것입니다.

향연이 대제사장 외에 지성소로 들어갈 수 있었다는 이 사실에 백성들은 자신들의 기도마저 지성소에 계신 하나님께 상달되기를 바랬던 것입니다.

그러니까 하나님이 내 기도를 귀 기울여 들으신다고 약속하셨는데, 막상 성막은 어떻습니까?

일반인들의 출입을 금하고 있습니다. 성막에서 지성소를 시도 때도 없이 자유롭게 들어가는 것은 향연뿐이었으니, 이스라엘 백성들은 '아, 내 기도가 저렇게 하나님의 보좌로 자유롭게 들어가겠지' 하고 상징적으로 해석했던 것입니다.

기도하고 싶은 자리

더군다나 향단은 지성소의 휘장 바로 앞에 있습니다.

만약 성막에 계신 하나님께 호소해야 한다면 어디서 호소하는 것이 가장 좋겠습니까?

하나님의 보좌 앞에서 호소하는 것이 좋겠지요?

그럼 성막에서 사람이 하나님 앞에 가장 가까이 갈 수 있는 곳이 어디입니까?

바로 휘장 앞 분향단이 놓인 자리입니다.

할 수만 있다면, 휘장 앞 분향단 그 자리에서 기도하고 싶은 마음이 얼마나 간절하겠습니까?

휘장 뒤에 하나님이 임재해 계시는데, 휘장 바로 앞에서 작은 소리로 기도해도 들을 수 있는 거리이니, 이 분향단의 자리가 바로 기도의 자리가 되었고 그 향연이 바로 기도가 되었던 것입니다.

여러분, 성막 뜰까지 포함된 전체 시스템에서 성막만 따로 구별해서 부르는 명칭이 있었습니다.

무엇입니까?

회막입니다. 회막은 하나님과 인간이 만나는 미팅 장소입니다.

그러면 인간과 하나님이 미팅한다고 하면, 성막에서 어디가 가장 좋은 자리입니까?

일단 지성소에는 들어갈 수 없으니까 차선으로 가장 좋은 자리가 어디입니까?

성막 출입구입니까?

하나님의 보좌 앞 가장 가까이 다가갈 수 있는 분향단이 놓인 자리가 미팅하기에 가장 좋은 자리입니다. 그래서 요한계시록 6장에서 순교자들도 하나님께 억울함을 호소하는 자리를 잘 잡았던 것입니다.

> 다섯째 인을 떼실 때에 내가 보니 하나님의 말씀과 그들이 가진 증거로 말미암아 죽임을 당한 영혼들이 제단 아래에 있어 큰 소리로 불러 이르되 거룩하고 참되신 대주재여 땅에 거하는 자들을 심판하여 우리 피를 갚아 주지 아니하시기를 어느 때까지 하시려 하나이까 하니(계 6:9-10).

죽임을 당한 영혼들이 자리잡은 "제단 아래"가 바로 '분향단 아래'입니다. 하나님은 분향단에서 나오는 기도로 미팅 장소를 가득 채우고 싶어 하십니다. 왜냐하면 기도는 하나님과 우리간의 대화이기 때문입니다.

대화하기 위해 만나는 것 아닙니까?

미팅 텐트는 당연히 하나님과 성도들의 대화인 기도로 가득 채워져야 합니다.

오늘날의 기도

오늘날 회막의 분향단이 없는 우리들은 어떻게 기도합니까?

우리의 대제사장이신 예수 그리스도의 이름으로 기도합니다. 이것이야말로 기독교 기도의 가장 큰 특징입니다. 불교의 기도는 내 이름만 있으면 됩니다. 내가 얼마나 고생해서 기도했는지, 내가 얼마나 공들여 기도했는지가 중요합니다. 그래서 108배를 했다, 벽만 보고 기도했다(면벽기도), 하루 한끼식 먹고(一日一食) 오래 앉아서 눕지 않고 기도했다(長坐不臥)는 식으로 내 이름으로 내가 쌓은 공력으로 기도하면 더 잘 이루어진다는 것이 불교식 기도입니다.

그러나 기독교의 기도는 반드시 예수님이 중재자가 되셔서 예수님의 이름으로 해야 합니다. 예수님의 이름으로 기도하는 것은 예수님의 대속의 공로와 희생의 중재가 없는 우리의 기도는 아무런 가치와 효력이 없으며 하나님의 심판대를 통과치 못함을 뜻합니다. 그리스도의 대속으로 말미암아 허락된 모든 혜택과 은총을 예수님의 이름을 빌려 청구하는 것입니다.

예수님이 우리에게 자기 이름을 마음놓고 사용하라고 허락해 주셨습니다.

> 지금까지는 너희가 내 이름으로 아무것도 구하지 아니하였으나 구하라 그리하면 받으리니 너희 기쁨이 충만하리라 (요 16:24).

예수님의 이름으로 구하면 예수님의 이름으로 다 응답받을 줄 믿으시기 바랍니다. 예수님의 이름으로 기도하는 것이 과연 우리에게 남는 장사입니다. 예수님의 이름으로 기도하는 것이야말로 우리에게 가장 큰 은혜이며, 대박 사건입니다. 이번 한 주간도 우리의 대제사장이신 그리스도의 이름으로 기도하시고 응답받으시는 삶을 사시길 바랍니다.

19. 속전과 물두멍

출애굽기 30:11-21

제사장의 위임식 다음 장인 출애굽기 30장은 제사장의 사역과 직결된 기구들과 소품을 모아 놓은 장입니다. 그래서 출애굽기 25장에 있어야 할 것 같았던 분향단과 출애굽기 27장에 있어야 할 것 같았던 물두멍이 출애굽기 30장에서 한꺼번에 기록되었습니다. 지금 우리는 성막의 디자인을 살펴보고 있습니다.

출애굽기 35장부터 실제로 성막을 건설합니다. 성막을 건설할 때에는 분향단과 물두멍이 등장하는 순서가 달라집니다. 만드는 데 편리하도록 분향단은 성막의 기구들과 함께 등장하고, 물두멍은 성전 뜰의 기구들과 함께 등장합니다. 오늘은 속전과 물두멍에 관해 강해하도록 하겠습니다.

출 30:11 여호와께서 모세에게 말씀하여 이르시되

출 30:12 네가 이스라엘 자손의 수효를 조사할 때에 조사 받은 각 사람은 그들을 계수할 때에 자기의 생명의 속전을 여호와께 드릴지니 이는 그들을 계수할 때에 그들 중에 질병이 없게 하려 함이라

출 30:13 무릇 계수 중에 드는 자마다 성소의 세겔로 반 세겔을 낼지니 한 세겔은 이십 게라라 그 반 세겔을 여호와께 드리며

출 30:14 계수 중에 드는 모든 자 곧 스무 살 이상 된 자가 여호와께 드리되

출 30:15 너희의 생명을 대속하기 위하여 여호와께 드릴 때에 부자라고 반 세겔에서 더 내지 말고 가난한 자라고 덜 내지 말지며

출 30:16 너는 이스라엘 자손에게서 속전을 취하여 회막 봉사에 쓰라 이것이 여호와 앞에서 이스라엘 자손의 기념이 되어서 너희의 생명을 대속하리라

11절부터는 16절까지는 그동안 소외되었던 이스라엘 백성들이 등장합니다. 그런데 인구조사를 할 때, 스무 살 이상 된 자가 질병에 걸리지 않게 하는 속전을 지불하라는 내용입니다. 성막 건축과는 무관한 내용인 것 같은데, 왜 여기에 위치해 있는지도 생각해 볼 문제입니다.

왜 이 자리에?

무엇보다도 이 속전이 성막 유지 비용으로 쓰이기 때문입니다. 성막 건축은 백성들의 자발적인 헌물로 이뤄집니다. 그러나 성막 유지에는 또 다른 비용이 들어갑니다. 그래서 성막 유지에 책임이 있는 제사장들의 사역들 중에 하나로 속전을 받는 것이 이 자리에 위치한 것입니다.

백성들이 등장하는 오늘 본문은 제사장들이 향을 피우는 일(30:1-10)과 물두멍에서 씻는 일(30:17-21) 사이에 끼여 있습니다. 마치 제사장들의 사역에 의해 백성들이 보호받고 있는 것처럼 말입니다. 제사장들 입장에서는 자신들의 사역이 누구를 위한 사역인지 잠시 재고하는 듯한 본문 배치입니다.

계수 방법

속전에는 계수(計數) 작업이 필수적인데, 본문에는 계수와 관련된 2가지 표현이 있습니다.

첫째, 12절에 "수효를 조사할 때"의 히브리어를 직역하면 '네가 머리를 들 때'입니다. 아마 계수할 때 머리를 숙이고 있다가 들게 하였기 때문인 것 같습니다. 그래서 '선별하다'란 의미도 있습니다(창 40:20).

둘째, 13절에 "계수 중에 드는 자"의 히브리어는 문자적으로 '선을 건넌 자'입니다. 땅에 그어 놓은 선을 건너면 계수가 완료되었을 것입니다. 목자들이 양을 헤아리는 방법이었다고 합니다.

획일적 공평

속전으로 바쳐야 할 "성소의 세겔"은 성소에서만 사용된 단위로서 세속적인 세겔 단위, 약 5g 정도보다 더 무거웠던 것 같습니다. 원래는 인구조사할 때 내던 반 세겔의 속전은 성전 시대엔 해마다 지불하는 성전세로 바뀌었습니다. 성전이라는 큰 건물과 시스템을 유지하려니 비용이 더 많이 들어갔겠죠. 그런데 느헤미아 시대 때에 성전세는 3분의 1 세겔로 줄어듭니다. 포로 귀환 시대인 만큼 가난을 배려했기 때문입니다. 그러나 예수님 시대엔 다시 반 세겔을 내야 했고, 마태복음 17장에서 예수님과 베드로가 성전세를 납부하는 일화가 있습니다.

오늘 본문의 15절에 의하면, "부자라고 반 세겔에서 더 내지 말고 가난한 자라고 덜 내지 말라"고 명하십니다. 하나님은 성막 유지 비용을 빈부 차이와 무관하게 균등하게 내라고 하셨습니다.

희생제물을 바칠 때에는 하나님께서는 양을 바치는 것이 부담스러운 자들에게는 비둘기로 바칠 수 있도록 배려하셨습니다(레 5:7-13). 그러나 부담스럽지 않은 성전의 세겔은 공평하게 다 내도록 명하셨습니다. 부자라고 많이 내고 가난한 자라고 적게 내면, 부자들이 자기들 때문에 성막이 유지된다고 착각할 수 있습니다. 가난한 자들도 부자들의 기여도를 인정하는 어처구니없는 일이 벌어집니다. 그래서 하나님의 백성들 모두가 동일하게 성전을 유지하는

데 헌신하고 있다는 긍지를 갖게 하신 것입니다.

우리나라 세금의 경우 세금 납부를 면제받는 면세자가 전체 인구의 40% 이상으로 많습니다. 그런데 학자들은 면세자들에게도 최소한의 금액으로라도 세금을 내게 하는 것이 시민의식, 참여의식을 고취시키는 데 좋다고 합니다. 저도 찬성합니다.

요즘 어떤 목사들이 자기들이 한국교회를 대표하는 양, 세금을 못내겠다고 설치고 다닙니다. 부끄러운 줄을 모르는 아주 뻔뻔한 목사들이죠.

세금이라도 내고 정부를 욕하든지, 협박하든지 해야 하지 않겠습니까?

하나님이 성소의 세겔 반 세겔을 일률적으로 내게 하는 것은 이스라엘 백성들이 하나님의 성막에 대해서 나도 참여하고 있다는 자부심, 책임감을 고취시키기 위함이었음을 누구보다도 목사들이 먼저 유념해야겠습니다.

출 30:17   여호와께서 모세에게 말씀하여 이르시되

출 30:18   너는 물두멍을 놋으로 만들고 그 받침도 놋으로 만들어 씻게 하되 그것을 회막과 제단 사이에 두고 그 속에 물을 담으라

출 30:19   아론과 그의 아들들이 그 두멍에서 수족을 씻되

출 30:20   그들이 회막에 들어갈 때에 물로 씻어 죽기를 면할 것이요 제단에 가까이 가서 그 직분을 행하여 여호와 앞에 화제를 사를 때에도 그리 할지니라

출 30:21   이와 같이 그들이 그 수족을 씻어 죽기를 면할지니 이는 그와 그의 자손이 대대로 영원히 지킬 규례니라

17절부터 21절까지는 성전 뜰에 위치할 물두멍에 관한 지침입니다.

여러분 모두 어릴 때 사용하던 세숫대야를 기억하시죠?

오늘날 세숫대야는 가벼운 플라스틱이지만, 옛날 '스뎅'(Stainless) 세숫대야

는 무거웠지 않습니까?

한 번 사용할 때마다 소리가 얼마나 요란했습니까?

한번 잘못 건드려서 떨어지기라도 하면, 온 집안이 시끄럽지 않습니까?

그런데 그 세숫대야는 씻는 데 말고, 다른 용도로도 사용되기도 했습니다. 몽둥이로 사용되었죠. 그 옛날 세숫대야로 맞아보신 분 없습니까?

옛날에는 모든 가재도구가 몽둥이였지 않습니까?

원래 물두멍은 세숫대야보단 더 큰 물통을 가리키는 말입니다. 하지만 성막의 물두멍의 용도는 세숫대야와 똑같습니다. 먹을 물을 받아 놓는 물두멍이 아니라, 손발을 씻을 물을 받아 놓는 물두멍이었기 때문입니다.

18절을 보면 물두멍의 사이즈에 대해서는 아무런 언급이 없고, 놋으로만 만들라고 합니다. 건축 책임자인 브살렐이 성막을 건축할 때 물두멍을 만든 놋의 출처가 밝혀져 있습니다.

> 그가 놋으로 물두멍을 만들고 그 받침도 놋으로 하였으니 곧 회막 문에서 수종드는 여인들의 거울로 만들었더라(출 38:8).

여인들의 거울로 만들었는데, 놀랍게도 이것은 회막 문에서 수종드는 여인들의 거울이었습니다. 아론 계열의 제사장과 레위인 남자 외에도 성막에는 봉사하는 여자들이 있었던 것입니다.

손 씻을 필요와 손 씻는 전통

물두멍이 놓인 위치는 "회막과 [번제]단 사이"입니다. 물두멍은 성막 뜰의 입구에 있는 것이 아니라, 회막 입구에 있었던 것입니다. 왜냐하면 이 물두멍은 제사장들을 위한 기구였기 때문입니다.

제사장은 성막 안에 들어갈 때, 손발을 씻을 필요가 있었습니다. 번제단에서 짐승을 잡아서 바치다 보면, 필히 피나 이물질이 묻기 마련이었습니다. 성막 안에 들어가기 전에, 그렇게 더러워진 손과 발을 반드시 물두멍에 있는 물로 깨끗이 씻었습니다. 안 그러면 죽임을 당했습니다.

손 씻는 것은 제사장들에게만, 제사를 드리기 전에만 요구되었지 일반인들에게는 무관했습니다. 그러나 장로의 전통은 일반인들에게까지 식사하기 전에 손을 씻도록 가르쳤습니다. 시장에 가면 여러 사람들이나 물건과 접촉하게 됩니다. 그러면 불결하게 될 수도 있었기 때문에 시장에 갔다 온 후에도 손을 씻었고, 경건한 유대인들은 목욕하기까지 했습니다. 그러나 예수님은 손 씻는 장로들의 전통을 지키기 않았습니다.

성전과 물

물두멍은 이렇게 실용적인 목적을 가진 성막 기구였지만, 물두멍은 또한 성막의 상징체계 속에서 나름 상징적인 의미를 지니고 있을 것입니다. 물두멍이라는 기구보다는 여기에 담겨 있는 물이 더 의미심장합니다. 우리는 성소에서 물이 차지하고 있는 의미를 먼저 알아봐야 합니다. 최초의 성전이었던 에덴 동산의 물에 관한 정보를 먼저 주목해 봅시다.

> (8) 여호와 하나님이 동방의 에덴에 동산을 창설하시고 그 지으신 사람을 거기 두시니라 (9) 여호와 하나님이 그 땅에서 보기에 아름답고 먹기에 좋은 나무가 나게 하시니 동산 가운데에는 생명 나무와 선악을 알게 하는 나무도 있더라 (10) 강이 에덴에서 흘러 나와 동산을 적시고 거기서부터 갈라져 네 근원이 되었으니(창 2:8-10).

동산 창설 후 9절의 관심사는 생명나무입니다. 그다음 10절의 관심사는 강입니다. 11절부턴 4개의 강에 대해서 설명합니다. 이후 다른 성경을 보면, 성소에 관해 기술하고 있는 본문이 에스겔과 요한계시록에도 있는데, 여기서도 역시 물이 빠지지 않습니다.

에스겔은 40장부터 새로운 성전에 관한 환상을 보았는데, 특히 에스겔 47:1-12이 유명하죠. 성전 문의 문지방 밑에서 물이 흘러나오는데, 그 물이 발목, 무릎, 허리까지 차오르더니, 건너지 못할 강이 되는 환상이지 않습니까?

이 본문 중에서 6절부터 12절까지의 말씀을 읽어봅시다.

> (6) 그가 내게 이르시되 인자야 네가 이것을 보았느냐 하시고 나를 인도하여 강 가로 돌아가게 하시기로 (7) 내가 돌아가니 강 좌우편에 나무가 심히 많더라 (8) 그가 내게 이르시되 이 물이 동쪽으로 향하여 흘러 아라바로 내려가서 바다에 이르리니 이 흘러 내리는 물로 그 바다의 물이 되살아나리라 (9) 이 강 물이 이르는 곳마다 번성하는 모든 생물이 살고 또 고기가 심히 많으리니 이 물이 흘러 들어가므로 바닷물이 되살아나겠고 이 강이 이르는 각처에 모든 것이 살 것이며… (12) 강 좌우 가에는 각종 먹을 과실나무가 자라서 그 잎이 시들지 아니하며 열매가 끊이지 아니하고 달마다 새 열매를 맺으리니 그 물이 성소를 통하여 나옴이라 그 열매는 먹을 만하고 그 잎사귀는 약 재료가 되리라(겔 47:6-12).

7절과 12절은 강 좌우의 나무를 주목하는데, 12절에서는 성소에서 나온 물과 나무를 통합하여 묘사합니다. 12절의 나무 약효로 보건데, 에덴의 생명나무를 가리키고 있음이 분명합니다.

요한계시록의 새 하늘과 새 땅에서도 똑같은 패턴을 볼 수 있습니다.

> (1) 또 그가 수정 같이 맑은 생명수의 강을 내게 보이니 하나님과 및 어린 양

의 보좌로부터 나와서 (2) 길 가운데로 흐르더라 강 좌우에 생명나무가 있어 열두 가지 열매를 맺되 달마다 그 열매를 맺고 그 나무 잎사귀들은 만국을 치료하기 위하여 있더라(계 22:1-2).

요한계시록 22장은 1절에서 강을 언급한 다음, 2절에서 역시 강 좌우에 있는 생명나무를 주목합니다. 그런데 성전이 보이지 않습니다. 요한계시록 21:22에 의하면, 새 예루살렘 성 안에서는 성전을 볼 수 없는데 그 이유는 "주 하나님 곧 전능하신 이와 및 어린 양이 그 성전이심"이기 때문입니다. 새 성전인 하나님과 어린양의 보좌로부터 생명수의 강이 흘러 나오는 것은 에덴 동산에서 강이 발원하는 것과 에스겔의 성전 문지방에서 물이 강이 되는 것과 동일한 그림입니다.

정리를 해보면, 신구약성경에서 확인할 수 있는 성소의 대표적인 이미지는 생명을 나눠주는 장소로 물(생명수)과 나무(생명나무)가 있는 곳입니다. 그렇다면 성막에도 물과 나무가 있어야 합니다. 성막의 생명나무는 이미 말씀드렸다시피, 성막의 성소 안에 있는 등잔대가 형상화하고 있습니다. 그리고 성소에 있어야만 하는 물이 다름 아니라 물두멍의 물입니다.

물두멍의 위치가 회막 문 앞이었던 것도, 실용적인 목적 때문이기도 하지만, 또한 성소에서 흘러나오는 물을 표현해야 하기 때문이며, 에스겔의 문지방에서 흘러나오는 물도 이를 따라 하고 있는 것입니다. 이렇게 해서 성막은 성막을 건축한 이스라엘 백성들에게 에덴 성소를 온전히 재현하고 있습니다.

우리들이 마실 물

그렇다면 오늘날 우리가 성전에 거하는 영적 체험을 누리고 있다면, 마땅히 물을 마시는 체험도 누릴 수 있어야 합니다. 사복음서 중에 상징성이 가장 뛰어난 요한복음은 성전과 물에 관해 귀중한 진술을 남겼습니다.

예수께서 대답하여 이르시되 너희가 이 성전을 헐라 내가 사흘 동안에 일으키리라 유대인들이 이르되 이 성전은 사십육 년 동안에 지었거늘 네가 삼 일 동안에 일으키겠느냐 하더라 그러나 예수는 성전된 자기 육체를 가리켜 말씀하신 것이라(요 2:19-21).

내가 주는 물을 마시는 자는 영원히 목마르지 아니하리니 내가 주는 물은 그 속에서 영생하도록 솟아나는 샘물이 되리라(요 4:14).

내 살은 참된 양식이요 내 피는 참된 음료로다 내 살을 먹고 내 피를 마시는 자는 내 안에 거하고 나도 그의 안에 거하나니(요 6:55-56).

명절 끝날 곧 큰 날에 예수께서 서서 외쳐 이르시되 누구든지 목마르거든 내게로 와서 마시라 나를 믿는 자는 성경에 이름과 같이 그 배에서 생수의 강이 흘러나오리라 하시니 이는 그를 믿는 자들이 받을 성령을 가리켜 말씀하신 것이라(요 7:37-39).

그 중 한 군인이 창으로 옆구리를 찌르니 곧 피와 물이 나오더라(요 19:34).

예수님은 새로운 성전이십니다. 그렇다면 예수님도 생수의 강을 흘러보내실 것입니다. 무엇보다도 예수님 자신이 생명의 떡이며, 생명의 물입니다. 골고다의 십자가 위에서 계신 예수님의 옆구리에서 물이 나온 것도 아마 이 예언을 최초로 실현하려는 시도인지도 모릅니다.

우리들이 흘려 보내야 할 물

예수님은 우리들이 마셔야 할 생수를 주시는 분이시지만, 또한 우리를 생수의 강이 넘쳐서 흘려 보내는 존재로 변화시키는 분이십니다(요 7:38). 만일 문자적으로 배에서 물이 흘러나온다면, 그 사람은 복수가 가득 차서 복수를 빼야 하는 대단히 위험한 상황에 빠질 것입니다. 배에서 생수의 강이 흘러나오리라는 표현은 예수님을 믿는 자들에게 일어날 영적인 변화를 상징적으로 표현한 것입니다.

신자 속에서 발원된 생수의 강은 밖으로 흘러나가야 합니다. 나 하나만, 만족시키는 정도의 생수가 아닙니다. 많은 사람들이 내 속에서 나오는 생수의 강에 영혼을 축이고, 소생하도록 해야 합니다. 이것은 하나님이 정해 놓으신 생명수 공급 루트입니다.

일단 생명수의 근원은 신자들에게만 허락됩니다. 그러나 신자들은 그 생명수를 밖으로 흘려 보내서 생명수가 없는 세상에 생명수를 공급해야 합니다. 신자들은 생명수를 독점해서는 안 됩니다. 나 혼자만 마실 그런 생명수가 아닙니다. 반드시 세상에 흘려 보내야 합니다.

그래서 세상은 배에서 생수가 흘러나오는 신자들이 필요합니다. 우린 그리스도에게서 생수의 강물을 받고, 그 생수의 강물을 다른 사람에게 흘려 보내야 합니다. 축복의 통로가 된다는 것이 바로 이런 것입니다.

그러려면 일단 우리 속에서 생수가 차올라야 합니다. 차오르면 자연스럽게 넘쳐 흐릅니다. 우리가 잘 알고 있듯이, 기도 생활, 예배 생활, 성경 읽기, 성경 공부 등 신자로서 기본적인 생활을 열심히 하면, 그때마다 생수가 차오르고 흘러넘치게 됩니다. 또한 주일은 생수를 점검하고 보충하는 시간입니다. 그리고 평일은 생수를 쏟아내는 시간입니다.

문제는 차오르지 못한 성도들입니다. 먼저 차오르기도 전에 쏟아내기 바쁜 성도들이 있습니다. 어떤 교회는 생수를 교회 안에서 다 쏟아내게, 성도들을 쥐어짜는 교회가 있습니다. 성도들을 정신없이 돌립니다. 이 프로g 저 프로g, 이 봉사 저 봉사, 주일 하루 종일 교회에서 생수를 쏟아내게 하고, 그것도 모자라서 일주일 내내 교회로 불러서 교회에다가 생수를 쏟아내게 합니다.

그러니 세상에서 쏟아낼 생수가 고갈되어 있는 것입니다. 교회에서는 활력이 넘쳐서 이리 뛰고 저리 뛰는데, 세상에 나가면 기가 죽어 지냅니다. 세상에 흘려 보낼 생수가 없습니다.

자기 자신도 마실 생수가 없는데 무슨 흘려 보낼 생수가 남아 있겠습니까?

이 정도면 양반입니다. '거꾸로 타는 보일러'가 있듯이, '거꾸로 쏟아내는 신자들'이 있습니다. 주일에 교회에서 생수를 체험하지 못하고, 평일에 세상에서 더러운 구정물로 실컷 배를 채우고서는, 주일에 교회 와서 더러운 구정물을 쏟아내는 신자들이 있습니다.

여러분들이 예수님을 먹고 마셨다면, 여러분 배 속에 생수의 강이 있다는 것을 믿으시기 바랍니다. 여러분들이 은혜 생활을 열심히 하면, 항상 그 생수의 강이 차올라서 흘러 넘치는 것을 믿으십시오. 그리고 여러분들 직장에서, 여러분들의 이웃에게 그 생수를 나누어 주십시오.

그래서 여러분들의 이웃들이 여러분들이 흘려 보내는 생수에 반해서, 여러분들 주위에 몰려드는 그런 영향력 있는 신자로 살아가시기 바랍니다. 이번 한 주간도 여러분들의 배 속에서 생수의 강이 흘러넘치길 바랍니다.

20. 거룩한 향기름

출애굽기 30:22-33

성막 디자인의 마지막 관심사는 거룩한 관유입니다. 관유(灌油)의 한자 관자는 물대다, 붓다 관(灌) 자입니다. 그래서 관유를 풀어쓰면, '붓는 기름'이라는 뜻입니다. 우리말 성경은 이 기름의 용도를 염두에 두고 번역했습니다. 그러나 이 관유의 재료를 염두에 두고 번역해 본다면 향품과 기름이 혼합된 향유(香油)입니다. 그래서 히브리어를 그대로 번역하면 관유가 아니라 혼합유입니다. 관유, 붓는 기름은 곧 향유, 향품을 섞은 기름, 혼합유라는 사실을 명심하시기 바랍니다.

출 30:22 여호와께서 모세에게 또 말씀하여 이르시되

출 30:23 너는 상등 향품을 가지되 액체 몰약 오백 세겔과 그 반수의 향기로운 육계 이백오십 세겔과 향기로운 창포 이백오십 세겔과

출 30:24 계피 오백 세겔을 성소의 세겔로 하고 감람 기름 한 힌을 가지고

출 30:25 그것으로 거룩한 관유를 만들되 향을 제조하는 법대로 향기름을 만들지니 그것이 거룩한 관유가 될지라

23, 24절은 향유를 제작할 때 혼합할 성분과 비율을 상세하게 설명합니다.

학자들마다 제시하는 양이 차이가 있지만, 대략 17kg의 향품과 3.6리터의 기름을 썩어 만들었습니다. 랍비들은 끓여서 제조했다고 주석합니다.

향품 재료의 경우, 이미 말씀드렸듯이, 히브리어 단어가 가리키는 향품을 오늘날 우리가 정확하게 확인하였는지 불확실합니다. 아마 고대부터 사용해 오던 향품 재료들이 히브리어 단어들과 자연스럽게 연결되었을 것입니다. 우리말 성경도 한국의 향나는 식물을 동원해서 억지로 번역한 것 같습니다. 그렇기에 이런 불확실한 식물 목록에 대단한 상징적인 의미를 부여하는 것은 무익합니다. 이미 말씀드렸다시피, 보석 목록도 마찬가지입니다.

 출 30:26 너는 그것을 회막과 증거궤에 바르고
 출 30:27 상과 그 모든 기구이며 등잔대와 그 기구이며 분향단과
 출 30:28 및 번제단과 그 모든 기구와 물두멍과 그 받침에 발라
 출 30:29 그것들을 지극히 거룩한 것으로 구별하라 이것에 접촉하는 것은 모두 거룩하리라
 출 30:30 너는 아론과 그의 아들들에게 기름을 발라 그들을 거룩하게 하고 그들이 내게 제사장 직분을 행하게 하고

오늘날 향유보다 향수를 사용하는 우리들은 향유의 제조 과정보다는 향유의 용도, 쓰임새를 주목해야 합니다. 26절부터는 이 향유를 회막과 그 안에 있는 모든 기구들뿐만 아니라 30절에서 대제사장 아론과 제사장 그 아들들까지 바르게 하셨습니다. 이렇게 성전의 모든 기구들과 제사장들에게 부어 바르는 기름이다고 해서 우리말 성경은 "관유"라고 번역한 것입니다.

이 관유는 하나님께서 구별한 물건과 사람들에게 부어져서 물건과 사람들을 거룩하게 만드는 역할을 합니다. 구약의 거룩 개념은 일차적으로 제의상으로 구별되었다는, 하나님이 사용하신다는 개념입니다.

출 30:31 이스라엘 자손에게 말하여 이르기를 이것은 너희 대대로 내게 거룩한
         관유니

출 30:32 사람의 몸에 붓지 말며 이 방법대로 이와 같은 것을 만들지 말라 이는
         거룩하니 너희는 거룩히 여기라

출 30:33 이와 같은 것을 만드는 모든 자와 이것을 타인에게 붓는 모든 자는 그
         백성 중에서 끊어지리라 하라

31절부터 33절까지는 이 관유를 오직 성막의 기구와 제사장들에게만 사용하라는 명령입니다. "거룩한 관유"이니 이 향유는 하나님의 것으로 구별되었습니다. 다른 기구나 사람들에게 사용하는 자는 이스라엘 공동체에서 쫓겨나야 했습니다. 사실상 사회적인 죽음을 당했던 것입니다.

거룩함, 구별됨의 감각

이렇게 거룩한 관유를 붓는 행동, 즉 기름 부음이 성막과 제사장들에게 있어야 하는 이유는 29절과 30절에 잘 설명되어 있습니다. 그것은 "거룩한 것으로 구별"하기 위함이었습니다.

히브리어 거룩의 일차적인 의미를 기억하십니까?

장소적으로 구별되는 것이며, 용도상으로도 구별되는 것이 거룩입니다. 하나님이 사용하시기 위해 구별하면, 거룩하게 되는 것입니다. 거룩한 것임을 알려주는 수단으로 향유를 부은 것입니다. 향유를 부으면 시각적으로는 번들번들하게, 후각적으로는 향기롭게 구별되기 때문입니다.

하나님은 당신이 사용하기 위해 구별해 놓은 것을 감각적으로 느낄 수 있게 표현하셨습니다. 오늘날 같으면 '관계자 외 촉수금지'라고 써 붙여 놓겠지만, 하나님은 향유를 붓는 방법을 택하셨습니다. 하나님은 감각적인 분이 아니지만, 우리 사람은 감각적인 존재이기 때문입니다.

그래서 성막은 인간의 갖가지 감각을 자극하도록 만들어졌습니다. 성막의 내부는 시각적으로 화려합니다. 하나님과 관련된 것은 금빛 찬란하게 만들었습니다. 컬러풀한 천을 사용하였습니다. 지난 시간에 말씀드렸듯이 성막 안에서 최상품 향을 피우게 하셨습니다.

하나님이 금과 컬러와 향에 환장하신 분이라서가 아닙니다. 타락한 인간이 영적으로 둔감하기 때문에, 인간이 하나님의 거룩함을 감각적으로 느낄 수 있도록 조치하신 것입니다. 성막에 쓰이는 기구들의 경우, 금칠한 것을 제외하면 일반적인 가구와 별 차이가 없습니다. 제사장들이나 일반 평민이나 모두 얼마 전까지 애굽에서 종살이하던 처지였습니다.

하나님께서는 성막의 기구들과 제사장들을, 일반 가구들 및 일반인들과 확연하게 시각적으로 구별되게 하기 위해, 기구들에는 금박을 입혔고 제사장들에게는 금과 컬러풀한 옷을 입혔습니다. 거기다가 향유까지 바르게 하셔서 시각적으로 더 빛나게 하고, 후각적으로도 구별되게 하셨습니다.

기름 부음 받은 자

향수와 향기가 넘치는 오늘날 사회에서 향유는 별다른 의미가 없겠지만, 고대 사회에서는 천연 화장품과 천연 향수는 보석처럼 비쌌습니다. 고귀한 자들만이 향기 제품을 소비했습니다. 왕이나 여왕은 향내 나는 사람들이었습니다. 이와는 달리 일반인들은 몸에서 좋지 않은 냄새가 나는 것은 너무나 당연했습니다. 목욕을 거의 하지 않았고, 옷도 자주 빨지 않았습니다. 오늘날 좋은 향기에 익숙해진 우리들은 2,000년 전 사회로 가서 고대인들과 어울리고 싶어도 그들에게서 나는 냄새 때문에 어울리지 못할 것입니다.

이렇게 향유는 그 사람이 벌써 특별한 존재임을 나타냅니다. 그래서 고대 근동에서는 특별한 사람에게 기름을 부어주었습니다. 향유를 부어 바르면, 그 사람은 빛이 나며 향기가 납니다. 벌써 시각적으로 후각적으로 이 사람은 일반인과는 다른 사람이라는 것이 확연하게 드러납니다. 이처럼 기름 부음 받은 자를 오늘날 단어로 표현하면 '특권층'이라고 할 수 있습니다.

그럼 히브리어로 기름 부음 받은 자를 어떻게 부를까요?

향유나 관유를 붓는 행동을 히브리어로 '마사'라고 부릅니다. 기름 부음 받은 자의 히브리어가 바로 '메시아'입니다. 기름 부음 받은 제사장이 바로 메시아입니다.

그럼 기름 부음 받은 자의 헬라어는 무엇입니까?

'크리스토스'이며, 이것을 한국어로 음역한 것이 '그리스도'입니다. 그래서 오늘 주제인 관유의 헬라어도 '크리스마'이며 이것을 한국어로 음역하면 '그리스마'이겠죠.

원래 메시아, 그리스도는 예수님의 이름이 아니었던 것입니다. 하나님이 특별히 구별하여 사용하시기 위해 기름 부음을 받은 특별한 자를 의미했던 것입니다. 그래서 구약에서는 제사장에 이어서 왕에게도 기름을 부었습니다. '나 여호와가 이 왕을 특별히 소유하여 구별해 놓았다'는 뜻입니다.

기름을 부어서 소유하고 구별한 목적은 무엇입니까?

특별한 사명을 맡기기 위해서입니다.

그래서 기름 부음 받은 자는 하나님의 사명을 맡은 자를 의미합니다. 그래서 구약 시대 마지막 즈음에 기름 부음 받은 자는 종말론적인 사명을 가진 특정인을 지칭하는 용어가 되었습니다. 하나님 나라를 가져올 하나님의 유일한 종을 의미하게 되었고, 예수님이 바로 그 유일한 기름 부음 받은 자가 되었던 것입니다.

예수님은 기름 부음 받았는가?

그런데 여러분, 새롭고 영원한 대제사장이신 예수님이 공생애를 시작하실 때 기름 부음 받은 장면이 복음서에 있었습니까?

대제사장이나 왕은 사역을 시작할 때 기름 부음을 받아야 했는데, 우리의 영원한 왕이요 대제사장이신 예수님은 공생애를 시작할 때 어떻게 된 것인지 기름 부음을 받지 않았습니다.

그런데도 메시아, 그리스도, 기름 부음을 받은 자라고 하니 말이 안 되지 않습니까?

그럼 예수님이 공생애를 시작할 때 부음받은 것이 무엇입니까?

성령님이십니다. 이미 구약에서도 왕에게 기름 부음이 행해지면, 성령이 임하여 예언하는 일이 일어나곤 했습니다. 그래서 사울도 기름 부음을 받자 성령이 임하여 예언을 했습니다(삼상 10:6-13). 기름 부음과 성령님은 상징적으로 동일한 것이었습니다.

우리도 기름 부음 받은 자

다들 아시다시피 신약성경은 신약의 성도들을 "왕 같은 제사장"이라고 선언합니다.

> 그러나 너희는 택하신 족속이요 왕 같은 제사장들이요 거룩한 나라요 그의 소유가 된 백성이니(벧전 2:9).

그럼 우리도 향유로 기름 부음 받아야 하지 않겠습니까?

여러분들, 기름 부음 받았습니까?

제사장이 향유로 기름 부음 받은 것이, 오늘날 향유를 전혀 사용하고 있지 않은 저와 여러분들에게 어떤 의미가 있겠습니까?

기름 부음과 상징적으로 하나인 것이 무엇이라고요?

성령님입니다.

우리가 성령을 부음받지 않았습니까?

성령이 곧 우리가 부음받은 향유입니다.

'성령의 기름 부음'이라는 표현을 정확하게 이해하셔야 합니다. 성령이 우리에게 기름을 부어주시는 것이 아닙니다. 하나님께서 성령이라는 향유를 내게 부어주시는 것인 줄 믿으시기 바랍니다. 성령을 모셔 놓고 또 이상한 기름 부음을 받으려고 여기저기 찾아다니지 마세요. 전부 가짜 기름, 공업용 소기름입니다. 우리는 이미 성령이라는 향유를 부음받은 왕 같은 제사장들임을 믿으시기 바랍니다.

우리에게도 향기가?

여러분, 저는 계속해서 우리들이 성령의 향유, 즉 향기 나는 기름을 부음받았음을 강조하고 있습니다. 단지 기름만 부음받은 것이 아닙니다. 기름은 원래부터 향유이며, 성령의 기름 부음도 향기 나는 기름 부음입니다. 놀라지 마시고 아래 말씀을 읽어봅시다.

> 항상 우리를 그리스도 안에서 이기게 하시고 우리로 말미암아 각처에서 그리스도를 아는 냄새를 나타내시는 하나님께 감사하노라 우리는 구원 얻는 자들에게나 망하는 자들에게나 하나님 앞에서 그리스도의 향기니 이 사람에게는 사망으로 좇아 사망에 이르는 냄새요 저 사람에게는 생명으로 좇아 생명에 이르는 냄새라 누가 이것을 감당하리요(고후 2:14-16).

우리가 어떤 존재라구요?

"그리스도의 향기" 같은 존재랍니다. 어떤 사람에게는 사망에 이르는 냄새가 나고 어떤 사람에게는 생명에 이르는 향기가 나는데, 그 향기가 바로 그리스도의 향기며, 그런 향기 나는 존재가 바로 저와 여러분들이라고 말씀합니다.

허허, 이것 참 야단났습니다.

내가 향기로운 존재라구요?

나에게 향기가 나고 있습니까?

향수라도 뿌리고 와서 다행입니까?

이 말씀 때문에 우리는 좋은 향수를 항상 뿌리고 다녀야 합니까?

성령이라는 향유를 부음받았으면 향기가 나야 할 텐데, 그럼 성령의 향기는 어떤 향기일까요?

향기와 열매의 관계를 생각해 보십시오.

> 오직 성령의 열매는 사랑과 희락과 화평과 오래 참음과 자비와 양선과 충성과 온유와 절제니 이같은 것을 금지할 법이 없느니라(갈 5:22-23).

성령의 향기와 성령의 열매는 어떤 연관이 있습니까?

열매에서 향기가 납니다!

여러분들이 기억하는 복숭아 향기는 어디서 나는 향기입니까?

복숭아 열매에서 나는 향기입니다.

여러분들이 기억하는 모과 향기는 어디서 나는 향기입니까?

모과 열매에서 나는 향기입니다.

우리가 풍겨야 할 성령의 향기는 어디서 나는 향기입니까?

성령의 열매에서 나는 향기인 줄 믿으시기 바랍니다.

내가 가진 육체와 성품에는 사망에 이르는 냄새뿐입니다. 악취가 납니다. 내 영육만 죽일 뿐만 아니라 다른 사람의 영육마저도 사망에 이르게 하는 말과 행동으로 악취를 내고 다닐 뿐입니다.

이 악취 나는 존재를 하나님이 불쌍히 여기셔서 생명에 이르는 향기로운 존재로 만드셨습니다. 우리가 소유하지도 못하고, 낼 수 없는 향기라서 전적으로 하나님이 우리에게 향유를 부어주셨으니 바로 성령님이십니다. 이 성령님은 우리에게 거룩한 심성, 거룩한 언행을 꽃피우게 하십니다. 그것이 바로 성령의 열매입니다. 내가 이 열매를 얼마나 많이, 얼마나 실하게 맺느냐에 따라 나에게서 풍기는 향기의 질이 달라집니다.

어떤 사람은 향기가 있는 듯 없는 듯 합니다. 성령의 향기가 나는 것 같아서 좀 주목해 보면, 육체의 냄새가 확 느껴집니다. 평안할 때 참는 것 같더니 고난 때는 안 참아요. 온갖 성질을 다 부려요. 가난할 때는 아무것도 아니라면서 겸손하더니, 부자되니까 '내가 낸데, 왜 무시하냐'고 온갖 대접 다 받으려고 해요. 은사 좀 받았다는 분들하고 이야기해 보면요 겸손의 향기는 없고, 교만의 향기만 진하게 납니다. 불행하게도 저는 아직까지도 겸손한 은사주의자를 만나보지 못했습니다.

그러나 성령의 향기가 진하게 나는 성도가 있습니다. 바쁜 중에도, 시간 쪼개어 충성하는 사람은 성령의 열매, 충성의 향기가 진하게 나죠. 또 어떤 사람은 참을 수 없는 형편에 처해 있고 주위에서도 참지 마라고 부추깁니다. 모두 인간 냄새를 맡길 기대하고 있습니다. 그럴 때 그 사람이 인내하면, 주위의 모든 사람들이 입을 다물지 못합니다. 전부 다 성령의 열매인 인내의 향기에 숨이 막혀버렸기 때문입니다.

성령의 기름 부음은 우리의 인격과 성품을 근본적으로 변화시키고, 악취 나는 우리를 향기로운 존재로 변화시킴을 믿으시기 바랍니다.

사명의 향기

우리는 한 가지 더 생각해야 합니다. 기름 부음은 사명을 '맡기는 절차'라는 것입니다. 신약의 성도들이 성령이라는 기름 부음을 받았다는 영적 사실은, 또한 우리가 하나님에게서 사명을 받은 사명자임을 뜻합니다.

그래서 성령은 우리를 하나님의 자녀다운 정체성을 누리게 하지만, 또한 우리를 하나님의 일꾼, 청지기다운 정체성을 누리게 합니다. 성령의 은사는 우리가 하나님의 일꾼으로 사명을 더 잘 감당하기 위해 성령께서 우리에게 주시는 선물입니다. 하나님의 아들로서만 복을 누릴 것이 아니라, 하나님의 사명자로서의 복도 누리시기 바랍니다. 사명을 완수한 종에게 주시는 복도 누리시기 바랍니다.

그저 예배만 참석하는 선데이 크리스천으로만 살지 말고, 언제 어디서든 하나님이 맡기신 사명을 완수하는 사명자로 살아가시기 바랍니다. 우리는 하나님의 집에서 아들로 살아가며 자녀의 권세도 누리시고, 또한 하나님의 집의 청지기로 착하고 충성된 종이 누리는 복도 누리는 여러분들이 되시기 바랍니다.

정리

하나님은 제사장뿐만 아니라 왕같이 구별하여 사명을 맡길 자들에게도 향유를 부어 향기 나는 존재로 만드셨습니다. 기름 부음은 성령 강림을 상징합니다. 왕 같은 제사장인 저와 여러분들도 향유 같으신 성령의 부으심을 받았습니다. 하나님은 악취밖에 없는 우리를 향기날 수 있는 존재로 만드셨습니다.

하나님 앞에서 영적으로 냄새가 나지 않는 사람은 없습니다. 성령의 열매를 맺는 분들은 생명의 향기를 발합니다. 사람들이 이 향기에 이끌려 모여듭니다. 하나님께서도 즐겨 흠향하십니다. 그러나 육체의 열매를 맺는 분들은 육체의 악취를 풍깁니다. 사람들이 견디지 못하고 피해버립니다. 하나님께서도 얼굴을 돌려버리십니다.

이번 한 주간도 저와 여러분 모두 하나님이 즐겨 흠향하시는 향내가 되길 바랍니다. 그리스도의 향기 같은 존재로, 생명의 향기를 발하시는 삶을 사시고, 사명 맡은 자로서 사명을 완수하는 삶을 사는 여러분들이 되시길 바랍니다.

21. 기술자와 안식일

출애굽기 31:1-18

이제 우리는 성막 설계의 마지막에 이르렀습니다. 설계는 사실상 출애굽기 30장에서 끝났습니다.

설계가 끝난 마당에 무엇이 필요할까요?

사실 출애굽기 30장까지의 성막 설계는 오늘날 우리가 설계도라고 부르는 도면처럼 정밀한 설계가 아닙니다. 필요한 것 같은데 구체적인 지침이 없는 것도 제법 있었습니다. 등잔대의 높이가 정해지지 않았고, 성막의 벽과 벽이 만나는 코너는 어떻게 처리해야 하는지 알 수가 없었습니다.

하나님이 모세에게 보여주신 것은 오늘날 설계도면 같은 것이 아니었습니다. 제 생각엔 환상으로 완성된 실제 성막 전부를 보여주신 것 같습니다. 환상 속에서 모세에게 지성소에 데리고 갔다가 성소로 나왔고, 그 다음엔 바깥 뜰로 데리고 나갔을 것 같습니다. 오늘날 용어로 말하자면 성막 VR(Virtual Reality, 가상현실)을 체험한 셈이죠.

설계도면을 보는 것보다 더 기억하기 편하지 않겠습니까?

그리고 중요한 사이즈만 가르쳐 주셨습니다.

그렇다면 사이즈가 없거나 아예 어떻게 만들지 설명조차 없는 것들은 어떻게 해야 합니까?

여백을 채울 기술자

인간 기술자들이 창의적으로 해결해야 했습니다. 그래서 가장 시급한 일은 이 설계를 기술적으로 실현시킬 책임자를 선발하는 일이었습니다. 그렇기에 목공예는 기본이고, 무엇보다도 성막에는 귀한 금속과 염색 실이 사용되었기에 금속공예와 염색공예까지, 수천 년 전 당대 최고의 정밀한 공예기술이 있어야 성막을 지을 수 있었습니다.

그런데 이스라엘 백성들이 아무리 숫자가 많아도, 과연 이런 고급 기술자들이 있었는지 의문스럽습니다. 솔로몬이 성전을 지으려고 하는데, 이스라엘이 가나안에서 산 지가 수백 년이 지났는데도 불구하고, 성전을 짓는 데 필요한 고급 기술자가 없었습니다.

그래서 어떻게 했습니까?

열왕기상 5장을 보면, 당시 최고의 상업도시 두로의 히람 왕에게서 기술자들을 수입해 왔습니다.

그런데 성막을 지을 이스라엘 민족은 이제 막 이집트에서 탈출했습니다. 이집트에서 나오면서 이스라엘은 막대한 귀한 재물들을 받아 나왔습니다. 하나님께서 그동안 착취당한 임금을 받게 해주셨던 것입니다. 그래서 성막을 지을 재료는 충분히 있었습니다.

그렇다면 기술은 어떻습니까?

이스라엘이 이집트에서 오래 살면서 이집트 최고의 고급 기술을 익혔다면 문제없겠지만, 이집트에서 뭐하면서 살았습니까?

건설현장에서 벽돌 만들어 굽고, 막노동하며 지냈습니다. 벽돌만큼은 최고로 만들 수 있습니다.

그런데 성막에 벽돌이 필요합니까?

적어도 하나님이 보여주신 설계에 의하면 벽돌은 하나도 필요하지 않습니다. 금은동 금속을 잘 다루는 기술, 청색, 홍색, 자색의 염료로 염색 잘하는 기술은 수천 년 전에는 아무나 습득할 수 없는 국가 기밀 급 기술이었습니다. 이런 기술자들이 이스라엘에 있을 수가 없었습니다.

출 31:1   여호와께서 모세에게 말씀하여 이르시되

출 31:2   내가 유다 지파 훌의 손자요 우리의 아들인 브살렐을 지명하여 부르고

그래서 성막을 지을 기술자까지 하나님은 준비해 주셔야 했던 것입니다. 하나님에 의해 선택된 기술자가 2절의 유다 지파 브살렐, 6절의 단 지파 오홀리압이었습니다. 호명된 순서로 보건데, 브살렐이 오홀리압보다 더 높았던 것 같습니다. 아마도 이 둘은 당시 이스라엘 백성들 중에서 가장 공예기술이 뛰어났던 인물이었을 것입니다. 그러나 이 두 사람이 가진 기술로도 성막 건축은 어림없었습니다.

출 31:3   하나님의 영을 그에게 충만하게 하여 지혜와 총명과 지식과 여러 가지 재주로

출 31:4   정교한 일을 연구하여 금과 은과 놋으로 만들게 하며

출 31:5   보석을 깎아 물리며 여러 가지 기술로 나무를 새겨 만들게 하리라

출 31:6   내가 또 단 지파 아히사막의 아들 오홀리압을 세워 그와 함께 하게 하며 지혜로운 마음이 있는 모든 자에게 내가 지혜를 주어 그들이 내가 네게 명령한 것을 다 만들게 할지니

출 31:7   곧 회막과 증거궤와 그 위의 속죄소와 회막의 모든 기구와

출 31:8   상과 그 기구와 순금 등잔대와 그 모든 기구와 분향단과

출 31:9   번제단과 그 모든 기구와 물두멍과 그 받침과

출 31:10   제사직을 행할 때에 입는 정교하게 짠 의복 곧 제사장 아론의 성의와 그의 아들들의 옷과

출 31:11　관유와 성소의 향기로운 향이라 무릇 내가 네게 명령한 대로 그들이 만들지니라

그래서 하나님의 해결책이 무엇입니까?

3절에 의하면 "하나님의 영을 충만하게" 주시는 것이었습니다.

성령 충만으로 인해 기술자에게 무엇이 더해졌다고요?

'지혜, 총명, 지식, 재주'가 더해졌습니다. 하나님이 주신 이 4가지 능력이 정확하게 상호 간에 어떤 차이가 있는지 구분해 보려는 주석도 있고, 또 우리말 성경이 히브리어를 정확하게 잘 번역했는지 따져보고 싶지만, 굳이 그럴 필요가 없을 것 같습니다. 이 4가지가 구체적으로 무엇을 의미하든지 간에, 이 4가지는 성막 건축의 관한 최고의 이론과 실기에 필요한 자질들임이 분명합니다. 성령님은 '공사장'에 임하셨습니다.

성령 충만한 연구

그렇다면, 하나님께서 이 4가지 자질을 주셨다는 것은 기술자들에게 완성된 정보들을 주셨다는 뜻일까요?

그렇지도 않습니다. 4절에 의하면 성령 충만을 받은 기술자들은 "정교한 일을 연구"했습니다. 성령 충만으로 인해 지혜, 총명, 지식, 재주를 받은 기술자는 먼저 "정교한 일을 연구"해야 했습니다.

연구한 다음 과정이 무엇입니까?

4, 5절을 보십시오.

"(금과 은과 놋으로) 만들게 하며 (보석을) 깎아 물리며 (여러 가지 기술로 나무를) 새겨 만들게 하리라."

여러분, 이 말씀이 얼마나 충격적인 말씀인지 아십니까?

3, 4, 5절을 간단하게 정리하면, ① 성령 충만, ② 연구, ③ 제작입니다. 성

령 충만 다음이 제작이 아닙니다. 성령 충만, 연구, 제작이란 말입니다. 성령 충만하다고 바로 제작한 것이 아니었습니다.

성령 충만은 무엇을 위한 성령 충만입니까?

연구를 위한 성령 충만임을 믿으시기 바랍니다.

성령 충만과 연구는 한 쌍의 '커플'이지, '따로 국밥'이 아닙니다. 성령 충만을 외치면서 연구는 하지 않고, 인터넷에서 카톡에서 주워서 듣고, 베껴 온 원고로 강단에 서는 자들이 강단을 타락시키고 있습니다. 이런 목사들은 분명히 신학 교육이 필요없다고 말하는 목사들일 겁니다. 이런 목사들에게 필요한 것은 200만 편의 설교문과 예화와 유머와 기도문이 담긴 '목회 종합 패드'입니다. 풀 옵션의 경우 현금가 47만 원, 카드가 51만 원입니다. 지금은 많이 저렴해졌을 것입니다.

성령 충만하다면서 연구를 무시하는 목사들에게서 속히 떠나십시오. 여러분들이 떠나야 성령 충만한 목사들이 연구를 할 것입니다. 연구를 무시하는 데도 여러분들이 계속 붙어 있으면, 평생 연구 안 합니다.

제가 체험한 성령이 인도하시는 연구를 간증해 보겠습니다. 연구하는 중에 내 능력을 뛰어넘은 통찰과 연결 고리들이 술술 나옵니다. 설교 준비를 예로 들면, 한 성경 구절이 떠오르면, 전혀 예상치 못했던 다른 성경 구절이 떠올라요. 내가 암송하지도 못하는 구절인데 말입니다. 답답하게 막혀 있을 때에는요, 새벽 기도 하는 중에 쑥 집어넣어 주십니다.

성령 충만과 기술

지혜, 총명, 지식, 재주를 주시는 성령 충만은 신약 시대에는 '성령의 은사'와 같은 것입니다. 하나님은 우리 인간에게 "생육하고 번성하여 땅에 충만하라, 땅을 정복하라"는 문화 명령을 주셨습니다. 그래서 우리 인간은 단지 예배, 기도, 찬양만 하는 것이 아니라 다양한 기술과 문화로 이 땅을 풍요롭게 해야 합니다. 하나님의 백성들은 당연히 하나님의 영광을 위해 이 땅의 문화와 기술을 풍요롭게 해야 합니다.

창세기 2:15을 봅시다.

> 여호와 하나님이 그 사람을 이끌어 에덴 동산에 두어 그것을 경작하며 지키게 하시고(창 2:15).

하나님은 사람에게 경작 기술을 익혀서 농업을 발전시키게 하셨습니다. 그리고 창세기 2:19을 봅시다.

> 여호와 하나님이 흙으로 각종 들짐승과 공중의 각종 새를 지으시고 아담이 무엇이라고 부르나 보시려고 그것들을 그에게로 이끌어 가시니 아담이 각 생물을 부르는 것이 곧 그 이름이 되었더라(창 2:19).

하나님은 생물학을 연구하도록 하셨습니다. 생물 자원들을 연구하여 생물들을 다스려야 했습니다.

그런데 사람이 타락하면서, 기술과 문화도 죄를 위해 봉사하기 시작했죠. 여러분 성령의 은사를 받았다고 방언만 할 생각하지 마시고, 하나님이 나에게 주신 기술이나 재주를 발전시켜 보십시오. 성령의 은사는 여러분들에게 거룩한 기술과 재주를 주신 것입니다. 하나님의 영광을 위해 사용할 수 있는 기술과 재주가 성령의 은사입니다.

여러분들이 직장에서 하나님의 영광을 위해 일하겠다고 헌신하면, 하나님께서 성령의 은사를 주실 것입니다. 그러면 놀라운 기술과 재주로 그 직장에서 가장 뛰어난 일꾼이 되게 하실 줄 믿으시기 바랍니다.

직장에서 중국어 능력자가 필요하십니까?

방언의 은사를 주시는 성령님께서 중국어 능력자도 되게 하실 것입니다.

출 31:12 여호와께서 모세에게 말씀하여 이르시되
출 31:13 너는 이스라엘 자손에게 말하여 이르기를 너희는 나의 안식일을 지키라 이는 나와 너희 사이에 너희 대대의 표징이니 나는 너희를 거룩하게 하는 여호와인 줄 너희가 알게 함이라
출 31:14 너희는 안식일을 지킬지니 이는 너희에게 거룩한 날이 됨이니라 그 날을 더럽히는 자는 모두 죽일지며 그 날에 일하는 자는 모두 그 백성 중에서 그 생명이 끊어지리라
출 31:15 엿새 동안은 일할 것이나 일곱째 날은 큰 안식일이니 여호와께 거룩한 것이라 안식일에 일하는 자는 누구든지 반드시 죽일지니라
출 31:16 이같이 이스라엘 자손이 안식일을 지켜서 그것으로 대대로 영원한 언약을 삼을 것이니
출 31:17 이는 나와 이스라엘 자손 사이에 영원한 표징이며 나 여호와가 엿새 동안에 천지를 창조하고 일곱째 날에 일을 마치고 쉬었음이니라 하라
출 31:18 여호와께서 시내 산 위에서 모세에게 이르시기를 마치신 때에 증거판 둘을 모세에게 주시니 이는 돌판이요 하나님이 친히 쓰신 것이더라

자, 다시 말씀으로 돌아옵시다. 이렇게 해서 성막 건축에 필요한 재료, 설계, 기술자까지 다 준비가 되었습니다. 그럼 바로 건축을 실행하면 되는데, 뜻밖에도 하나님은 13절부터 안식일에 관한 명령을 덧붙이십니다.

14절은 구약 백성들에게 아주 두려운 말씀입니다.

"그 날을 더럽히는 자는 모두 죽일지며 그 날에 일하는 자는 모두 그 백성 중에서 그 생명이 끊어지리라."

"죽일지며"는 사람이 사형을 집행하는 일입니다. "생명이 끊어지는" 형벌

에 관해서는 여러 의견들이 있습니다. 좁은 의미로는 추방이 유력하며, 넓은 의미로는 인간에 의한 사형과는 달리 하나님께 처분을 맡기는 형벌입니다.

14절의 경우는 특별하게도 "죽이는 것"과 "끊어지는 것"이 동시에 가해집니다. 이와 같이 2가지 형벌을 동시에 당하는 경우는 암몬신 몰렉에게 자녀를 바쳤을 때 뿐입니다(레 20:2-3). 이럴 경우, "생명이 끊어지는" 벌은 자손이 끊어지는 벌을 뜻합니다. 즉 사람에 의해 사형을 당하고, 하나님에 의해 대가 끊어집니다.[1] 하나님께서는 목숨을 걸고 하나님과의 안식을 누리는 일을 지키게 하셨습니다.

왜 안식일 명령?

여러분, 우리는 지금 성전 건축 설계를 마무리 짓고 있습니다. 모든 내용들이 설계상의 흐름 속에서 소개되고 있습니다. 그런데 성전 건축의 설계의 끝은 안식일 명령입니다. 제가 뜻밖이라고 말한 것은 안식일 명령 자체가 이상하다는 것이 아니라 흐름상 이상하다는 것입니다.

단순하게 생각해 보면, 안식일에도 건축할까 봐 염려스러워서, 성막 건축 중이라도 안식일 명령을 지키라는 뜻으로 해석할 수 있습니다.

정말 이 본문은 그 정도의 가치뿐일까요?

성막 건축의 마지막을 안식일이 차지해야 하는 필연적인 이유가 따로 있습니다. 그것은 성막 건축은 천지 창조의 과정을 모방하고 있기 때문입니다.

---

1 빅터 해밀턴, 『출애굽기』, p. 814.

천지 창조(창 1장)		성막 설계(출 25-31장)	
성령	1	지성소	궤, 속죄소(25:1-22)
	2	성소	진설병, 상, 등잔대(25:23-40)
	3	성막	덮개, 널판, 휘장(26:1-37)
	4	뜰	번제단, 울타리(27:1-19)
	5	제사장	옷, 위임식(27:20-29:45)
사람	6	추가	분향단, 물두멍, 직공 + 성령(30:1-31:18)
안식일	7	안식일	안식일(31:17-21)

이 표는 출애굽기 25장부터 31장까지의 성막 설계 본문과 천지 창조의 창세기 1장이 얼마나 유사한지를 보여주고 있는 표입니다. 우리가 지금까지 살펴본 성막 본문은 이 표에서처럼 주제별로 7개의 단락으로 나눠집니다. 첫 번째는 지성소, 두 번째는 성소, 세 번째는 성막, 네 번째는 뜰, 다섯 번째는 제사장, 여섯 번째는 추가사항, 일곱 번째는 안식일입니다.

이것은 창세기 1장의 칠일 구조와 잘 맞아 떨어집니다. 특히 창세기 1:2은 이미 태초에 하나님의 영이 운행하셨다고 밝히고 있는데, 오늘 31:3에서 주목했듯이, 하나님의 영이 언급되었습니다. 히브리어로도 '루아흐 엘로힘'으로 똑같습니다. 그리고 여섯째 날에 사람을 창조하셨는데, 성막 설계의 여섯 번째 단락에서도 사람이 언급됩니다. 그리고 창세기 1장이나 성막 설계 본문이나 똑같이 일곱 번째 주제는 안식일입니다.

하나님이 천지 창조하실 때 마지막으로 하신 일이 안식이라는 사실과, 에덴 동산을 모방하고 있는 성막의 마지막도 안식이라는 사실은 우리가 안식을 이해하는 데 새로운 관점을 제시합니다. 그것은 안식을 성전 건축의 마지막 절차로 이해해야 한다는 관점입니다.

안식처를 위한 건축

성막이나 성전은 하나님의 지상 보좌가 있는 하나님의 집입니다. 여러분들의 집이 완성되었습니다.

그럼 집이 완성되었다고 기뻐하고 집을 내버려 둡니까?

입주해야죠. 입주해서 안식처로 누려야죠.

그러기 위해서 집을 지은 것 아닙니까?

집이 완성되었으면, 살 사람이 들어가야 비로소 집 기능을 하기 시작한 것입니다. 집주인의 안식처가 되지 못하는 빈 집은 이름만 집일 뿐, 집 기능을 못하는 집입니다.

자, 먼저 창세기 1장에서 하나님이 첫 번째 집을 짓는 과정부터 살펴봅니다. 하나님의 창조 활동을 우리는 물질 창조로만 보면 안 됩니다. 하나님의 창조 활동은 인간이 하나님과 교제를 누리게 하는 데 목표가 있습니다. 하나님이 창조하시는 활동의 목표는 물질이 아닙니다. 하나님이 창조하시는 활동의 목표는 인간과의 교제임을 믿으시기 바랍니다.

천지 창조 여섯 번째 날 하나님이 하신 일이 무엇입니까?

사람의 창조였습니다.

사람이 창조되었을 때, 창세기 1:31에 "하나님이 지으신 그 모든 것을 보시니 보시기에" 어떻다구요?

"심히 좋았더라."

하나님이 왜 6일 동안 수많은 물질과 생물들을 창조하셨습니까?

사람이 잘 살 수 있도록 창조한 것을 믿으시기 바랍니다. 하나님의 창조는 인간과 교제를 누리시기 위한 창조임을 믿으시기 바랍니다.

이처럼 심히 좋은 하나님의 집이 만들어졌습니다. 더 이상 손볼 것이 없습니다. 불완전한 집이었다면, 일곱째 날에도 하나님은 무엇인가 만드셨을 것입니다. 그러나 심히 좋았기에, 심히 완벽했기에, 하나님은 이제 집짓기를 끝내셨습니다.

그럼 집이 완성되었으니, 이제 모든 절차가 끝났습니까?

아닙니다. 마지막 절차가 남아 있습니다. 하나님께서 그 집에 들어가서 안식처로 삼고 안식을 취하셔야 합니다. 그래서 일곱째 날, 하나님은 안식을 취하셨습니다.

하나님께서 천지 창조의 마지막에 안식을 누리신 것은, 하나님이 건설하신 지상 성전인 에덴에 입주하신 절차입니다. 천지 창조의 건축 과정이 흠 없이 완전했기 때문에 이제 지상 성전에 입주하셔서 안식처에서 안식을 누리신 것입니다.

공동의 안식처

그런데 더 이상 남은 절차가 없을 것 같았는데, 창조 목표를 다시 생각해 보십시오.

창조의 목표가 무엇이었습니까?

하나님과 사람의 교제입니다. 하나님이 안식하셨습니다.

그럼 이제 진짜로 최후로 남은 절차가 무엇입니까?

사람이 안식처로 들어가서 하나님과 함께 안식을 누려야죠. 최초의 성전인 에덴 동산은 하나님과 사람이 같이 안식을 누리는 공동 안식처인 것을 믿으시기 바랍니다.

그런데 하나님의 첫 번째 집에서 무슨 일이 벌어졌습니까?

사람이 범죄하여서 그 집을 더럽히고 말았습니다. 집을 더럽힌 장본인들은 부끄러워서, 하나님이 집에 들어오실 때 집 구석에 숨어버렸습니다. 도저히 범죄한 몸으로 도저히 하나님을 만날 수가 없어서 소파 구석 같은 곳에 숨어버렸던 것입니다. 결국 하나님은 사람을 하나님의 집에서 쫓아내고 출입 금지시켜 버렸습니다. 첫 번째 하나님의 집은 안타깝게도 사용금지가 되어버렸습니다.

두 번째 안식처

하나님은 인간과의 교제를 포기하지 않으시고 회복시키려고 하셨습니다. 하나님은 이스라엘 백성 가운데 하나님의 두 번째 집, 성막을 창조하시기로 하셨습니다.

성막 설계가 왜 창세기 1장의 창조를 모방하고 있습니까?

첫 번째 에덴에 이어서 두 번째 집을 짓는 과정이기 때문입니다. 창조는 물질을 창조하는 것이 목표가 아니라고 했습니다.

창조의 목표는 무엇입니까?

사람과의 교제입니다. 그래서 하나님은 두 번째 교제의 장소를 마련하기 위해, 만남의 텐트, 미팅 텐트, 회막을 짓고자 하셨던 것입니다.

자, 성막건물의 설계가 완성되었습니다. 하나님은 이 성막 건축의 목표가 단지 텐트를 짓는 것이 아니라, 교제의 창조, 안식을 공유하는 안식처의 창조인 것을 분명하게 알려주는 것으로 설계를 끝마치고자 합니다. 그래서 안식일에 관한 말씀이 첨언된 것입니다.

만약 성막을 다 지으면 남은 절차가 무엇입니까?

하나님의 보좌실에 하나님이 들어가셔서 안식을 취하셔야 비로소 성막은 완성됩니다. 성막을 다 지었는데, 하나님이 입주하지도, 안식을 취하지도 않는다면, 이 성막은 성막이 아닙니다. 그저 호화스러운 천막에 지나지 않습니다. 하나님이 안식을 취하시는 곳이 될 때에야 비로소 성막다운 곳이 되는 것입니다.

공동의 안식처를 위해

하나님이 입주하셔서 안식처로 삼으셨다고 한다면, 이제 성막의 역할을 다 한 것이 됩니까?

성막의 다른 이름, 회막이라는 이름을 잘 생각해 보시기 바랍니다. 이 텐트는 하나님과 하나님의 백성이 안식의 교제를 같이 누리는 곳입니다. 사람과 교제하기 위해 창조 활동을 하셨는데, 하나님의 집에서 하나님만 혼자서 쉬고 있으면, 이 집은 절반만 활용되는 셈입니다. 하나님의 창조 활동과 목표도 절반만 성취되고 있는 꼴입니다. 사람이 하나님의 집에서 하나님과 안식을 누릴 때에야 비로소 하나님의 집도 100% 활용되고, 하나님의 창조 활동도 완성되는 것을 믿으시기 바랍니다.

그래서 하나님이 사람에게 정하신 법이 무엇입니까?

안식일 계명입니다. 하나님은 약속대로 안식의 교제를 같이 누리기 위해 성막에 임재해 계십니다. 공동의 안식을 위해 하나님이 하실 일을 하셨으니 이제 하나님의 백성이 할 일이 있습니다. 성막으로 나와서 하나님과 만나고 안식을 누려야 합니다. 그래서 일하지 말고 안식을 취하라는 안식일 계명이 하나님 백성에게 필요했던 것입니다. 안식일 계명은 '내가 내 집에서 너를 초청하고 기다리고 있으니 제발 우리들의 집, 약속된 미팅 텐트, 회막에 와서 만나자' 라는 하나님의 간곡한 바램입니다.

영원한 안식을 위해

그런데 성막의 안식은 제사장과 희생제물이 가져다주는 일시적인 안식이었습니다. 죄로 인해 하나님과 나 사이의 안식이 깨어지면 희생제사를 드려서 안식을 회복합니다. 그러나 또 죄로 인해 안식이 깨어지면 다시 제사를 드려야 하는 간헐적인 안식이었습니다.

그러나 우리의 중보자 예수 그리스도께서 주신 안식은 다릅니다. 예수님은 새로운 성전이 되셨습니다. 새로운 대제사장이 되셨습니다. 영원한 희생제물이 되셨습니다. 예수님이 창조하시고, 예수님 안에서 누리는 안식이야말로 영원한 안식입니다. 이 안식은 예수님의 십자가와 부활로 인해 완성되었습니다. 그래서 토요일 안식일이 예수님이 부활하신 일요일, 주일로 바뀐 것입니다. 주일은 작은 부활절입니다.

그런데 주일을 아직도 안식일로 지키는 분들이 있습니다. 아시다시피 유대인들은 일하지 않고 안식을 누리는 것 중에 일하지 않는 것에 관심을 두었습니다. 이제 주일은 일을 하지 않는 것에 초점이 있는 것 아니라 예수님 안에서 참된 안식을 누리는 일에 초점이 있게 되었습니다.

예수님이 안식일을 어떻게 보내셨는지 복음서를 보시기 바랍니다. 안식일을 일을 하지 않는 날로 지켰던 바리새인들은 예수님을 안식일을 범한 죄인으로 취급했습니다. 예수님은 아랑곳하지 않고 안식을 전파하는 일에 몰두했습니다. 일부러 안식일에 사람을 고치기까지 했습니다. 영육 간에 안식을 누리는 것이 핵심이니까요.

저와 여러분들은 이제 새로운 성전이시고, 영원한 대제사장이고, 영원한 희생제물이신 그리스도 안에서 참된 안식을 누리시기 바랍니다. 하나님이 주시는 안식을 누리는 것은 이제 우리의 권리이자 의무임을 믿으시기 바랍니다. 하나님이 다 준비해 놓으셨습니다. 그리스도를 통해 담대히 하나님 앞에 나아가 안식을 마음껏 누리시는 여러분들이 되시기 바랍니다.